정서적으로 건강한 영성

Emotionally Healthy Spirituality
Copyright © 2006 by Peter Scazzero
Originally published in English as *Emotionally Healthy Spirituality* by Zondervan, Grand Rapids, MI, USA.
All rights reserved.

This Korean Edition Copyright © 2015 by Duranno Ministry
38, Seobinggo-ro 65-gil, Yongsan-gu, Seoul, Republic of Korea

Published by arrangement with The Zondervan Corporation L.L.C., a division of HarperCollins Christian Publishing, Inc. through rMaeng2, Seoul, Republic of Korea

이 한국어판의 저작권은 알맹2를 통하여 Zondervan과 독점 계약한 두란노에 있습니다.
신 저작권법에 의하여 한국 내에서 보호받는 저작물이므로 무단 전재와 무단 복제를 금합니다.

정서적으로 건강한 영성

지은이 | 피터 스카지로
옮긴이 | 강소희
초판 발행 | 2015. 6. 24.
40쇄 발행 | 2025. 10. 28.
등록번호 | 제1988-000080호
등록된 곳 | 서울특별시 용산구 서빙고로65길 38
발행처 | 사단법인 두란노서원
영업부 | 02)2078-3333 FAX | 080-749-3705
출판부 | 02)2078-3330

책값은 뒤표지에 있습니다.
ISBN 978-89-531-2256-7 04230
　　　978-89-531-2253-6 (세트)

독자의 의견을 기다립니다.
tpress@duranno.com　www.duranno.com

두란노서원은 바울 사도가 3차 전도 여행 때 에베소에서 성령 받은 제자들을 따로 세워 하나님의 말씀으로 양육하던 장소입니다. 사도행전 19장 8-20절의 정신에 따라 첫째 목회자를 돕는 사역과 평신도를 훈련시키는 사역, 둘째 세계선교™와 문서선교단행본·잡지 사역, 셋째 예수문화 및 경배와 찬양 사역, 그리고 가정·상담 사역 등을 감당하고 있습니다. 1980년 12월 22일에 창립된 두란노서원은 주님 오실 때까지 이 사역들을 계속할 것입니다.

정서적으로
건강한 영성

피터 스카지로 지음
강소희 옮김

두란노

Contents

Prologue • 8

Part 1
**내 영성에
적신호가
켜지다**

1. 성장하고 있다는 착각 • 14
   - 영성의 그 거대한 깊이를 모른 채 살다

2. 건강하지 못한 영성의 10가지 증상 • 36
   - 신앙의 적신호를 진단하다

3. 온전한 성장, 정서와 영성의 통합 • 58
   - 감정의 문제를 외면하지 말라

Part 2
건강한 영성에 이르는 길을 찾다

4. **1단계: 자기인식에 정직하라** • 94
   - 겉으로 드러나는 무언가로 자기를 평가하지 말라

5. **2단계: 과거를 직면하라** • 136
   - 당신의 발목을 잡는 과거와 화해하라

6. **3단계: 당신의 통제권을 내려놓으라** • 170
   - 한계를 깨달아야 그 너머의 삶을 볼 수 있다

7. **4단계: 슬픔을 성장의 원동력으로 삼으라** • 196
   - 방어막을 치지 말고 하나님 앞에서 울라

8. **5단계**: 안식하고 날마다 기도하라 • 222
   - 숨을 고르고 영원의 공기를 마시다

9. **6단계**: 제대로 사랑하는 법을 배우라 • 254
   - 평화로운 척 하는 것으로 갈등의 상황을 피하지 말라

10. **7단계**: 자신만의 '삶의 규칙'을 계발하라 • 284
    - 무엇보다 주님을 사랑하라

부록 1 마음을 살피는 기도 • 308
부록 2 매일 기도 • 310
주 • 318

: Prologue

　　《정서적으로 건강한 영성》이 처음 출간되었을 때 이 책의 메시지가 모든 교파와 신학을 넘어 교회 안에 이렇게까지 깊은 반향을 일으키리라고는 상상조차 하지 못했다. 아프리카로부터 아시아와 유럽으로, 중남미 아메리카 및 중동으로, 오스트레일리아와 뉴질랜드로, 그리고 북미 아메리카에 이르기까지 이 책에 대한 호응은 정말 대단했다.

　　이 책은 EHS 과정과 워크북, DVD로까지 만들어졌다. 또한《매일매일 정서적으로 건강한 영성》이라는 8주 코스의 책자는 이 과정을 더욱 풍요롭게 해주는 안내서이다. 이 과정은 수많은 교회 내에서 깊고도 내면적인 영성을 추구하는 이들의 사명을 이루는 데 든든한 기초가 되었다.[1]

　　이 책의 내용이 왜 이렇게 빠른 속도로 전 세계 사람들에게 퍼져나갔을까? 그것은 나와 우리 교인들이 경험한 실제적인 이야기이기 때문일 것이다. 우리는 이 책에 담긴 원리들에 19년 이상을 쏙 빠져 있었다. 우리 교회는 73개국에서 온 1천 5백 명의 사람들이 매주 예배를 드린다. 덕분에 우리 교회는 이 책의 내용들을 적용하는 데 매우 독특한 환경이면서 동시에 기회의 장이 되었다. 우리는 글로벌 교회를 대표하는 공동체였다. 게다가 각 장에서 독자들이 맞닥뜨릴 내용들은 우리 교회 안에서 오랜 시간 동안 각기 다른 성도들이 더 깊이 생각하고, 공부하고, 기도하고, 적용하고, 그렇게 살아온 것들이다. 우리는 여전히 그리스도와 함께하는 신앙의 여정에서 이 원리들에 차츰 더 빠져들고 있다.

이 책은 세 가지 면에서 중요한 특징을 가지고 있다. 첫째, 《정서적으로 건강한 교회》를 통해 우리가 풀어낸 내용들을 목회자들과 리더들뿐만 아니라 보통의 평신도들에게도 유용하도록 담아냈다. 둘째, 이전 책에는 없던 몇 가지 원리들을 추가하고 보완하고 다듬었다. 지난 4년 동안 우리는 첫 번째 책의 내용을 토론하고 반성하는 귀중한 시간을 가졌다. 셋째, 교회가 오랫동안 지켜 온 영성의 보고를 탐구하고자 했다. 관상의 (contemplative) 전통은 '뉴 라이프 펠로십 교회'에 충만하고 부요하며 온전한 제자 훈련과 영성 훈련을 일으켰다. 이는 많은 사람들의 삶에 가히 폭발적이라 할 만한 결과들을 가져왔다.

영성과 건강한 정서의 통합을 통해 우리 교회의 리더십 및 성도들은 이전에는 상상도 할 수 없었던, 성령 안에 거하는 삶의 경계로 나아가게 되었다. 이 여정에 동행할 마음만 있다면 여러분도 동일한 일을 기대해도 좋다.

나의 변천사가 좋은 예가 될 것이다. 이제까지 26년 동안 뉴 라이프 펠로십 교회의 담임목사로 섬겨 왔다. 그 가운데 2013년 10월 이후, 나 자신이 4년 반 동안 건강한 정서와 영성의 통합 훈련을 직접 경험하고 겪어 낸 뒤부터는(《정서적으로 건강한 리더》에 나의 간증이 있다)[2] 나의 역할도 조금 바뀌었다. 혼자 모든 걸 떠안고 있지 않고 지금은 목회자 전반을 가르치는 교육 목사로 섬기고 있다. 이 일은 뉴 라이프 펠로십 교회와 '정서적으로 건강한 영성' 사역이 더 깊어지고 확장되는 놀라운 변화들을 가져왔다.

이제는 당신 차례다. 소망하기는, 기도하는 마음으로, 깊이 생각하며, 천천히 이 책을 읽길 바란다. 책을 읽는 중에 성령께서 하나님과 자신에 대해 어떤 깨달음을 주신다면 거기서 멈추어 깊이 들어가 보라. 하나님이 어떻게 말씀하시는지 적어 보라. 나는 책을 읽다가 하나님이 영감을 주시면 책의 뒤표지 안쪽에 그 페이지와 함께 깨달은 내용을 적어 둔다. 그러면 시간이 지나도 하나님이 주신 말씀을 쉽게 기억할 수 있다. 당신도 이 책 여백을 신앙 일지로 활용할 수 있다. 각 장을 읽은 후에는 장 마지막에 나오는 기도문으로 나직이 기도하길 바란다. 서두르지 말라. 각각의 장은 그것만으로 한 권의 책이 될 수 있다. 거기에는 곱씹으며 묵상할 것들이 많다.

책을 읽으며 만나는 주 예수 그리스도를 음미하며 소중히 간직하는 것이 중요하다. 단순히 예수님에 대한 머리의 지식을 더하는 것이 아닌 그분과의 관계에서 경험적으로 성장하길 바란다.

이 책은 1, 2부로 간단히 나뉜다. 1부에서는 '정서적으로 건강하지 못한 영성'의 본질이 무엇인지 알아볼 것이다. 문제의 해결을 생각하기에 앞서 우선 문제의 본질과 범위를 분명하게 보아야 하기 때문에 매우 중요한 부분이다. 3장은 이 책의 나머지 부분들을 하나로 묶는 연결고리 역할을 한다. 삶의 근원적인 변화가 건강한 감정과 자기 성찰의 영성에서 비롯되는 이유를 설명해 주기 때문이다. 책을 다 읽고 난 후 이 장을 다시 읽어 보아도 좋을 것 같다. 4장부터 10장까지 묶어진 2부에서는 정서적으로 건강한 영성을 발전시키기 위해 필요한 구체적인 방법이 나와 있다.

십자가의 성 요한은 자신의 책 《살아 있는 불꽃》(The Living Flame)에서 자신이 쓴 모든 글들이 마치 "살아 있는 대상을 똑같이 표현하려 한 그림처럼 실재와는 거리가 멀다"[3]라고 적고 있다. 그럼에도 불구하고 그는 자신이 알게 된 것을 용기 있게 글로 옮겼다. 마찬가지로 이 책도 우리가 알고 사랑하기 원하는 하나님, 곧 우리 이해를 넘어선 무한하신 그분을 담아내기에는 역부족이다. 그분을 더 잘 알려면 아마 영원의 시간이 필요할지도 모르겠다. 당신이 읽고 있는 이 말들은 마치 그림과 같아서, 보다 풍요롭고 보다 실재인 살아 계신 주님을 맞닥뜨리게 하는 길잡이에 불과하다. 다만 이 책이 자신과의 관계와 다른 사람들과의 관계, 그리고 예수님과의 관계에서 긍정적인 변화를 줄 수 있다면 진정 성공일 것이다.

나의 경우, 건강한 정서를 가지지 못한 탓에 사역의 초반에 많은 어려움을 겪어야 했다. 이제는 그분의 은혜에 깊이 감사한다. 주님의 자비로 나는 살아났을 뿐 아니라 이전엔 상상도 못했던 풍요한 삶을 누리고 있다. 당신과 주변 사람들이 하나님의 은혜로 변화되는 삶을 갈망한다면 이제 책장을 넘겨 읽기 시작하기 바란다.

Part 1

내 영성에 적신호가 켜지다

Emotionally Healthy
Spirituality

Chapter 1

성장하고
있다는 착각

- 영성의 그 거대한 깊이를 모른 채 살다

건강한 정서가 바탕이 되지 않은 기독교 영성은 자기 자신 및 하나님, 주변 사람들과의 관계에 치명적일 수 있다. 나는 성인으로서 거의 절반 가까이를 그렇게 살아 왔기 때문에 이 말이 무슨 뜻인지 너무 잘 알고 있다. 그런 만큼 이야기해 주고 싶은 개인적인 경험담이 정말 많다.

다음의 이야기도 내가 잊고 싶은 그런 기억 가운데 하나다.

뭔가 단단히 잘못되었다

어떤 교회에 설교를 하러 갔다가 존과 수잔을 알게 되었다. 그들은 내가 담임으로 있는 '뉴 라이프 펠로십 교회'를 방문하고 싶어 했다. 무덥고 습한 7월의 어느 주일, 그 부부는 코네티컷에서 뉴욕까지 멀고도 고된 길을 직접 차를 몰고 왔다. 그리고 1부부터 3부 예배까지 모두 참석했다. 3부 예배가 시작되기 전에 존은 나를 불러내더니 우리 부부와 교제할 시간을 따로 가지면 좋겠다는 뜻을 내비쳤다.

사실 나는 완전히 기진맥진한 상태였다. 하지만 그들의 담임목사인 내 친구가 어떻게 생각할지 상당히 신경이 쓰였다. 내가 그냥 돌려보낸다면 이들이 친구 목사에게 뭐라고 이야기할까? 나에 대해서는 어떻게 말할까? 그래서 나는 정직하지 않게 말했다.

"좋은 생각이네요. 다 함께 늦은 점심을 한다면 정말 즐겁겠네요.

아내도 좋아할 겁니다."

그러고는 아내 제리에게 전화를 했다. 아내도 나와 마찬가지로 거절하고 싶었겠지만 '좋은 사모'가 되겠다는 열정으로 식사를 준비하겠다고 대답했다. 나는 존과 수잔을 데리고 오후 3시쯤 집에 도착했다. 잠시 후 우리 네 사람은 식사를 했다.

곧이어 존이 입을 열기 시작하더니 쉴 새 없이 말을 쏟아 냈다. 반면 수잔은 아무 말도 하지 않았다. 아내와 나는 이따금씩 서로를 바라보았다. 그의 말을 들어 주어야 하겠지만 도대체 얼마나 더 들어야 하는 걸까?

존은 끊임없이 말하고 … 말하고 … 또 말했다. 중간에서 말을 자를 수도 없는 노릇이었다. 그는 하나님에 대해, 아내에 대해, 직장에서 얻은 새로운 기회에 대해 열심히 이야기를 이어 갔다. '오 하나님, 친절하고 사랑 넘치는 사람이 되고 싶지만 대체 언제까지 그래야 하나요?' 나는 이야기를 듣는 척하며 속으로 이렇게 되뇌었다. 스멀스멀 화가 나기도 했다. 그러고는 곧 그런 마음을 품은 것에 대해 죄책감을 느꼈다. 나는 존과 수잔이 우리 부부를 관대하고 푸근한 사람들이라고 생각해 주길 원했다. 하지만 왜 그는 자기 아내와 우리에게 말할 기회를 주지 않는 것일까?

마침내 수잔은 화장실에 갔고 존은 전화를 받기 위해 자리를 비웠다. 우리 부부만 남게 되자 아내가 입을 열었다.

"당신이 이럴 수도 있다는 사실이 믿기지 않네요." 아내는 짜증 섞인 목소리로 중얼거렸다. "난 당신이 이렇게 잘 들어주는 모습을 본 적이 없는데, 애들도 마찬가지고."

고개를 숙인 채 어깨를 떨구며 아내가 너그럽게 봐 주길 바랐다. 그러나 희망사항일 뿐이었다. 그 사이 수잔이 돌아왔고, 존은 다시 이야기를 시작했다. 나는 더 이상 식탁에 앉아 있고 싶지 않았다. 존은 상황을 눈치 채지 못했는지 "제가 너무 말을 많이 하는 건 아닌지 모르겠네요"라고 말했다.

"아닙니다. 전혀요. 함께 교제하니 정말 좋습니다." 나는 이미지 때문에 다시금 거짓말을 했다. 아내는 내 옆에서 침묵을 지켰다. 나는 애써 아내의 모습을 외면했다.

다시 한 시간쯤 지났을까, 아내는 잠시 말이 끊어진 틈을 타 "페이스의 기척이 들리지 않는 거 같아요"라고 말했다. 페이스는 세 살 된 우리 딸아이였다. 존은 아내의 말에 전혀 신경 쓰지 않고 계속 말을 이어 갔다. 아내와 나는 눈빛을 교환하며 존의 말을 듣는 척하면서 이따금씩 목을 빼 바깥쪽을 내다보았다. 나는 막연하게 '아무 일도 없을 거야'라고 생각했다.

하지만 아내는 초조해지기 시작했다. 아내의 표정에는 긴장과 염려, 조바심이 일기 시작했다. 속으로 페이스가 있을 만한 곳을 생각하는 것 같았다. 집 안은 이상하리만큼 조용했다. 존은 여전히 이야기를 하고 있었다. 마침내 아내가 짜증 섞인 목소리로 양해를 구했다. "아무래도 딸아이를 보고 와야 할 것 같네요."

아내는 지하실로 달려갔다. 하지만 페이스는 보이지 않았다. 침실에도 없었다. 거실과 주방은 물론이고 어디서도 페이스를 찾을 수 없었다. 아내는 정신이 나간 표정으로 부엌으로 달려왔다. "여보, 애가 안 보여요. 오, 하나님! 집 안 어디에도 없어요."

그 순간 엄청난 두려움이 우리를 엄습했다. 생각하고 싶지 않은 곳인 수영장이 떠올랐기 때문이다. 우리는 두 채가 함께 붙어 있는 연립주택에 살았는데 뒷마당에는 뉴욕의 더위를 식혀 줄 수심 1미터 정도의 작은 수영장이 있었다. 우리는 급히 뒷마당으로 달렸다. 두려움은 곧 현실로 다가왔다.

수영장 한복판에 있는 페이스의 뒷모습이 보였다. 세 살배기 딸은 맨몸으로 턱과 입까지 차 오른 물을 피하려고 발끝으로 간신히 몸을 지탱하고 있었다. 그 순간 십 년은 늙어 버린 듯했다.

"페이스, 움직이면 안 돼!" 소리치며 달려가 딸아이를 건져 냈다. 얼마나 오랫동안 그렇게 발끝으로 서 있었는지는 아무도 알 수 없었다. 만일 휘청하기라도 했다면, 아내와 나는 딸아이의 장례식을 치러야 했을 것이다. 제리와 나는 며칠 동안 충격에서 헤어나지 못했다. 이 글을 쓰는 지금도 그때 일을 생각하면 아찔해진다.

안타깝게도 이 사건을 겪고 나서도 우리 내면은 전혀 바뀌지 않았다. 우리는 5년의 시간을 더 보내며, 훨씬 더 많은 아픔과 고통, 그리고 몇 번의 엄청난 사건을 겪고서야 비로소 변화하기 시작했다.

어쩌면 그렇게도 어리석었을까? 존과 수잔에게 뿐만 아니라 하나님과 나 자신에게 솔직하지 못하고 미숙하게 행동했던 과거를 돌아보면 부끄러움에 당혹스럽기까지 하다. 문제는 존이 아니라 바로 나였다. 겉으로는 친절하고 너그럽고 참을성이 많은 사람처럼 보였지만 내면은 전혀 그렇지 못했다. 내면에서 벌어지는 일들에 대해서는 귀를 닫은 채 좋은 그리스도인이라는 포장된 이미지만 보여 주고 싶었다. 그때 난 무의식적으로 이런 생각을 했었다. '나는 훌륭한 그리스도인이 되고 싶어. 이 부부가 우리를 좋아할까? 우리가 괜찮은 사람들이라고 생각할까? 친구 목사에게 우리를 좋게 말해 주어야 할 텐데.'

정직하게 행동해서 약점이 잡히는 것보다 적당히 위장하는 것이 더 안전했다. 나의 제자도와 영성은 깊이 내재된 상처와 죄의 양상 어느 것 하나도 제대로 건드리지 못했다. 특히 가정이라는 닫힌 공간에서 여러 가지 시련이나 다툼, 갈등, 실패로 우리의 추한 모습을 드러낼 때는 더했다. 나는 영적으로나 정서적으로 발전하지 못한 채 미성숙한 수준에 머물러 있었다. 그때 당시의 신앙으로는 내 삶의 깊은 부분을 결코 바꿀 수 없었다. 그 이유 때문에 페이스는 거의 죽을 뻔했다. 내 영성의 뭔가가 단단히 잘못되었다.

교회를 떠나는 사람들이 늘고 있다

연구에 따르면 최근 '교회를 떠나는 사람들'[1]이 점점 증가하는 추세라고 한다. 그들 중 첫 번째 부류는 믿음을 가지고는 있지만 더 이상 교회에 참석하지 않는 사람들이다. 그들은 그리스도께 전적으로 헌신했지만 교회에서 익힌 영성이 자기 자신이나 다른 이들의 삶을 깊이 있게 변화시키지 못한다는 것을 천천히 그리고 고통스럽게 깨달았다.

무엇이 잘못된 것일까? 그들은 진실하게 예수 그리스도를 따르는 사람들이었지만 다른 사람들처럼 결혼이나 이혼, 친구 관계, 자녀 양육, 독신 생활, 성생활, 중독, 불안정함, 인정받고 싶은 욕망, 직장이나 교회, 가정에서 느끼는 좌절과 우울한 감정 등의 문제로 씨름해 왔다. 또한 교회도 바깥세상과 마찬가지로 감정적 갈등의 양상에서 자유롭지 못한 모습을 보았다. 교회는 과연 무엇이 잘못된 걸까?

교회를 떠나는 사람들 가운데 또 두 번째 부류는 교회에 다니긴 하지만 소극적인 이들이다. 그들은 수년에 걸쳐 실망과 좌절을 겪으면서 신앙이 삶의 다양한 경험을 흑백논리로 나눌 뿐임을 깨닫고는 체념해 버린 상태다. 그들은 자녀들을 위해서 또는 다른 대안이 없어서 교회에 남아 있지만 극히 수동적이다. 무엇이 문제인지 꼭 집어 말하지는 못하지만 뭔가가 옳지 않다는 것은 알고 있다. 뭔가가 빠졌고 영혼 깊은 곳의 불안이 자신들을 갉아먹고 있음을 알지만 어떻게 해결할지 알지 못한다.

교회를 떠나는 세 번째 부류는, 슬프지만, 신앙을 아예 포기한 사람들이다. 그들은 무의미하고 정체된 신앙생활에 지쳐 버렸다. 그리고 주변 그리스도인들에 대해서도 넌더리가 났다. 소위 하나님에 관한 지식도 풍부하고 교회 활동에도 열심이지만 화도 잘 내고, 강압적이며, 독선적이고, 방어적이며, 거만하고, 예수님을 사랑하기에는 너무 바쁘다고 공언하는 사람들이다. 이들은 신앙생활이 성가신 일이라 생각한다. 그래서 주일 아침에는 〈뉴욕 타임스〉를 읽으며 커피 한 잔의 여유를 즐기는 편이 더 낫다고 생각한다.

나도 교회를 떠나고 싶었던 적이 있다. 인생에서 중대한 위기가 닥쳤을 때 나는 고통스럽게 번뇌하며 분노와 수치심으로 몸부림쳐야 했다. '그토록 열심히 경건하고 헌신된 그리스도인이 되려고 애써 왔는데…. 내 모든 진심을 다해 하나님과 하나님 나라를 섬겨 왔는데…. 어떻게 내 모든 노력과 최선의 결과가 이런 재앙일 수 있지?'

그때는 고통을 통해 '훌륭한 그리스도인'이라는 외양 아래 감춰진 나의 참모습을 보기 전이었다. 내 삶에 층층이 쌓인 감정의 결들이 하나님의 변화의 손길에 닿지 못한 채 파묻혀 있던 때다. 너무 바쁜 탓에 '심도 깊은 자기성찰'은 꿈도 꾸지 못했고, 하나님의 일을 완수하는 데 모든 것을 바쳤기에 무의식을 깊이 파헤칠 엄두도 내지 못했다. 하지만 고통을 통해 주님이 내 속사람을 관통하셔서 나 자신이 얼마나 얕은지 볼 수 있게 하셨다. 신앙생활을 얼마나 했는지와 상관없이 말이다.

나의 삶을 바꾸고 나의 결혼생활과 목회 사역을 변화시키며, 종국적으로 영광스럽게 교회를 섬길 근본적인 진리를 발견한 것은 그때였다. 아주 단순했지만 내가 놓치고 있던 진리였다. 이상한 일이지만 분명 대부분의 복음주의 운동에서도 이 진리를 놓치고 있다. 이 간단하고도 심오한 진리 안에 기독교 신앙을 내던지고 싶어 하는 사람들의 삶을 혁신적으로 바꿀 힘이 담겨 있다. 곧 영적 성숙과 건강한 정서는 떼려야 뗄 수 없는 관계를 맺고 있다는 사실이다.

미숙한 감정을 안고 성장하다

원 가족(family of origin)의 영향에서 벗어나 감정적으로 성숙하고 온전한 사람들은 아주 극소수다. 사역 초기에는 그리스도의 능력이 어떤 저주도 깨뜨린다고 믿었다. 따라서 오래 전 떠난 가정이 여전히 내 현재의 모습을 만들고 있을 거라곤 꿈에도 생각하지 못했다. 바울도 "이전 것은 지나갔으니 보라 새 것이 되었도다"(고후 5:17)라고 가르치지 않았는가? 하지만 위기에 직면하면서, 위기를 헤치고 나가기 위해서는 과거로 돌아가 이전 것을 제대로 이해해야 한다는 것을 배웠다.

이탈리아계 미국인인 우리 가족은 여느 가정과 마찬가지로 어그러지고 깨진 면이 많았다. 부모님은 이민자의 후손으로 우리 사 남매가 '아메리칸 드림'을 이루도록 당신들의 삶을 희생하셨다. 아버지는 제빵사였는데 처음에는 할아버지가 운영하는 페이스트리 가게에서, 나중에는 큰 제빵 회사에서 쉬지 않고 일만 하셨다. 아버지의 유일한 목표는 자녀들이 열심히 공부하여 대학을 졸업한 후 삶에서 뭔가를 이루는 것이었다.

어머니는 늘 우울증에 시달렸고 남편의 따뜻한 애정을 받지 못했다. 외할아버지로부터 학대를 받으며 자란 탓에 우리 넷을 키우는 일을 숨이 막힐 정도로 버거워했다. 결혼한 후에도 어렸을 때와 똑같이 슬프고 외로운 생활을 이어 갔다.

형제들과 나는 그렇게 상처로 가득한 환경에서 자랐다. 모두 감정적으로 미성숙했고 애정과 관심에 목말라 있었다. 우리는 각자 집을 떠나 대학에 진학했고 다들 불운했던 과거를 잊으려고 애썼다.

집 밖에서는 여느 사람들처럼 괜찮아 보였다. 적어도 내 친구들보다는 상황이 좋아 보였다. 하지만 열여섯 살이 되던 해, 우리 가정의 모래성은 무너지기 시작했다. 형이 아버지의 뜻을 거역하고 대학을 그만두면서 그동안 암묵적으로 지켜지던 가정의 규칙이 깨진 것이다. 설상가상으로 형은 통일교 교주 문선명 부부가 모든 인류의 참 부모라고 공표했다. 그 일이 있은 후 10년 간 형은 죽은 사람으로 취급되었고 집에 올 수도 없었다. 부모님의 마음은 수치심으로 산산이 부서졌다. 친척들이나 친구들과도 점점 멀어졌다. 드라마 같은 형의 출가로 비롯된 압박과 스트레스는 우리 가족 안에 내재되었던 커다란 구멍과 상처들을 드러냈다. 우리는 점점 더 멀리 서로에게서 도망쳐 버렸다. 그때의 상처가 치유되기까지 근 20년이라는 시간이 필요했다.

어쩌면 가장 큰 비극은 아버지의 충실한 종교 생활과 영성이 결혼이나 자녀 양육에 별 영향을 끼치지 못했다는 것이다. 아버지는 한 집안의 아버지와 남편으로, 직업인으로 살아오면서 참 믿음의 본이 되는 예수의 새 가족보다는 원 가족과 당신의 문화만을 되비추었던 것 같다.

당연히 우리 가정은 다른 가정들과 다르다. 하지만 지난 20년 동안 많은 가정들과 가까이서 함께 일하며 배운 게 있다. 창세기 3장이 묘사하고 있는 것처럼 우리의 첫 가정이 불순종한 결과가 나와 여러분의 가정에 영향을 미치고 있다는 것이다. 존경할 만큼 멋진 가정조차도 그 안에는 수치심과 비밀들, 거짓말, 배신, 망가진 관계, 절망, 무조건적 사랑을 향한 해결되지 않는 갈망이 도사리고 있다.

믿음을 가지다

열세 살 때 나는 하나님의 존재를 의심하며 교회를 떠났다. 신앙이 현실과는 무관한 것임을 확신하면서 내가 가졌던 모든 환상이 깨져 버렸기 때문이다. 그러다가 하나님의 은혜로 작은 교회에서 열린 콘서트와 대학에서의 성경 공부를 통해 다시 그리스도인이 되었다. 당시 열아홉 살이었다. 그리스도를 통해 드러난 하나님의 어마어마한 사랑이 나를 압도해 왔다. 나는 즉각적으로 모든 열정을 다해 나를 찾아오신 살아 계신 주님을 알아 가기 시작했다.

그로부터 17년 간, 나는 은사 중심의 복음주의 운동에 몰두하며 영성과 제자도에 관한 가르침을 섭렵했다. 열심히 기도하고 성경을 읽었고 신앙 서적도 사서 보았다. 성경 공부 모임에도 참석하고 정기적으로 예배에도 참석했다. 내가 가진 은사대로 열심히 섬겼고, 기부도 했다. 듣고자 하는 이들에게 내 신앙을 나누기도 했다.

대학을 졸업한 후에는 고등학교에서 1년 간 영어를 가르쳤고 그 후 선교단체인 IVF에서 3년 간 간사로 일했다. 결과적으로 그것이 계기가 되어 프린스턴과 고든콘웰신학교에서 신학을 공부한 뒤 코스타리카에 1년 간 머물며 스페인어를 배우고, 마침내 뉴욕 퀸즈에 다민족 교회를 개척했다.

이처럼 17년 동안 그리스도의 헌신된 제자로 살아오긴 했지만 나의 감정적인 측면, 곧 인간적인 영역은 다듬어지지 못한 채 그대로 남아 있었다. 주일 학교나 소그룹 모임, 교회 안, 그 어디에서도 이 부분은 언급되지도, 다뤄지지도 않았다. 사실 '감정적 측면과 인간적인 영역'은 교회가 아닌 전문 상담사들의 몫인 것처럼 보였다.

다양한 접근을 시도하다

목회 사역이 막 전성기에 접어들었다고 생각될 무렵, 아내는 무언가 잘못되고 있음을 조금씩 깨닫고 이야기하기 시작했다. 아내의 말이 옳을지도 몰랐다. 그래서 그동안 어느 정도 도움을 주었던 여러 제자 훈련 방법들을 시행하려고 노력했다. 나의 독백은 다음과 같은 것들이었다.

"성경 공부가 더 필요해. 그러면 사람들이 바뀔 거야. 마음이 새로워지면 삶의 변화도 따라오겠지."

"아니야, 모임이 필요해. 소그룹을 통해 사람들이 더 깊은 공동체 의식을 가지도록 해야 해."

"피터, 성령의 능력이 있어야만 진정한 변화가 일어남을 기억해야지. 그건 기도를 통해 오잖아. 기도에 시간을 들이고 교회 안에 더 많은 기도 모임을 만들어야겠어. 우리가 기도해야 하나님이 움직이시지."

"아니야, 영적 싸움에 관한 문제야. 사람들이 진정으로 변하지 않는 건 자신들 안팎에 있는 사탄의 세력에 맞서지 못하기 때문이야. 말씀을 적용하고 예수님의 권세로 대적한다면 사람들이 악에서 해방될 거야."

"예배가 답이야. 바로 그거야. 사람들이 예배 가운데 하나님의 임재에 잠길 수 있으면 효과가 있을 거야."

"마태복음 25장 40절 말씀을 기억해. 우리는 '지극히 작은 자들', 곧 병들고 소외되고 감옥에 갇힌 자들을 자유롭게 해 줄 때 그리스도를 만날 수 있어. 성도들과 함께 가난한 사람들을 섬기면 삶도 바뀔 거야."

"아냐, 피터. 하나님의 음성을 특히 잘 듣거나 예언하는 은사를 가진 사람들이 필요해. 그들이라면 사람들을 묶고 있는 보이지 않는 사슬들을 끊어 줄 수 있을 거야."

"이 정도면 됐어. 사람들은 어차피 복음 안에 나타난 하나님의 은혜를 진정으로 이해하지 못해. 우리가 하나님 앞에 설 수 있는 건 순전히 예수님 덕분이잖아. 우리의 의가 아닌 그분의 의! 루터가 말했듯이 날마다 그걸 각인시키면 사람들이 변할 거야."

위에 열거한 각각의 관점들은 모두 성경의 진리를 내포하고 있다. 이 모두가 영적 성장과 여정에 나름의 자리를 차지한다. 그리고 의심할 여지없이 우리는 모두 하나 또는 그 이상의 방법을 통해 하나님의 임재를 경험해 왔을 것이다.

문제는, 그럼에도 불구하고 여전히 무언가가 빠져 있다는 것이다. 솔직히 말하면 요즘 유행하는 제자도 모델들은 대부분 성도들이 정서적으로 성장하는 데 오히려 걸림돌로 작용한다. 사람들은 예배나 기도, 성경 공부, 성도 간의 교제를 통해 실제적인 도움과 유익을 얻고 있다. 따라서 관계의 문제나 내면세계가 잘못되어 있어도 자신이 신앙생활을 잘하고 있다고 착각하기 쉽다. 사람들이 성숙을 위해 노력하지 않는 이유는 자신이 성장하고 있다고 철썩 같이 믿기 때문이다.

사람들은 속고 있다. 나 역시도 거의 17년 동안 그런 방식으로 살아왔기에 너무나 잘 안다. 나를 비롯한 주변 사람들이 분명히 영적으로 성장하고 있다고 믿었기 때문에 미성숙한 감정의 문제는 어디서나 있기 마련이라며 외면하고 말았다.

대부분의 사람들은 아주 솔직해지는 어떤 순간에서만 일상의 의식 아래 놓인 자신의 깊은 속내를 드러낸다. 아래 그림처럼 우리 눈에 보이는 빙산은 전체의 10퍼센트에 불과하다. 이 10퍼센트가 다른 사람들에게 보이는 우리의 변화된 모습이다. 우리는 신앙생활을 하면서 남들 보기에 더 좋은 사람, 더 공손한 사람이 되었다. 교회에 출석하며 정기적으로 모임에 참석한다. 어떤 면에서 우리의 삶을 정화시킨다. 술도 끊고 담배도 끊고 비속한 말들도 사용하지 않고 부도덕한 행동도 하지 않는다. 경건하게 기도하며 예수님에 대해 나눈다. 하지만 존재의 뿌리는 말씀으로부터 어떤 영향도 받지 못한 채 요지부동이다.

그림1 빙산의 모습 · 보이지 않는 수면 아래 어떤 모습이 있는지 보라.

기존의 영성 모델은 수면 아래 잠긴 90퍼센트 가운데 일부만을 다루고 있다. 문제는 그보다 훨씬 많은 부분(점선 아래 부분)이 예수 그리스도에 의해 조금도 건드려지지 않은 채로 살아간다는 것이다. 그 부분이 변화되려면 '정서적으로 건강한 영성'을 깊이 있게 다뤄야 한다.

고통을 통해 깨닫다

나는 세 가지 몸부림의 경험을 통해 비로소 '정서적으로 건강한 영성'의 개념에 마음을 열었다.

첫째, 성경이 우리에게 약속한 기쁨이나 만족을 실제로는 경험하지 못하고 있었다. 나는 행복하지 않았고 깊은 좌절감을 느꼈으며, 일에 지처 있었고 어찌할 바를 몰랐다. 주님은 마태복음 11장 30절에서 "내 멍에는 쉽고 내 짐은 가벼움이라"고 말씀하시며 우리를 자유롭고 풍성한 삶으로 초청하셨는데 나는 전혀 그렇게 느끼지 못했다.

고대 팔레스타인 지역에서는 멍에를 나무로 만들었는데, 소의 목과 어깨에 잘 맞게 나무를 깎아서 피부가 상하지 않도록 했다. 따라서 예수님의 말씀은 "내가 너에게 완벽하게 맞는 멍에, 곧 너만을 위해 계획한 삶을 주겠다. 약속하건데 그것은 가볍고 쉽단다"라고 바꿔 말할 수 있겠다.

하지만 현실은 달랐다. 수년 간 열심히 사역에만 매달렸던 탓에 나는 거의 탈진 상태였고 휴식만을 간절히 원했다. 나는 다른 사람들이 나에게 한 행동이나 할 것 같은 행동, 또는 그렇게 생각하거나 생각할 것 같은 것들을 의식하며 살아왔다. 하나님을 기쁘시게 하는 삶을 살아야 한다는 것을 머리로는 알았지만 실제로 그렇게 사는 것은 또 다른 문제였다. 예수님의 멍에는 버겁게만 느껴졌다.

둘째, 분노와 원망으로 우울한 삶을 살았다. 5년 동안 나는 두세 사람이 할 일을 혼자서 해내려고 애썼다. 우리 교회는 주일이면 오전에 영어 예배 두 번, 오후에 스페인어 예배 한 번 해서 모두 예배를 세 번 드렸는데 그 모든 설교를 나 혼자서 맡고 있었다. 그런데 스페인어 예배를 돕던 부교역자가 예배에 참석하던 250명 가운데 200명을 데리고 나가서 자기 교회를 개척했다. 그가 정말 미웠다. 그를 용서하려고 노력했지만 미움은 좀처럼 가시지 않았다.

주일에는 사랑과 용서를 전하고 월요일 아침 혼자 있을 때는 저주를 퍼붓는 이중생활을 하다 보니 정신적 압박감은 점점 더 심해졌다. 나의 믿음과 실제 삶의 간극은 시간이 갈수록 더욱 뚜렷이 벌어졌다.

셋째, 아내를 통해 내 바닥이 드러났다. 제리는 혼자서 네 아이를 돌보느라 지쳤고 바쁜 남편 때문에 외로웠다. 결혼생활에서 아내의 좌절이 깊어지자 마침내 나와 아내는 정면으로 부딪치기 시작했다. 결국 나의 어떤 변명이나 다짐, 회피도 전혀 통하지 않는 지경까지 이르렀다. 아내는 더 이상 잃을 것이 없었다.

늦은 밤, 침대에 앉아 책을 읽는데 아내가 들어와 차분한 목소리로 이렇게 통보했다. "여보, 당신과 사느니 나 혼자 사는 게 더 행복할 거 같아요. 이제 롤러코스터 같은 결혼생활에서 탈출하고 싶어요. 당신을 사랑하지만 더 이상 이런 식으로 살지는 않을래요. 많이 기다렸는데…. 당신과 대화하려는 노력도 많이 했고요. 당신은 귀담아 듣지 않았죠. 난 당신을 변화시킬 수 없어요. 그건 당신에게 달린 거니까. 그냥 난 내 인생을 살아야겠어요."

아내는 확고했다. "아, 그리고 한 가지 더, 당신이 섬기는 그 교회도 이제 안 나갈래요. 당신의 리더십은 따를 가치도 없으니까."

아주 짧은 순간이었지만 그때 난 사람들이 어쩌다 사랑하는 사람을 죽이게 되는지 이해가 되었다. 아내 앞에서 완전히 발가벗겨진 기분이었다. 내 안의 또 다른 나는 아내의 목이라도 조르고 싶었지만 그보다 더 강하게 나를 휘감는 감정은 깊은 수치심이었다. 내 연약한 자아로서는 도저히 감당할 수 없는 강한 펀치였다.

그럼에도 불구하고 당시 아내의 선포야말로 결혼생활을 통틀어 아내가 나에게 베푼 가장 큰 사랑이 아니었나 싶다. 아내는 뭔가 결정적인 것을 깨달았던 것이다. 곧 정서적인 건강과 영적 성숙이 떼려야 뗄 수 없는 관계라는 사실이다. 감정적으로 미성숙한 상태에 머물러 있는 한 영적인 성숙은 불가능하다.

예수 그리스도를 진심으로 사랑하고 그분에 관한 많은 진리들을 믿었지만, 나 자신의 미성숙한 모습을 애써 외면했던 나는 정서적으로는 어린아이일 뿐이었다.

아내가 교회를 떠나겠다고 하자 나는 벼랑 끝에 몰린 심정으로 그동안 두려움 때문에 차마 대면하지 못했던 수면 아래 잠긴 나의 빙산을 들여다보기 시작했다. 고통에는 새로운 진리에 마음을 열고 그 길을 걷게 하는 놀라운 힘이 있다. 결국 내 삶의 거대한 부분이, 예수님을 믿고 있음에도 불구하고 하나도 변하지 않았다는 고통스러운 사실을 인정할 수밖에 없었다. 나의 성경적 지식, 목사라는 지위, 신학교 졸업장, 경험이 그 난처한 현실을 변화시키지 못한 것이다.

나는 그야말로 '정서적으로 건강하지 못한 영성'을 키우느라 바빴다. 한 교회의 담임목사이면서도 교회를 떠나는 사람들의 대열에 끼어 교회를 탈출하기를 바랐던 것이다.

자신의 전 존재를 소중히 여겨라

하나님은 그분의 형상(창 1:27)을 따라 우리를 온전한 사람으로 만드셨다. 그 형상 안에는 신체적, 영적, 정서적, 지적, 사회적 차원들이 모두 포함된다. 다음의 그림을 보자.

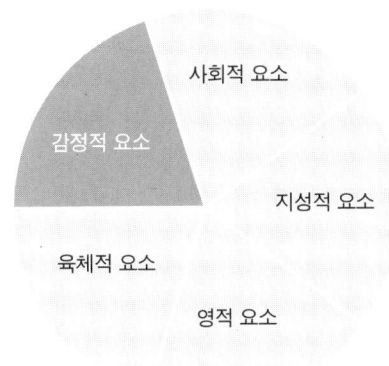

그림 2 우리가 누구인지 보여 주는 각각의 부분들

남자 또는 여자로서 우리가 누구인지 보여 주는 여러 요소 가운데 한 부분이라도 소홀히 다루면 우리가 맺는 하나님과 이웃, 그리고 자신과의 관계에 치명적인 결함이 생긴다. 예를 들어 정신지체아나 장애인을 만나면 그들의 정신적 또는 육체적 장애가 쉽게 눈에 띈다. 자폐아의 경우 놀이터에서 활발하게 뛰노는 다른 아이들과 전혀 소통하지 않고 몇 시간이고 혼자 서 있기도 한다.

그러나 신체적 장애와는 달리 정서적으로 발달되지 않은 경우는 처음 만났을 때 뚜렷하게 드러나지 않는다. 많은 시간을 보내면서 그들과 가깝게 관계를 맺어야 비로소 그 윤곽이 드러나기 시작한다.

나는 17년 간 하나님을 믿는 과정에서 이 '감정적 요소'를 무시하고 달려왔다. 내 신앙의 토대가 되었던 선교 단체나 교회의 영성과 제자 훈련에도 이런 영역을 도와 줄 말이나 신학이나 훈련은 없었다. 내가 신체적, 사회적, 지적, 영적 방면에 관한 책을 몇 권이나 읽었는지 또는 관련 세미나에 얼마나 많이 참석했는지는 중요하지 않다. 내가 17년 간, 아니 30년 넘게 신앙생활을 했다고 해도 상관없다. 예수 그리스도를 통해 감정적 문제가 드러나고 그 부분이 극복되기 전까지는 여전히 정서적으로는 어린아이인 것이다. 내 삶을 건축하고 다른 이들을 가르쳐 왔던 나의 영적 기반은 금이 가 있었다. 나와 가장 가까운 사람들에게는 더 이상 숨길 수 없는 지경에 이르렀다.

그동안 나는 삶을 사실과 믿음 그리고 감정 순으로 접근하는 법만 배워 왔다. 그 결과로 분노의 문제 같은 것은 내 신앙에 그다지 중요하지 않았다. 사실 화를 내는 것은 위험하기 때문에 억눌러야 할 감정이었다. 사람들은 대부분 화가 날 때 꾹꾹 누르고 참거나 표출시킨다. 어떤 사람들은 참을 만큼 참다가 한꺼번에 폭발하기도 한다. 나는 전형적으로 '참는 유형'이어서 화가 날 때면 나의 나쁜 감정을 제거해 주시고 그리스도의 모습을 닮게 해 달라고 구했다.

하나님께 관심을 기울이고 내 안에 어떤 일이 벌어지고 있는지 살피지 못했기 때문에 많은 선물들을 놓치고 말았다. 하나님은 사랑으로 다가오셔서 나를 변화시키려 하셨지만 귀 기울이지 않았다. 슬픔이나 좌절감, 분노 같은 감정을 통해 하나님을 만나리라고는 전혀 기대조차 하지 못했다.

그러다가 마침내 건강한 감정과 건강한 영성이 불가분의 관계라는 것을 발견한 순간, 내게는 그야말로 코페르니쿠스적인 혁명이 시작되었다. 이제는 돌아갈 수 없었다. 그 혁명은 나의 신앙 여정, 결혼생활, 자녀 양육은 물론이고 궁극적으로 '뉴 라이프 펠로십 교회'까지 완전히 바꾸어 놓았다.

하나님의 길, 아름다운 인생

사실 그 후 12년은 내가 한 사람의 인간이자 한 여자의 남편으로, 아이들의 아버지이자 교회의 리더와 예수님의 제자로 살아오면서 최고로 행복했던 시간이었다.[2] 그 시간을 통해 비록 힘들더라도 건강한 정서와 영성을 통합하려는 고된 작업을 이어 갈 때 하나님이 우리의 삶과 교회, 공동체에 주시는 놀라운 약속들을 진실로 경험한다는 것을 몸소 배웠다. 하나님은 반드시 우리의 삶을 아름답게 만드신다.

사도 바울은 "우리가 하나님의 방법대로 살면 어떤 일이 일어날까요? 과수원에 과일이 풍성히 맺히는 것처럼, 하나님께서 우리의 삶에 여러 가지 선물 - 다른 사람들에 대한 호의, 풍성한 삶, 고요함 같은 것들 - 을 풍성히 주실 것입니다"(갈 5:22, 메시지성경)라고 말했다. 가장 대중적인 두 성경 번역본을 토대로 바울이 갈라디아서 5장 22-23절에 묘사한 아름다운 열매들을 보면 다음과 같다.

개역개정	메시지성경
사랑	다른 사람들에 대한 호의
희락	풍성한 삶
화평	고요함
오래 참음	끝까지 견디는 마음
자비	긍휼히 여기는 마음
양선	사물과 사람들 속에 기본적인 거룩함이 스며들어 있다는 확신

만약 하나님의 길을 따라 산다면, 처음에는 부자연스럽고 어렵게 느껴지더라도, 우리의 삶이 분명 아름답게 바뀔 것이라고 하나님은 약속하셨다.

잠시만 시간을 내서 위 말씀을 묵상해 보자. 성령의 열매들을 하나씩 곱씹어 보면서 기도하는 마음으로 천천히 읽어 보라. 그리고 정직하게 물어보자. "오늘 내 삶에 이 열매들이 어느 정도 실재가 되어 드러났는가?" 집에서 일터에서 학교에서 교회에서 어떤 모습으로 살았는지 자기 자신을 돌아보자. 하나님이 지금 우리가 있는 곳에서 우리를 사랑하신다는 것을 받아들이라. 앞에서 묘사한 아름다운 열매를 맺는 그런 사람이 되도록 하나님이 우리 안에서 일하시기를 구하라.

안타깝게도 하나님을 사모하고, 교회를 열심히 섬기고, 성경을 읽고, 예배하고, 기도하고, 주일학교와 소그룹 모임에 참석하면서도 하나님이 허락하신 아름다운 삶을 경험하지 못하는 이들이 너무나 많다. 건강한 감정이 빠진 영성, 곧 내면 깊숙한 곳에 하나님의 손길이 닿지 않은 층이 그대로 있다는 것은 영적 이혼 상태와 흡사한 것 같다.

다른 길도 있다

신앙 여정에서 벽에 부딪히는 경험은 하나님의 선물이다. 하나님은 우리가 교회를 떠나는 부류에 속하지 않기를 바라신다. 하나님은 21세기에 그리스도의 제자로 산다는 것이 무엇을 의미하는지에 대해 우리의 이해를 넓혀 주기 원하신다. 그리고 우리가 꿈꾸었던 것보다 훨씬 더 급진적인 방법을 통해 우리를 변화시키고 계신다. 아브라함과 함께하셨던 것처럼 그분은 당신과 나의 손을 이끌어 굽이지고 낯선 길을 돌고 돌아 한층 더 깊고 실제적인 삶의 변화를 경험하게 하신다.

그러나 우리는 대부분 감당할 수 없는 고통을 겪기 전까지는 앞으로 나아가려 하지 않는다. 안타깝고도 슬픈 현실이다.

어쩌면 바로 지금 그런 고통을 겪고 있는 이들이 있을지도 모르겠다. 그렇다면 자신에게 주어진 환경을 하늘의 선물로 받아들이고 마음 문을 열기 바란다. 그리고 이 책을 읽으면서 새로운 방식으로 하나님을 만나기 바란다. 진리를 깨닫거나 보지 못하면 변화할 수 없다. 우리를 변화시키는 하나님의 역사도 물론 없다.

PRAYER

하나님, 제 삶에 주의 은혜와 자비를 주시니 감사합니다. 주님이 아니었다면 주님을 알지도 못했을 것이며 제 삶 깊은 곳에 주님이 원하시는 변화에 대한 필요도 깨닫지 못했을 것입니다. 주님, 제가 정직하게 빙산 아래 잠긴 저의 참모습을 대면할 용기를 주시고 성령께서 저를 주장하셔서 예수님이 빛으시는 모습이 드러나게 해 주십시오. 저를 향한 그리스도의 사랑이 얼마나 넓고, 길고, 높고, 깊은지 알게 해 주십시오. 예수님 이름으로 기도합니다. 아멘.

Chapter 2

건강하지 못한 영성의
10가지 증상

- 신앙의 적신호를 진단하다

최근에 우리 교회 성도인 제이가 우리에게 나눈 이야기다. "저는 22년 동안 그리스도인으로 살아왔습니다. 그런데 제 신앙 나이는 스물두 살이 아니라 고작 한 살에 불과합니다. 22년 간 계속해서 한 살로 살아온 것 같습니다."

안젤라는 5년 넘게 교회에 나오지 않았던 이유를 설명하면서 개인적으로 이렇게 묻기도 했다. "그리스도인 중에는 왜 그렇게 형편없는 인간들이 많은 거죠?"

우리 집에서 모이는 소그룹에 참석하고 있는 론은 이 책의 제목을 듣고는 "정서적으로 건강한 영성이라구요? 뭔가 모순처럼 들리는데요?"라며 웃었다.

우리의 주된 문제는 성경의 진리를 잘못 적용하는 데 있다. 그런 오류는 우리의 가장 친밀한 관계에 피해를 줄 뿐 아니라 내면 깊은 곳을 변화시키는 하나님의 사역을 방해한다.

정서적으로 건강하지 못한 영성의 열 가지 증상

앞으로 이 책에서 묘사할 신앙의 길은 가히 급진적이다. 이제껏 고수해 오던 신앙생활의 근간을 뒤흔들 가능성이 매우 높다. 예를 들어, 수련회에 참석하거나 이미 빡빡한 삶에 새로운 영적 훈련 한두 개를 더하는 것 같은 가지치기로는 충분하지 않다. 문제가 너무 어마어마하기에 우리 신앙의 혁신적인 변화만이 우리가 그토록 원했던 깊고 지속적인 변화를 가져다줄 수 있다.

그 방법을 제시하기 전에 먼저 우리 자신과 교회에 엄청난 피해를 입히고 있는 '정서적으로 건강하지 못한 영성'의 대표적인 특징들을 분명히 짚고 넘어갈 필요가 있다. 다음은 정서적으로 건강하지 못한 영성을 가진 사람들이 가진 열 가지 증상들이다.

1. 하나님께로부터 도망치고자 하나님을 이용한다.
2. 분노, 슬픔, 두려움 같은 감정을 무시한다.
3. 자신의 정당한 욕구조차 거부한다.
4. 현재에 미치는 과거의 영향력을 부정한다.
5. 우리 삶을 '속된 것'과 '거룩한 것'으로 양분한다.
6. 하나님과 동행하기보다 사역에만 바쁘다.
7. 갈등을 회피한다.
8. 상처, 약점, 실패를 은폐한다.
9. 자신의 한계를 인정하지 않는다.
10. 다른 사람들의 신앙을 판단한다.

1. 하나님께로부터 도망치고자 하나님을 이용한다

가장 알아차리기 어려운 유해 요소이다. 겉으로는 모든 것이 건강하고 정상적으로 보인다. 하지만 실상은 아니다. 이들의 시간은 그야말로 완벽하게 짜여 있다. 다양한 신앙 서적을 꾸준히 읽고, 가정과 직장에서 그리스도인으로서의 모든 책임을 다하며, 이런저런 세미나에 참석하고, 나머지 모든 시간은 기도와 성경 공부로 보낸다. 종종 우리는 무의식적으로 이러한 활동들을 고통으로부터 벗어나기 위한 시도로 활용한다.

나의 경우, '하나님의 일'을 한다는 미명 아래 하나님이 내 삶에서 변화를 원하시는 부분들을 무시했다. 예를 들면, 다음과 같은 오류들이다.

- 하나님이 아닌 나 자신의 만족을 위해 하나님의 일을 할 때
- 하나님이 요구하시지 않은 일을 그분의 이름으로 할 때
- 하나님의 뜻에 복종하기보다 내 뜻을 이루어 달라고 기도할 때
- 좋은 평판을 얻으려고 그리스도인의 미덕을 보여 줄 때
- 어떤 신학적 논점(예를 들면 "모든 것을 품위 있게 하고 질서 있게 하라"(고전 14:40))에 대해 말할 때 하나님의 진리에 집중하기보다 나의 두려움이나 해결되지 않은 문제에 초점을 맞출 때
- 다른 사람들을 판단하고 폄하하는 데 하나님의 말씀을 사용할 때
- 내가 이뤄 낸 사역을 다른 사람들과 경쟁할 목적으로 과장할 때
- '주님이 이렇게 말씀하시는 거 같아'라고 생각할 때도 "주님이 이렇게 하라고 말씀하셨어"라고 말할 때
- 나의 가족이나 문화, 민족의 죄악을 하나님의 주권 아래서 평가하는 대신 성경을 이용해 정당화할 때
- 하나님 이야기를 하면서 나의 내적 틈새를 감추고 실패에 대해 방어적으로 될 때
- 삶의 중대한 변화를 요구할 것 같은 상황은 피하고 나의 목적에

맞는 성경의 진리만 선택적으로 적용할 때

다른 예도 들어 보겠다. 존은 교회 여성들의 치마 길이부터 정치인들과 성 역할, 자신의 무능함, 직장 내 믿지 않는 동료들과의 협상에 이르기까지 자신의 확고한 견해를 입증하기 위해 하나님을 이용한다. 그는 다른 사람들에게 귀를 기울이지 않는다. 셀 수 없이 많은 자신의 추정들에 대해 확인하지도 않고 섣부르게 결론을 내린다. 존의 친구들과 가족들, 동료들은 그를 불안하고 거들먹거리는 사람이라고 생각한다.

그래도 존은 자신이 하나님의 일을 하고 있다고 확신한다. 성경 구절을 자기 식대로 잘못 인용하며 이렇게 말한다. "경건하게 살고자 하는 사람이라면 누구나 핍박을 받는 법이니까." 하지만 결국 그는 하나님을 이용하여 하나님으로부터 도망치고 있을 뿐이다.

2. 분노, 슬픔, 두려움 같은 감정을 무시한다

많은 그리스도인들이 분노나 슬픔, 두려움 같은 감정에 대해서 멀리해야 할 죄라고 진심으로 믿고 있다. 그런 감정들이 올라오면 신앙생활이 잘못되었다고 생각한다. 분노는 위험한 감정이고 다른 사람을 사랑하지 않는다는 표시다. 슬픔은 하나님의 약속을 믿지 못하는 불신앙의 표시다. 우울함은 하나님의 뜻 밖에 있다는 것을 보여 주는 분명한 증거다! 그렇다면 두려움은? 성경은 온통 "아무것도 염려하지 말고"(빌 4:6), "두려워 말라"(사 41:10)고 말씀하신다.

그렇다면 우리가 뭘 하고 있는 걸까? 거짓된 자신감을 부풀려 그런 감정들을 없애려고 애쓴다. 성경을 인용하고, 성경대로 기도하고, 성경을 암송한다. 감정들에 압도되지 않으려고 최선의 방법들을 동원한다.

대부분의 그리스도인들처럼, 나 역시도 감정은 애매하고 믿을 만한 것이 못된다고 배웠다. 모든 감정은 오르락내리락 기복이 심하기 때문에 신앙생활에서 마지막으로 고려해야 할 것이었다. 물론 극단적인 예로 감정에만 치우쳐 성경적인 가르침과 다른 삶을 사는 그리스도인들이 분명 있다. 하지만 더 보편적으로는 자신의 감정을 수용하고 솔직하게 표현해도 된다는 것을 믿지 못하는 그리스도인들이 대부분이다. 그들은 특히 두려움, 슬픔, 수치심, 분노, 상처, 고통 같이 다루기 까다로운 감정들에 대해서 더 그래야 한다고 생각한다.

만약 이처럼 속박 가운데 있다면 우리 내면이 어떻게 돌아가고 있는지, 하나님이 뭐라고 말씀하시는지 어떻게 알 수 있겠는가?

감정을 가진다는 것은 인간으로서 자연스러운 일이다. 감정을 감추거나 부정한다면 하나님께 받은 그분의 형상을 왜곡하는 셈이다. 지나치게 감정 표현에 서툴다면 우리 자신은 물론이고 하나님과 이웃을 사랑하는 능력이 제 기능을 못하고 있기 때문이다. 앞 장에서 살펴본 대로 감정은 우리가 하나님의 형상으로 지음받았음을 의미하는 중요한 요소 가운데 하나다. 우리의 영성에서 감정을 무시한다면 인간의 본성 가운데 일부를 잘라내 버리는 것이다.

아래 그림 3[1]이 보여 주듯이 나는 하나님과 내 감정에 대해서 그릇되게 믿고 있었다.

그림 3

나는 신앙생활에서 가장 중요한 부분이 엔진이라 생각했다. 엔진은 기관실에 해당하는 '사실', 곧 성경에 나오는 하나님의 말씀이다. 예를 들어 화가 났다면 나는 사실에서 출발해야 한다고 믿었다. "피터, 무엇 때문에 화가 났니? 그 사람이 거짓말을 하고 널 속였구나. 하지만 하나님이 보좌에 계시잖아. 예수님도 사람들의 거짓말과 속임수에 농락당하셨어. 그러니까 화내지 말자."

나는 하나님의 진리인 '사실'에 대해 먼저 생각하고 그 후에 내 믿음(내 의지의 문제)을 생각했다. 하나님의 말씀인 '사실'을 믿을 것인가? 아니면 신뢰할 수 없는 내 감정이나 육신적 성향을 따를 것인가?

기차의 맨 뒷부분인 객실은 가장 믿어서는 안 될 감정이었다. "피터, 어떤 상황에서도 감정에 휘둘리면 안 돼. 만물보다 거짓되고 심히 부패한 게 마음이라 했잖아. 누가 능히 그것을 알겠어?(렘 17:9 참조) 마음의 감정은 너를 죄로 인도할 뿐이야."

나중에도 살펴보겠지만, 성경에 대한 편협하고 균형 잡히지 않은 믿음 체계가 우리 삶에 미치는 실질적인 영향은 가히 어마어마할 정도다. 그런 잘못된 믿음은 하나님의 형상으로 지음받은 인간의 감정적 측면을 억압하고 무가치하게 만들어 버린다. 더욱 슬픈 사실은 토마스 머튼의 말처럼, 오늘날 일부 그리스도인의 믿음과 기대가 "은혜 아래 우리의 인간성을 해방시켜 모든 잠재 능력을 발전시키고 풍성하게 만드는 것이 아니라 오히려 죽여 버린다"[2]는 것이다.

3. 자신의 정당한 욕구조차 거부한다

수세기 전 이라네우스(Iraneus)가 말했듯이 "하나님의 영광은 인간들이 온전하게 살아가는 데 있다."

맞는 말이다. 예수님은 "나를 따라오려거든 자기를 부인하고 날마다 제 십자가를 지고 나를 따를 것이니라"(눅 9:23)고 말씀하셨다. 하지만 성경의 나머지 말씀은 제쳐 둔 채 이 말씀만 엄격하게 적용한다면 하나님의 본래 의도와는 완전히 다른 방향으로 가고 말 것이다. 그런 태도는 "네가 비참해질수록, 네가 더 많이 고통당할수록, 하나님이 더욱 사랑하신단다. 너만의 독특한 인간 됨은 무시하라. 하나님 나라에서 그런 건 없다"라는 편협하고 왜곡된 신학으로 이어질 수밖에 없다.

우리 안의 죄 된 부분은 죽어야 한다. 성경이 명백하게 금하고 있는 죄악인 살인, 도적질, 위증, 거짓말 등(출 20:13-16, 엡 4:25)은 물론이거니와 방어적인 태도, 사람들과의 거리감, 교만함, 완고함, 위선, 판단과 정죄, 자신의 연약함을 드러내지 않는 태도와 같은 부분도 죽여야 한다.

하지만 하나님은 우리 안의 '선한' 부분까지 죽이라고 하시지 않았다. 우리의 건강한 욕구들과 즐거움은 없애야 할 것들이 아니다. 예를 들어 우정이나 기쁨, 미술, 음악, 아름다움, 레크리에이션, 웃음, 자연 같은 것들이다. 하나님은 우리 마음에 건강한 갈망들을 심어 주셨고 그 감정이 적절하게 자라나고 열매 맺도록 하셨다. 대부분 이런 욕구나 열정들은 하나님의 초대이며 그분께로 온 선물이다. 그럼에도 불구하고 우리는 왠지 그 선물들을 열어 볼 때마다 죄책감을 느낀다.

사람들에게 "당신의 소원이나 바람, 꿈들을 말해 주세요"라고 하면 종종 묵묵부답인 경우가 많다. 그들은 이렇게 반응하곤 한다. "왜 그런 걸 물으세요? 예수님을 섬기는 것이 유일한 소원이자 바람, 꿈 아닌가요?"

사실 꼭 그렇지는 않다. 하나님은 우리에게 자기 자신을 없애라고 요구하시지 않는다. 그리스도인이 된다는 것이 인간이기를 포기한다는 것은 아니다. 오히려 정확히 그 반대다. 하나님은 우리가 당신을 따를 때 우리의 자아가 더 깊어지고 진실해지고 자유롭게 꽃 피기를 원하신다. 하나님은 우리 각 사람을 만드실 때 본성적으로 하나님의 형상을 독특한 방법으로 드러내고 표현할 수 있게 고유한 특성들을 부여해 주셨다. 성령으로 성화된다는 것은 이제까지 쌓아온 거짓된 모습을 벗어 버리고 참된 자아가 드러난다는 것이다.

4. 현재에 미치는 과거의 영향력을 부정한다

어릴 때든 젊어서든 나이가 들어서든 예수 그리스도를 믿는다는 것은, 성경의 놀라운 표현처럼, 거듭나는 것이다(요 3:3 참조). 사도 바울도 비슷하게 묘사한다. "이전 것은 지나갔으니 보라 새것이 되었도다"(고후 5:17).

하지만 가끔은 이 말씀의 의미가 잘못 이해되기도 한다. 물론 우리가 그리스도께 나아갈 때 죄는 사라지고 우리는 새로운 이름과 정체성, 새로운 미래와 생명을 받는다. 그야말로 놀라운 기적이다. 우리는 예수님의 삶과 죽음, 부활을 통해 하나님 앞에서 의롭다고 선언되었다(빌 3:9-

10). 거룩하고 영원하신 만유의 하나님은 이제 더 이상 심판자가 아니라 우리의 아버지가 되셨다. 정말 놀랍고 복된 소식이다.

하지만 과거의 삶이 우리에게 아무런 영향을 끼치지 못한다는 것을 의미하지는 않는다. 나 역시 수년 동안 내가 주님을 영접했기 때문에 과거의 삶에서 해방되었다는 착각 속에 빠져 있었다. 주님을 믿기 전 나의 과거는 정말 비참했다. 그 모든 것을 잊고 싶었고 두 번 다시 생각조차 하기 싫었다. 주님이 함께하시는 지금의 삶이 훨씬 더 좋고 만족스러웠다. 나는 자유를 얻었다고 생각했다.

아내는 9년의 결혼생활을 거치는 동안 나만큼 어리석지는 않았다. 우리가 난생처음으로 가계도를 그렸던 때를 결코 잊을 수 없다. 당시 우리의 카운슬러는 거의 한 시간 가까이 우리 둘의 가족 관계를 물으면서 각자의 부모와 그들의 관계를 두세 개의 형용사로 표현하라고 했다.

상담이 끝나갈 때 카운슬러는 간단하게 물었다. "양가 부모님들과 두 분의 결혼생활 사이에 유사성이 보입니까?"

둘 다 할 말을 잃은 채 앉아 있었다. 우리는 복음적 그리스도인이었다. 서로에게 헌신되었고 안정적인 삶을 꾸렸다. 우리의 우선순위와 삶의 선택들은 우리 부모님들과는 사뭇 달랐다. 그럼에도 겉으로 드러나지 않는 부분에서는 부모님들과 현저하게 닮아 있었다. 성 역할, 분노와 갈등, 수치심을 다루는 방식, 성공에 대한 정의, 가족과 아이들을 보는 관점, 여가와 즐거움, 성 생활, 슬픔에 대한 태도, 그리고 친구들과의 관계까지 모든 것이 원 가족과 문화 안에서 습득된 것이었다.

그날 상담실에 앉아 우리 결혼생활의 실상을 깨닫고 적잖이 당황했던 기억이 난다. 그리고 절대로 잊을 수 없는 한 가지 교훈을 배웠다. 우리가 20년 가까이 헌신적인 그리스도인으로 살았음에도 불구하고 우리 삶의 방식은 원 가족을 훨씬 더 빼닮았다는 것이다. 하나님이 의도하신 그리스도 안에서의 새로운 가족과는 다소 거리가 있었다.

그리스도 안에서 성장하는 소위 성화의 과정은 과거로 돌아가지 않고 하나님이 주신 것을 향해 앞만 보고 매진하는 것을 의미하지 않는다. 오히려 성화의 과정은 과거로 돌아가 우리 자신과 다른 사람을 사랑하지 못하게 막는 파괴적이고 나쁜 습관을 깨뜨리고 거기서 해방되는 것이다.

5. 우리 삶을 '속된 것'과 '거룩한 것'으로 양분한다

인간에겐 삶을 엄격히 구분하여 이중적으로 살아갈 수 있는 묘한 능력이 있다.

프랭크는 교회에 다니면서 하나님의 사랑에 대해 노래한다. 하지만 집으로 돌아오는 길에서는 다른 운전자를 향해 죽여 버리겠다는 말도 서슴지 않는다. 프랭크에게 주일은 하나님을 위한 날이고 월요일부터 토요일은 일하는 날이다.

제인은 남편을 향해 아이들의 영적 본보기가 되지 못한다며 소리를 지른다. 이에 기분이 상한 남편은 기가 꺾인 모습으로 자리를 뜬다. 하지만 제인은 자신이 하나님의 이름으로 용기 있게 싸웠다고 확신한다.

켄은 매일 출근하기 전 하나님과 교제하는 시간을 가진다. 하지만 일할 때나 집에 돌아와 가족들과 시간을 보낼 때는 전혀 하나님의 임재를 생각하지 않는다.

주디스는 예배하며 찬송을 부를 때 하나님의 사랑과 은혜에 감격해서 눈물을 흘리곤 한다. 하지만 자기 삶의 어려움과 시련에 대해선 항상 불평하며 다른 사람들을 탓한다.

교회를 둘러싼 '기독교적 활동'과 하나님을 고려하지 않는 일상생활, 곧 결혼이나 자녀 양육, 소비, 여가, 시험 공부 같은 것을 구분하기는 참 쉽다. 갤럽 여론 조사와 사회학자들에 따르면 "복음주의 기독교인들은 삶의 방식에 있어서 세상 사람들과 마찬가지로 쾌락주의, 물질 만능주의, 자기중심주의, 성적 부도덕의 문제를 고스란히 가지고 있다"[3]고 말한다. 다음의 통계는 복음주의 기독교인들의 충격적인 현실을 보여 준다.

- 기독교인들의 이혼율이 세속적인 사람들 못지않게 높다.
- 기독교인들도 비기독교인들만큼이나 아내에게 폭력을 행사한다.
- 기독교인들도 비기독교인들 못지않게 물질만능주의에 빠져 있다.
- 다른 인종에 대한 거부감이 가장 큰 이들은 다름 아닌 백인 복음주의자들이다.
- 매우 헌신적인 복음주의자들 중 26퍼센트가 혼전 성관계를 인정한다. 덜 헌신적인 복음주의자들의 경우 46퍼센트에 달한다.[4]

론 사이더는 자신의 책 《복음주의 양심의 스캔들(The Scandal of the Evangelical Conscience)》에서 그리스도인들의 이중성을 이렇게 요약한다. "결혼 생활의 문제든, 성이나 돈의 문제든, 가난한 사람을 돌보는 문제든, 오늘날의 복음주의자들은 수치스러울 정도로 성경과 다른 삶을 살고 있다. … 자료에 따르면 그들은 결정적 영역에서 믿지 않는 사람들과 전혀 구별되지 못한 채 살고 있다."[5]

이런 결과는 우리 자신과 세상에 막대한 손실을 가져왔다. 우리는 예수 그리스도가 약속하신 참 기쁨을 놓치고 말았다(요 15:11). 게다가 세상 사람들이 고개를 흔들며 의심스럽게 바라보는 데도 우리의 말과 매일의 삶 속에 생긴 어마어마한 간극을 보지 못한 채 살아가고 있다.

6. 하나님과 동행하기보다 사역에만 바쁘다

우리 서구 문화는 일 처리나 생산적인 면에 큰 비중을 둔다. 따라서 기도를 하거나 하나님의 임재를 누리는 것, 곧 하나님 안에서 기뻐하는 일 따위는 사치라고 말한다. 그건 나중에 천국에서 얼마든지 누릴 수 있다는 것이다. 지금 우리 앞에는 해야 할 일들이 산적해 있다. 구원받아야 할 사람들이 우리의 손길을 기다리고 있으며 이 세상은 큰 어려움 가운데 빠져 있다. 그리고 하나님은 복음의 기쁜 소식을 우리에게 맡기셨다.

그래서 나는 수도사들이 정말 그리스도인이 맞는지 의문을 품기도 했다. 그들은 꼭 도피주의자들 같았다. 분명 하나님의 뜻 안에 있지 않아 보였다. '그리스도를 모르고 죽어 가는 사람들에게 도대체 어떻게 복음을 전하겠다는 건지, 길을 잃고 방황하는 양들은 어쩌라고, 추수할 일꾼이 없다는 말씀을 알기는 할까'(마 9:37 참조)라고 생각했다.

말씀은 너무 분명해 보였다.

- 하나님을 위해 일을 많이 하는 것이야말로 영적 성장의 확실한 표시다.
- 모든 것이 당신에게 달려 있다. 평생을 다 바쳐도 그 일들을 끝내지 못할 정도다.
- 기도하지 않으면 하나님은 일하실 수 없다.

- 항상 주변 사람들에게 그리스도를 전할 책임이 있다. 그렇지 않으면 그들은 지옥에 갈 것이다.
- 끈기를 잃으면 일이 제대로 돌아가지 않을 것이다. 단단히 붙잡으라.

그렇다면 이 모든 것들이 잘못되었단 말인가? 그렇지는 않다. 하지만 '하나님과의' 깊은 내적 교제는 결여된 채 하나님을 '위한' 사역에만 매달리면 종국에는 이기주의나 권력, 인정받으려는 마음, 성공에 대한 잘못된 개념, 실패를 인정하지 않는 잘못된 믿음 등에 의해 오염되고 말 것이다. 이런 동기로 사역을 하면 복음의 중심에서 종종 멀어지고 만다. '인간 존재'가 아니라 '행동자'가 되는 것이다. 존재 가치와 확신을 경험하는 우리의 감각은 점점 주님의 무조건적인 사랑이 아닌 자신의 행동이나 성과들에 기반을 두도록 바뀔 것이다. 그리스도로 인한 기쁨도 차츰 사라진다.

하나님을 위한 사역은 그분과 동행하는 삶에서 흘러나온다. 자신이 가지지 않은 것을 줄 수는 없다. 하나님을 위한 일은 그분과 동행하는 것에 비례해서 나온다. 그것만이 청결한 마음으로 하나님을 볼 수 있는 유일한 길이다(마 5:8).

7. 갈등을 회피한다

갈등을 좋아하는 사람은 아무도 없다. 하지만 법정은 물론이고 일터, 교실, 이웃, 결혼생활, 자녀 양육, 친구 관계에 이르기까지 갈등의 소지는 어디에나 있다. 갈등은 누군가 나에게 부적절하게 행동했을 때 일어난다. 하지만 우리는 갈등을 무마하거나 모호하게 넘어가는 것이 예수님의 뜻이라 믿는다. 그런 믿음이야말로 오늘날 교회 안에 있는 가장 파괴적인 신화 가운데 하나이다. 이런 이유로 교회나 소그룹, 선교 팀, 교단, 단체 등에서 많은 사람들이 해결되지 않은 갈등 때문에 고통당하고 있다.

갈등이 있을 때 성숙하고 건강한 방식으로 해결해 온 가정에서 자란 사람은 매우 드물다. 보통은 갈등으로 인한 긴장감을 그냥 묻어 버리고 살아간다. 나의 경우, 그리스도인이 되고 나서 집안에서 훌륭한 중재자(peacemaker)의 역할을 해 왔다. 가정과 교회 안에서 화합과 사랑이 흘러넘치게 하는 일이라면 무엇이든 할 준비가 되어 있었다. 나는 갈등은 최대한 빨리 처리해야 한다고 생각했다. 마치 원자력 발전소에서 나오는 핵폐기물처럼 그대로 두면 끔찍한 피해를 야기할 것처럼 두려워했다.

그 두려움 때문에 대부분의 그리스도인들이 하는 것처럼, 나 자신과 다른 사람들에게 엄청나게 거짓말을 했다.

갈등 때문에 긴장이 생길 때 어떻게 하는가? 어쩌면 다음과 같이 행동하고는 죄책감을 느낄 수도 있다.

- 면전에서는 좋은 말을 하고 뒤에서는 다른 말을 한다.
- 지킬 마음이 없는 약속을 한다.
- 다른 사람을 탓한다.
- 공격한다.
- 침묵으로 대한다.
- 비꼬아서 말한다.
- 상대가 싫어할까 봐 마지못해 응한다.
- 그리 모호하지 않은 비난을 담아 이메일을 보냄으로써 화가 났다

는 것을 살짝 흘린다.
- 친구의 감정을 상하게 하지 않으려고 반쪽 진실만 말한다.
- 아니라고 말하지 못한다.
- 껄끄러운 관계를 피하고 후퇴하다가 결국 교제를 끊어 버린다.
- 걱정을 덜고 이야기를 들어 줄 제3의 인물을 찾는다.

예수님이 보여 주신 대로 건강한 그리스도인은 갈등을 회피하지 않는다. 그분의 삶은 갈등과 대립으로 가득 차 있었다. 종교 지도자들, 군중들, 제자들은 물론이고 가족과의 관계에서도 늘 갈등을 겪으셨다. 참 평화에 대한 열망 때문에 거짓 평화를 만들지 않으셨다. 주님은 갈등을 적절히 무마하거나 은폐하지 않으셨다.

8. 상처, 약점, 실패를 은폐한다

우리 안에는 강하면서도 영적인 이미지를 보여 주어야 한다는 부담감이 있다. 따라서 기대에 부합하지 못하거나 적정한 수준에 이르지 못하면 죄책감을 느낀다. 그 누구도 완벽하지 않고 예외 없이 모두 죄인이라는 사실을 종종 망각한다. 하나님의 사랑을 가장 많이 받았던 다윗이 밧세바와 간음하고 남편인 우리아를 죽였다는 사실을 잊어버린다. 그런 추문을 들추다니! 우리 같았으면 하나님의 영광을 가리는 그런 이야기들은 기록하지 않았을 것이다.

하지만 다윗은 그러지 않았다. 왕이라는 지위를 이용해 삭제하는 대신 자신의 엄청난 실수를 세세히 기록하여 후대의 교훈으로 삼았다! 심지어 자신의 실패를 소재로 노래를 만들고 이스라엘의 예배 가운데 부르도록 했다. 예배 설명서라 할 수 있는 시편에 기록까지 했다. 다윗은 "하나님께서 구하시는 제사는 상한 심령이라. 하나님이여 상하고 통회하는 마음을 주께서 멸시하지 아니하시리이다"(시 51:17)라는 것을 알았다.

위대한 하나님의 사람이었던 사도 바울도 "육체의 가시"를 제해 달라는 자신의 기도가 응답받지 못했다고 말한다. 그는 이 상실감까지도 하나님께 감사하며 그리스도의 능력이 약한 데서 온전하여진다고 적고 있다(고후 12:7-10 참조). 오늘날 그리스도인들 가운데 이렇게 말하는 사람들이 얼마나 될지 궁금하다.

성경은 위인들의 약점이나 결함을 에둘러 말하지 않는다. 모세는 살인자였고 호세아의 아내는 창녀였다. 베드로는 주님께 책망을 받았고 노아는 술에 취해 추태를 부렸다. 요나는 인종 차별주의자였고 야곱은 거짓말쟁이였다. 마가는 바울을 버리고 떠났고, 엘리야는 완전히 고갈되어 버렸다. 예레미야는 절망에 빠져 죽기를 구했다. 도마는 의심이 많았고 모세는 성질이 급했으며 디모데는 위궤양을 앓았다. 성경에 등장하는 이들의 모습에서 우리는 모든 인간이 땅의 존재라는 사실을 깨닫는다. 아무리 좋은 은사나 능력을 가졌다 해도 연약하고 상처받기 쉬우며 하나님과 서로를 의지할 수밖에 없는 존재라는 것이다.

수년 간 예술이나 스포츠, 리더십, 정치, 사업, 학문, 자녀 양육, 기독교의 영역에서 비범한 재능을 가지고 색다른 방식으로 성과를 내는 사람들을 유심히 살펴보았다. 그들이 평범한 우리와는 조금 다른 모습이지 않을까 생각했다. 하지만 그들도 보통의 사람들처럼 심각한 결함과 불완전한 모습을 가지고 있다는 것을 알았다. 예외는 없다.

9. 자신의 한계를 인정하지 않는다

훌륭한 그리스도인이라면 다른 사람들을 잘 보살피고 내 것을 베풀어야 한다고 늘 배웠다. 도움의 기회를 외면하거나 사람들의 요청을 거절하는 것은 이기적인 태도라고 생각했다.

정말 이기적인 그리스도인들도 있다. 그들은 하나님과 예수 그리스도를 믿지만 마치 하나님이 계시지 않는 것처럼 살아간다. 가족과 친구들 외에는 어느 누구도 섬기거나 사랑하지 않는다. 비극이 아닐 수 없다.

하지만 내가 만난 대다수의 그리스도인들은 충분히 베풀지 못했다는 이유로 죄책감을 느꼈다. 최근 한 친구는 이렇게 말했다. "피터, 전화로 어떤 친구 이야기를 두 시간이나 들어 주었는데 아직도 뭔가 부족한 거 같아요. 도망치고 싶은 마음이에요."

죄책감은 종종 좌절로 이어진다. 그리고 좌절은 이탈감과 고립으로 이어진다. 이 때문에 도움이 필요한 사람들에게 무엇을 해 주어야 할지 알 수 없는 경우도 있다.

핵심은 우리가 유한한 인간이라는 데 있다. 우리는 하나님이 아니다. 어려움에 처한 모든 사람들을 도울 수는 없다. 우리는 한 인간일 뿐이다. "내게 능력 주시는 자 안에서 내가 모든 것을 할 수 있느니라"(빌 4:13)는 바울의 고백은 모든 환경 안에서 자족하는 것을 배웠다는 것이다. 그가 그리스도께 받은 능력은 환경을 바꾸거나 거부하거나 저항할 수 있는 힘이 아니었다. 그 힘은 주어진 환경 안에서 만족하는 힘이자 자신을 향한 하나님의 사랑에 복종할 수 있는 힘이었다(빌 4:11-13 참조).

예수님도 인간으로 사시며 본을 보여 주셨다. 주님은 완전한 하나님이자 완전한 인간이셨다. 그분은 팔레스타인의 모든 병자를 치료하신

게 아니었다. 모든 죽은 자를 살리신 것도 아니었다. 굶주리던 모든 사람들을 먹이신 것도 아니었다. 예루살렘의 모든 빈민들을 위해 취업 센터를 여신 것도 아니었다.

우리는 다 해야 한다는 부담을 내려놓아야 한다. 왜 자기 자신을 돌보아야 한다는 생각은 하지 않을까? 왜 그렇게 많은 그리스도인들이 세상 사람들처럼 서두르고, 지나치게 바쁘며, 자신을 소진시키면서까지 미친 듯이 일에 매달릴까?

극소수의 그리스도인만이 자기 자신과 이웃을 사랑하는 것 사이의 연결고리를 이해하는 것 같다. 더욱 슬프게도 대부분의 사람들은 자기 자신을 돌보는 것을 죄라고 여긴다. 심리학적으로 복음이 자기중심적인 기존 문화와 구별되어야 한다는 의식 때문인 것 같다.

성경이 각각 자기보다 남을 낫게 여기고(빌 2:3 참조), 형제들을 위해 목숨을 버리는 것이 마땅하다(요일 3:16 참조)고 말하는 것은 사실이다. 하지만 우선은 버릴 '자신'이 있어야 할 것이 아닌가!

파커 팔머(Parker Palmer)는 이렇게 말한다. "자기 사랑은 이기적인 행동이 아니다. 그건 내가 이 세상에서 다른 이들에게 줄 수 있는 유일한 선물을 잘 관리하는 것이다. 언제라도 참 자아의 소리에 귀를 기울일 수 있어야 자기 자신뿐 아니라 우리와 마주치는 다른 이들을 돌보고 섬길 수 있다."[6]

10. 다른 사람들의 신앙을 판단한다

사막 교부 가운데 한 사람은 이렇게 말했다. "수도사는 이웃에 대해 관심을 끄고 어떤 식으로든 그들을 판단해서는 안 된다. 자기 자신의 부족함에 집중한다면 이웃의 잘못을 돌아볼 시간이 없을 것이다."[7]

나는 다른 사람들의 실수나 죄에 대해선 바로잡아 주고, 영적으로 혼란스러워하는 사람들에게는 항상 조언해야 한다고 배웠다. 잘못이 있는데도 그냥 지나치거나 알려 주지 않으면 죄책감마저 들었다. 누군가의 문제에 대해 딱히 어떻게 도와줄지, 무슨 말을 해야 할지 모를 때는 그 죄책감이 심해졌다. "너희 속에 있는 소망에 관한 이유를 묻는 자에게는 대답할 것을 항상 준비하되"(벧전 3:15)라는 말씀을 지키지 못했다는 이유에서다.

물론 우리 중 대다수는 잘못된 행동을 지적하거나 조언하는 일에 아무런 어려움을 느끼지 않는다. 실제로 그런 일에 많은 시간을 쓰면서 자신이 사람들에게 받는 것은 적고 주는 것은 많다는 자기 기만적인 결론에 이르곤 한다. 결국 자신이 옳다는 말이다. 이런 생각이 깊어지면 우리보다 성숙하지 못한 평범한 사람들의 이야기를 수용하지 못하는 지경에 이른다. 전문가나 자신보다 월등하다고 생각되는 사람들의 충고만 받아들이게 된다.

이런 태도는 기독교 안에 가장 위험한 불씨 중 하나이다. '우리 vs 그들'이라는 공식을 낳기 때문이다. 예수님 당시 바리새인들은 소위 하나님의 명령을 잘 지키는 가장 우월한 집단이었다. 반면 죄인들이나 세리, 창녀들은 열등한 바깥 집단이었다.

안타깝게도 우리는 종종 사람들의 '다름'과 '차이'를 도덕적 우월함이나 미덕으로 바꾼다. 예를 들어 찬송하는 방식(너무 작거나 크다고)이나 머리 길이(너무 짧거나 길다고)로 사람들을 판단하는 경우도 있다. 옷차림으로 판단하기도 하고, 즐겨 보는 영화나 타고 다니는 차로 판단하기도 한다.

항상 사람들을 이런저런 식으로 범주화하고 규정짓는다.

- 저 미술가는 너무 파격적이야. 저 음악가는 제정신이 아닌 것 같아.
- 저 사람은 너무 지적이야. 얼음장처럼 차가운 것 같아.
- 남자들은 멍청해. 우르르 몰려다니며 유치한 짓만 하지.
- 여자들은 지나치게 예민하고 변덕이 심해.
- 부자들은 제멋대로인 데다 자기밖에 몰라.
- 가난한 사람들은 게을러 빠졌어.

그밖에도 장로교는 너무 딱딱하고, 오순절파는 너무 자유롭고, 성공회는 촛불과 기도를 사용한다고 비판한다. 가톨릭은 이상한 문화와 상징을 좋아하는 그리스 정교회의 영향과 성찬식 때문에 비판한다.

다른 사람들의 개성을 인정하고 그들의 보폭에 맞춰 움직이기보다 우리랑 다르게 살고 있다는 이유만으로 자신의 불편함을 투영시킨다. 결국 마음에서 그들을 지워 버리거나, 우리처럼 만들거나, 결국 포기하고 '누가 신경이나 쓴대?'라며 냉담한 태도를 보인다. 어떤 면에선 무관심과 침묵이 미움보다 더 치명적일 수 있다.

예수님이 말씀하신 대로, 형제의 눈에 있는 티를 빼내기 전에 먼저 우리 눈에 있는 들보를 빼내야 한다(마 7:1-5 참조). 죄 때문에 감정적, 지적, 육체적, 의지적, 영적인 모든 부분이 엄청나게 상했다는 사실을 알아차려야 한다.

획기적인 해독제

우리를 치유하시는 예수님의 변화의 능력을 경험하려면 건강한 정서와 관상적 영성이 함께 연결되어 있음을 깨달아야 한다. 다음 장에서는 이에 대해 자세히 알아보고 그 둘이 어떻게 통합되는지 살펴보도록 하겠다.

PRAYER

주님, 이 장을 보면서 제가 할 수 있는 말은 이것뿐임을 고백합니다. "주 예수님, 이 죄인을 긍휼히 여겨 주십시오." 하나님, 예수 그리스도의 완전한 의와 공로를 힘입어 당신 앞에 설 수 있게 하셔서 감사합니다. 주님, 제 안의 바르지 않은 모습들을 치유해 주실 뿐 아니라 당신께 속하지 않은 모든 것들을 도려내어 주십시오. 읽은 내용들을 생각할 때 숨겨져 있던 것들이 밝히 드러나기 원합니다. 주님의 부드러운 손길 안에서 뚜렷이 보게 하소서. 예수님 이름으로 기도합니다. 아멘.

Chapter 3

온전한 성장,
정서와 영성의 통합

- 감정의 문제를 외면하지 말라

많은 그리스도인들이 막막한 심정으로 신앙의 길을 걷고 있다. 지금 이 순간에도 길을 잃고 헤매거나 길을 찾으려고 애쓰는 사람들이 있을 것이다. 어떤 이들은 너무 오랫동안 정체되어서 타락의 길을 걷지는 않을까 두려워한다. 부지불식간에 믿음을 잃는 사람들도 상당수다.

막다른 벽에 부딪히다

누군가가 예수 그리스도를 믿기로 작정하고 일단 교회에 출석하기 시작하면 우리는 가장 먼저 그들이 하나님과 관계를 맺고 영적으로 자랄 수 있도록 도와주어야 한다. 그리고 그들이 말씀과 성령을 받아들여 삶의 각 부분에서 변화되기를 진심으로 바라며 다음과 같이 가르친다.

- 매주 교회에 나와 예배하고 말씀을 들으며 전통적인 교회 모임과 성찬식에 참여하세요.
- 되도록 하루가 시작되는 아침에 경건의 시간(QT)을 가지세요.
- 소그룹 모임이나 주일학교에 참석하여 영적 성장과 교제를 도모하고 성경을 배워 나가세요.
- 하나님의 일을 위해 믿음을 가지고 헌금하세요.
- 직장과 가정, 학교, 그리고 사람과의 모든 관계에서 예수 그리스

도를 알리세요.
- 자신의 영적 은사를 발견하고 사용하세요. 교회 안에서 안내인, 소그룹 리더, 예배 위원으로 섬기세요.
- 예수님을 모르는 사람들에게 자신이 어떻게 신앙을 가지게 되었는지 말하고 교회 행사에 초대하세요.
- 또한 그들이 수련회나 집회에 참석하고 책을 읽거나 설교 테이프를 들으며 계속 성장할 수 있도록 도우세요.

이런 활동들은 처음 신앙생활을 시작하는 이들에게 아주 훌륭한 지침이 된다. 하지만 이것만으로는 충분하지 않다. 몇 년이 지나면 자신의 삶이 그리스도와 상관없이 깊숙이 자리 잡은 과거의 행동 패턴에서 조금도 나가지 못했음을 발견하는 사람들이 많다. 단순히 가르치는 것으로는 이런 패턴들을 바꾸기 어렵다. 오히려 새롭게 덧대진, 해야 할 목록과 하지 말아야 할 긴 목록 앞에서 무력감과 죄책감만 느낄 뿐이다.

무너진 영적 생활을 바로잡고 삶의 모든 면까지 구석구석 파고들 수 있는 해독제를 주입해야만 한다. 나는 건강한 정서와 관상적 영성(contemplative spirituality)이 바로 그 해독제라고 생각한다. 이 둘을 하나로 통합하면 우리 삶에 획기적인 변화가 일어난다. 하나님이 우리를 부르신 대로 진정한 남자와 여자로 만들어지는 것이다.

이렇게 급진적인 치료법을 설명하고 적용하기 전에 우선 오늘날 예수님을 따르는 삶이 왜 이렇게 어려운지 생각해 볼 필요가 있다. 우리가 하나님이 의도하신 사람이 되지 못하도록 막는 내적 외적인 영적 태풍들은 과연 무엇일까? 이 문제에 대한 답을 찾기 위해서 잠깐 요한계시록을 살펴보자. 거기에는 우리의 깊은 변화를 가로막는 아주 강한 폭풍이 잘 묘사되어 있다.

요한계시록과 짐승

오늘날 우리에게 요한계시록은 매우 중요하다. 하나님과 진실한 관계를 맺고 우리 앞에 놓인 선택들을 잘 하려면 목숨을 건 투쟁이 필요하다는 것을 가르쳐 주기 때문이다.

성경 가운데 가장 오해가 많고 잘못 해석되는 책 가운데 하나인 요한계시록은 오늘날 그리스도인들이 왜 이 세상과 문화에 이토록 지배당하는지 알려 주는 열쇠를 가지고 있다. 곧 우리 안팎에서 우리를 공격하는 악의 힘과 강도를 과소평가하기 때문이다.

고대의 짐승

요한계시록은 90-95년경 소아시아 지방(오늘날의 터키)에서 끔찍한 박해를 견디던 그리스도인들을 대상으로 쓰인 책이다. 사도 요한은 그들이 '실제로' 일어나는 상황을 좀 더 명확하게 바라보도록 익숙한 이미지와 비유를 사용한다.

신약 성경 학자 리처드 보캄(Richard Bauckham)이 지적한 대로 요한계시록은 로마 제국을 "짐승"으로 표현한다. 로마의 문화, 경제, 교육, 군사력은 로마제국에 막대한 부와 평화를 가져다주었다. 사람들은 로마법에 열광했다. 로마는 스스로를 '영원한 도시'라 선포하고 시민들에게 안전과

눈부신 풍요의 가능성을 제공했다. 온 세계가 로마의 번영과 부를 부러워했다.[1] 사도 요한은 "온 땅이 놀랍게 여겨 짐승을 따르고 … 짐승에게 경배하며 이르되 누가 이 짐승과 같으냐 누가 능히 이와 더불어 싸우리요 하더라"(계 13:3-4)고 말하고 있다.

그 결과로 많은 그리스도인들의 믿음이 시험대에 올랐다. 로마는 절대적인 충성을 요구했다. 그 압력에 복종하지 않으면 자신의 직업과 특혜들, 평판, 힘들게 일해서 모은 재산, 친구들을 모두 잃어야 했다. 따라서 그중 얼마는 불가항력적으로 보이는 로마의 압력을 더 이상 견디지 못해 믿음을 포기했다. 또 얼마는 로마 문화(짐승)가 주는 이익과 그리스도를 믿음으로 얻는 가치 사이에서 절충을 하려고 애썼다. 그들은 한쪽 발은 짐승의 세상에, 또 다른 발은 그리스도의 세상에 디딘 채 주변 문화에 동화되고 있었다.

하나님은 요한계시록을 통해 그리스도와 짐승 사이의 타협점이란 없다고 분명하게 밝히신다. 단 하나의 선택만 있을 뿐이다. 세상과 타협하여 짐승의 문화에 흡수되든지, 아니면 거기서 나와(계 18:4 참조) 우리의 말과 삶으로 참 진리가 무엇인지 증명하는 것이다.

아울러 짐승의 배후에는 엄청난 체구와 놀라운 힘을 가진 사나운 용이 있다는 것을 알려 주고 있다. 계시록에서 이 용은 활동적이고 강력한 사탄의 세력을 상징한다. 다시 말해 사탄은 로마제국과 가능한 모든 수단을 이용해서 믿는 자들이 그리스도께 등을 돌리도록 했다.

> 큰 용이 내쫓기니 옛 뱀 곧 마귀라고도 하고 사탄이라고도 하며 온 천하를 꾀는 자라. … 용이 여자에게 분노하여 돌아가서 그 여자의

남은 자손 곧 하나님의 계명을 지키며 예수의 증거를 가진 자들과 더불어 싸우려고 바다 모래 위에 서 있더라(계 12:9, 17).

오늘날의 짐승

계시록의 메시지는 우리 믿는 자들이 모든 시대를 통틀어, 세상 모든 부문에서, 세대의 문화를 통해 표현되는 이 짐승과 반드시 대항해서 이겨야 함을 말해 준다. "성도들의 인내와 믿음이 여기 있느니라"(계 13:10). 우리는 이 짐승이 오늘날 교회와 기독교에 얼마나 큰 위협이 되고 있는지 분명히 보아야 한다. 오스 기니스(Os Guiness)에 따르면 자본주의와 기술 문명, 대중매체의 영향으로 우리 안에 이제껏 없었던 가장 강력한 문명(글로벌 문화)이 형성되었다.[2] 이 글로벌 문화가 오늘날 우리를 삼키려고 위협하는 짐승인 것이다. 21세기 짐승은 컴퓨터와 빌보드, 텔레비전, DVD, 음악, 학교, 신문, 잡지, 아이팟 등을 통해 우리를 유혹하고 있다. 그 유혹은 다음과 같은 것들이다.

- 행복은 자신이 가진 것에서 비롯된다.
- 최대한 신속하게 많은 것을 갖추어야 한다.
- 삶의 안전은 돈과 권력, 지위, 건강에 있다.
- 그 무엇보다 즐겁고 편안하고 안락한 삶을 추구해야 한다.
- 하나님은 우리의 일상생활과는 아무런 관계가 없다.
- 기독교는 여러 영성 가운데 하나일 뿐이다.
- 절대적인 도덕 규범 같은 것은 없다. 진리라고 믿는 것은 뭐든 진리가 될 수 있다.

- 자기 자신 외에는 어느 누구도 책임질 필요가 없다.
- 이 땅에서의 삶이 전부다.

태평양 한가운데서 헤엄치는 물고기들처럼 우리도 짐승의 존재를 의식하지 않은 채 살아간다. 그러나 1세기 그리스도인들처럼 우리도 짐승이 만든 문화 안에서 살고 있다. 짐승이 형성한 사회 안에서 먹고, 마시고, 운전하고, 텔레비전과 영화를 보고, 학교에 다니고, 쇼핑하고, 일하고, 가족을 부양하고, 음악을 듣고, 심지어 교회에 다닌다. 그러면서 우리 안에 짐승의 불꽃이 타오른다. 짐승의 불꽃이란 우리 안에 깊이 자리 잡은 두려움이나 불신앙, 아집, 완고함, 거역하는 마음을 말하는 것이다.

사도 바울은 자기 내면의 비참함을 마주할 수 있는 용기가 있었다. 그는 자신이 알게 된 바를 이렇게 적고 있다. "그러므로 내가 한 법을 깨달았노니 곧 선을 행하기 원하는 나에게 악이 함께 있는 것이로다. 내 속사람으로는 하나님의 법을 즐거워하되 내 지체 속에서 한 다른 법이 내 마음의 법과 싸워 내 지체 속에 있는 죄의 법으로 나를 사로잡는 것을 보는도다. 오호라 나는 곤고한 사람이로다. 이 사망의 몸에서 누가 나를 건져내랴"(롬 7:21-24).

바울은 자신 안에 도사리고 있는 길들일 수 없는 괴물, 곧 형체를 알 수 없는 혼돈과 제어할 수 없는 죄의 본성을 보았다.

우리는 내면에서 무엇을 보는가? 대부분은 내면을 들여다보는 것조차 두려워한다. 우리의 가장 자연스러운 기도는 이렇다. "하늘에 계신 '나의' 아버지여 '나의' 이름이 거룩히 여김을 받으시오며, '나의' 나라가 임하시오며, '나의' 뜻이 땅에서 이루어지이다." 우리는 하나님의 뜻이 이루어지는 것을 두려워한다. 그분이 무엇을 언제 어떻게 하실지, 그 결과가 어떻게 될지 전혀 통제할 수 없기 때문이다. 하나님의 뜻은 복종과 신뢰를 요구하며 우리가 기꺼이 하고 싶지 않은 어떤 것이다.

그러면 우리가 중요하게 생각하는 다음의 질문이 좀 이상하지 않은가? "예수님이 나를 위해 무엇을 하실 수 있지? 나를 좀 더 부유하고 안정적이고 평화롭게 하실 수 있지 않을까?" 우리는 짐승의 손아귀에 잡혀서 마치 하나님을 개인 비서인 양 우리를 위해 일하고 도움을 주는 존재인 것처럼 행동한다. 우리는 하나님을 이용하고 그분을 쥐어짜서 우리가 원하는 이미지로 만들어 버렸다. 우리 삶에 시련이라도 닥치면 그분을 향해 분노를 터트리며 토라진다. '어떻게 감히 나한테 그러실 수 있죠?'

그렇다, 우리 조상 아담과 하와의 죄는 우리 모두에게 깊은 흔적을 남겼다. 우리의 생각과 의지는 빛에 저항하고 어둠을 더 좋아한다. 죄의 늪에서 헤어나오려고 버둥댈수록 더 깊이 가라앉을 뿐이다. 거기서 탈출하는 유일한 길은 그 진창 바깥에 서 있는 능력자의 손길을 붙잡는 것이다. 오직 우리를 위해 십자가에서 죽으신 예수님만이 우리와 하나님 사이에 서서 우리를 죄의 늪에서 끌어당길 수 있다.

예수님은 온 세상의 구원자다. 마르틴 루터(Martin Luther)의 표현처럼 "밖에서부터 온 의"[3]만이 이 죄를 해결하고 우리를 구원할 수 있다. 따라서 복음이야말로 진정 이 세상에서 우리가 접하는 가장 위대한 소식이다.

혁명이 시작되다

구원은 은혜의 선물이다. 그런데 우리 바깥의 짐승과 우리 안의 죄의 실체에 대해서 왜 이렇게 적은 수의 사람들만이 깨닫고 그리스도를 따르게 되는 것일까?

사람은 그리스도 없이도 정서적으로 건강하게 성장할 수 있다. 사실 믿지 않는 사람들 중에는 신자들보다 더 사랑이 넘치고, 균형 잡혀 있고, 예의 바른 이들이 수없이 많다. 이와 동시에 금욕을 서약하고 관상적 영성에 깊이 헌신되어 있으면서도 여전히 감정적으로 미숙하고 사회 부적응자인 사람들도 있다.

어떻게 이런 일이 있을 수 있을까?

대개 관상적 영성(Contemplative Spirituality)을 추구하는 그리스도인들 가운데 매우 적은 수가 건강한 정서와의 통합을 경험한다. 그리고 건강한 정서를 추구하는 사람들 중 소수가 관상적 영성과 통합을 이룬다. 어느 쪽이 되었든 삶을 변화시키는 것에 강조점을 두며 둘 다 힘이 있다. 하지만 그 둘을 하나로 통합하면 수면 아래 숨겨진 부분까지 변화시키는 영적 혁명을 충분히 이룰 수 있다. 개인의 삶을 비롯해 소그룹과 교회, 대학 선교회, 공동체 안에서 건강한 정서와 관상적 영성이 하나로 엮어진다면 사람들의 삶은 극적으로 변화될 것이다. 그리고 2장에서 말한 정서적으로 건강하지 못한 영성의 증상들을 치료하는 묘약이 될 것이다. 뿐만 아니라 우리 자신과 우리 문화 안에 있는 짐승을 정복할 수 있는 결정적인 수단을 제공할 것이다.

건강한 정서와 관상적 영성이란 무엇인가

건강한 정서란 다음과 같은 것이다.[4]

- 자신의 감정을 명명하고, 인식하고, 다룬다.
- 다른 사람과 자신을 동일시하고 적극적인 동정심을 가진다.
- 친밀하고 의미 있는 관계를 트고 이어 간다.
- 자신을 망가뜨리는 감정 패턴에서 도망쳐 나온다.
- 과거가 현재에 미치는 영향에 대해 인지한다.
- 생각이나 감정을 말 또는 비언어적 표현으로 내보이는 능력을 계발한다.
- 사람들을 내 의도대로 바꾸려 하기보다 있는 그대로 존중하고 사랑한다.
- 자신의 필요나 요구에 대해 보다 분명하게, 직접적으로, 공손하게 요청한다.
- 자신의 능력이나 한계, 약점을 정확하게 평가하고 다른 사람들에게 솔직하게 말한다.
- 갈등이 생겼을 때 다른 사람의 관점에서 고려하고 타협점을 찾아 성숙하게 해결하는 능력을 배운다.
- 자신의 성과 성적 욕구를 알아차리고 적절하게 표현한다.
- 자신의 슬픔을 표현한다.

한편 관상적 영성은 전통적인 활동과 관심들에 맞춰져 있다.[5]

- 어떤 상황에서든 하나님의 사랑을 의식하고 그 사랑에 복종한다.
- 하나님 음성에 귀 기울이고 모든 일에서 그분의 임재를 의식한다.
- 하나님과 소통하며 그분을 우리 존재 깊은 곳에 받아들인다.
- 침묵, 홀로 있음, 항상 기도하기를 훈련한다.
- 하나님의 임재 안에서 깨어 안식한다.
- 이 땅에서의 삶이 하나님과의 영원한 연합을 향해 가는 변화의 여정임을 이해한다.
- 하나님 안에서 우리 존재의 참 정수를 발견한다.
- 하나님을 사랑하는 마음으로 다른 사람들을 사랑한다.
- 삶의 모든 면이 신성하다는 것을 깨달아 균형 잡히고 조화로운 삶으로 발전시킨다.
- 오늘날에 적용할 수 있는 영성의 전통을 현재와 잘 접목시킨다.
- 세상 문화를 따르기보다 기독교적인 삶을 산다.
- 예수님을 가장 열정적으로 사랑하는 공동체에 헌신하며 산다.

나는 건강한 정서와 관상적 영성이 오늘날 기독교가 잃어버린 한 조각이라고 믿는다. 이 둘이 통합된다면 우리 안에 성령의 역사가 일어나 그리스도 안에서 진짜 삶이 어떤 것인지 그 능력을 경험할 것이다.

둘을 함께 연결시키다

그림 4[6]는 건강한 정서와 관상적 영성이 서로 다르지만 겹쳐진다는

것을 보여 준다. 사실 이 둘은 하나님을 사랑하고 우리 자신과 이웃을 사랑하는 데 반드시 필요하다. 그래서 둘레를 감싸는 원이 있는 것이다.

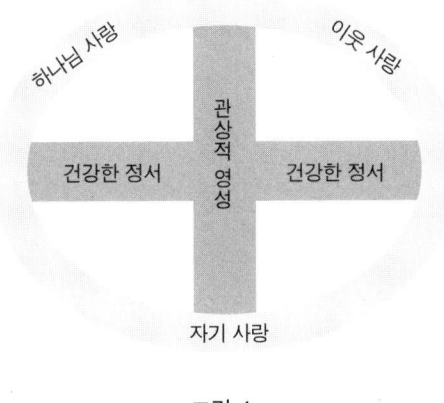

그림 4

예수님은 가장 큰 계명이 마음을 다하고 목숨을 다하고 뜻을 다하여 하나님을 사랑하는 것과 이웃을 자신 같이 사랑하는 것이라고 말씀하셨다(마 22:37-40 참조). 역사를 돌이켜보면 관상(Contemplation)은 여러 가지로 정의되고 있다. 로렌스 형제(Brother Lawrence)는 이를 "모든 곳에 계신 하나님을 알아차리는 순수한 사랑의 눈길"이라고 불렀다. 프랜시스 드 살레(Francis de Sale)는 "하나님의 것들에 대한 순전한 생각, 사랑하는 마음, 지속적 관심"이라고 묘사한다. 건강한 정서가 수평축인 반면 관상을 수직으로 그려 하나님을 향하게 한 이유가 바로 여기에 있다. 건강한 정서만으로는 보다 나은 삶의 질을 경험할 수 없다. 하나님의 사랑을 알고 그 사랑에 반응하는 것이 우리 삶의 핵심이다. 그리스도를 통해 계시된 하나님을 무엇보다 가장 우선시해야 한다.

하지만 관상이 단지 하나님과의 관계에만 한정된 것은 아니다. 이것은 궁극적으로 다른 사람들을 어떻게 바라보고 대할지 알게 한다. 하나님과의 관계와 다른 사람들과의 관계는 동전의 양면과 같다. 우리의 관상 또는 "하나님과 사랑으로 연합된 관계"가 다른 사람과의 사랑의 연합으로 이어지지 않는다면 요한 사도가 말하듯(요일 4:7-21 참조) 그건 진짜가 아니다. 더구나 관상은 우리가 삶의 모든 영역에서 하나님을 바라보는 것에 대해 말하고 있다.

다시 말해 건강한 정서는 사람들을 더 잘 사랑하는 데 우선적인 초점이 있다. 이는 우리 내면과 연결되어 있어서, 각 사람을 이용하는 대상이 아닌 하나님의 형상으로 창조된 존귀한 존재로 여기고 대하게 한다. 이 때문에 우리 안에 어떤 일이 벌어지는지 알아차리는 자기 인식은 건강한 정서와 사랑에 있어서 필수적인 요소이다. 사실 우리는 자신을 사랑하고 귀하게 여기는 만큼만 다른 사람들을 사랑하고 존중할 수 있다.

마찬가지로 건강한 정서는 우리 자신과의 관계에만 국한되지 않는다. 우리가 가진 하나님의 이미지와 하나님의 음성을 듣는 것, 그분의 뜻을 분별하는 데도 큰 영향을 미친다.

통합이 가져다주는 세 가지 선물

건강한 정서와 관상적 영성은 세 가지 유익을 가져다준다. 이는 오늘날 우리로 어마어마한 변화를 일으키는 예수 그리스도의 능력에 참여할 수 있게 한다.

- 속도를 줄이고 느긋하게 사는 삶
- 하나님의 사랑에 닻을 내리는 삶
- 환상에서 벗어나는 삶

1. 속도를 줄이고 느긋하게 사는 삶

우리는 대부분 바쁘다. 십 대든 노인이든, 집에서 어린 자녀를 키우는 주부든 기업의 임원이든, 교사든 학생이든, 부자든 가난한 자든, 그리스도인이든 아니든, 모두가 시간에 쫓기고 일정에 짓눌려 긴장과 피곤 속에서 정신없이 골몰하며 살아간다. 또 어떤 이들은 바쁘지는 않지만 무료하게, 하나님의 존재와 은혜를 무시하며 살고 있다.

물론 우리는 그런 식으로 길러졌다. 1850년에서 1900년까지 서구 사회를 장악했던 복음주의를 설명하는 열쇠는 행동주의였다. 교회 구성원들은 "때를 얻든지 못 얻든지" 하나님을 위해 열심히 일해야 했다. 교회사의 위대한 복음주의자 가운데 한 사람인 찰스 스펄전(Charles Spurgeon) 목사는 미래의 목회자 지망생들을 대상으로 연설할 때 행동주의에 대한 헌신을 다음과 같이 요약했다. "형제들이여 뭔가를 하고, 또 하고, 거듭 행동하십시오. 해답을 찾기 위해 회의로 시간을 낭비하지 말고 뭔가를 실행하십시오."[7]

우리의 가장 큰 약점은 가장 큰 강점에서 비롯된다. 우리는 사람들로 예수님과 개인적 관계를 맺게 하고 그들을 동원하여 밖으로 나가 모든 민족을 제자 삼도록 이끄는 데 탁월하다. 그러나 그 탁월함 때문에 종종 하나님께는 관심을 기울이지 못한다. 너무 활동적이라 하나님과 이웃을 사랑하는 삶을 지탱하는 데 필요한 자기성찰에는 무관심하다.

정서적 건강과 관상적 영성이 통합되면 지나치게 활동적인 우리의 속도를 떨어뜨릴 수 있다. 하지만 단순히 느긋하게 지내는 것이 지향점은 아니다. 속도를 줄일 수는 있겠지만 정말 중요한 질문은 하나님께 주의를 집중하고 있느냐 하는 것이다. 건강한 정서와 관상적 영성은 우리로 하여금 하나님께 귀를 기울이고 자기 자신을 돌아보게 한다. 각각이 어떻게 작용하는지 살펴보도록 하자.

관상적 영성

그들이 길 갈 때에 예수께서 한 마을에 들어가시매 마르다라 이름하는 한 여자가 자기 집으로 영접하더라. 그에게 마리아라 하는 동생이 있어 주의 발치에 앉아 그의 말씀을 듣더니 마르다는 준비하는 일이 많아 마음이 분주한지라. 예수께 나아가 이르되 주여 내 동생이 나 혼자 일하게 두는 것을 생각하지 아니하시나이까. 그를 명하사 나를 도와주라 하소서. 주께서 대답하여 이르시되 마르다야 마르다야 네가 많은 일로 염려하고 근심하나 몇 가지만 하든지 혹은 한 가지만이라도 족하니라. 마리아는 이 좋은 편을 택하였으니 빼앗기지 아니하리라 하시니라(눅 10:38-42).

마리아와 마르다는 신앙생활의 두 방식을 대표한다. 마르다는 활동적으로 예수님을 섬겼지만 뭔가를 '하는' 데만 바빴을 뿐 정작 그분을 간과하고 말았다. 마르다의 삶은 지금 당장 해야 할 일들과 의무만 있었다. 그녀의 삶은 조각나고 눌려 있고 산만함으로 가득하다. 의무들에 파묻혀 예수님에 대한 사랑이 끊어진 것이다.

　마르다의 문제는 분주함에 국한되지 않는다. 그녀의 삶은 중심을 잃고 흩어졌다. 주님 발 앞에 앉아 있었더라도 여전히 이런저런 생각에 마음이 분산되었을 것이다. 마르다의 속사람은 과민하고 짜증과 걱정으로 가득하다. 그녀는 하나님이신 주님마저 자기 뜻대로 움직이려고 했다. 그녀의 삶이 질서가 없다는 가장 확실한 증거다.

　반면 마리아는 예수님의 발치에 앉아 그분께 귀를 기울였다. 마리아는 예수님과 함께 있었고, 주님과의 친밀함을 누리며 사랑했으며, 주의를 기울이고 열린 마음으로 조용히 그분의 임재 안에서 즐거움을 취했다. 그녀는 관상적 삶에 열중했다.

　마리아는 예수님을 조종하려 하지 않았다. 마리아의 삶에는 예수님이라는 구심점이 있었다. 만약 음식 준비와 집안일을 하고 있었더라도 걱정하거나 화내지 않았을 것이다. 왜일까? 그녀의 속사람이 예수님께 초점을 맞추고 그분을 중심에 모실 만큼 느긋했기 때문이다.

　그리스도인이 되었을 때 나는 예수님과 사랑에 빠져 버렸다. 그분과 단 둘이 보내는 시간이 좋았고 성경을 읽고 기도하는 시간이 정말 소중했다. 하지만 얼마 지나지 않아 관상의 바퀴(주님과 함께 있는 것)에서 빠져나와 활동 중심(뭔가를 하는 것)으로 삶의 바퀴가 돌기 시작했다. 주변의 모든 사람들처럼 나 역시 하나님과 더 많은 시간을 보내고자 애썼지만 해야 할 일이 너무 많았다. 그림 5를 보자.

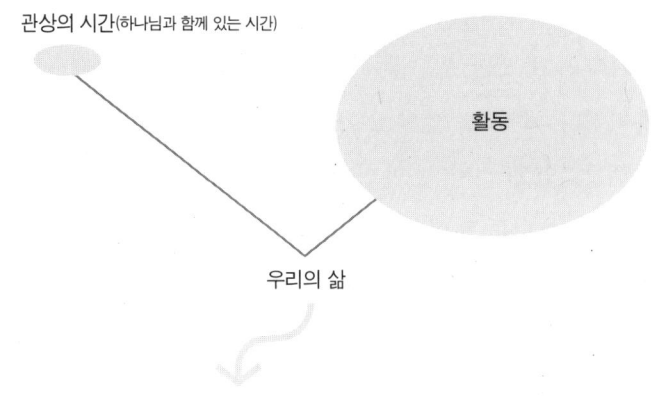

그림 5

 '우리의 삶' 아래 있는 구부러진 화살표는 관상과 활동의 균형이 깨진 결과를 나타낸다. 이럴 때 나는 종종 중심에서 벗어났다고 느낀다. 나는 진즉부터 교회 리더들에게서 경건의 시간과 기도 시간의 중요성에 대해 들었다. 이를 통해 그리스도와의 인격적 관계가 깊어진다고 배웠다. 하지만 그것만으로는 충분하지 않았다. 내가 속한 활동 중심의 복음주의 전통은 관상의 삶에 대해서 전혀 강조점을 두지 않았다.
 모든 세대에 걸쳐 그리스도인들은 우리 삶에서 마리아와 마르다의 균형이 필요하다고 말해 왔다. 그들은 모두 동일한 주제를 이야기한다. 곧 하나님을 '위한' 일은 하나님과 '함께하는' 삶에서 흘러나온다는 것이다. 하나님은 우리 각자를 위한 활동과 관상의 독특한 조합을 가지고 계시다. 그림 6을 보도록 하자.

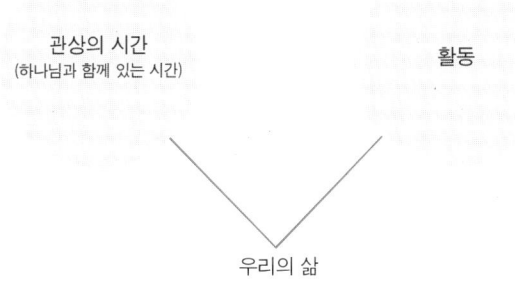

그림 6

관상의 시간과 활동을 통합시키는 힘을 얻으면 아름다움과 조화, 명료함의 화살표가 나온다. 그러면 '활동하는' 삶이 전혀 복잡하지 않고 즐거워질 것이다.

하나님의 임재를 가깝게 인식하기 위해서는 하나님과 함께하는 시간이 필요하다. 예배를 드리거나 기도를 하거나 성경 공부를 할 때뿐 아니라 일을 하거나, 놀거나, 요리를 하거나, 쓰레기를 치우거나, 운전을 하거나, 친구를 만날 때도 그렇다. 그러기 위해서는 속도를 줄이고 주의를 집중해야 한다. 전 존재로 하나님을 사랑하고 일상생활을 통해 하나님을 지속적으로 의식하는 것이 목표다. 마리아처럼 일을 멈추고 주님 발 앞에 앉아 있을 때나 마르다처럼 해야 할 일들을 처리하고 있을 때나 상관없이 말이다. 우리의 모든 활동들은 하나님께 깊이 뿌리를 내릴 때라야 즐겁고 평화롭고 풍성하며 균형이 잡힐 것이다.

그렇다면 우리 삶에 그리스도가 드러나려면 하나님과 홀로 있는 시간을 얼마만큼 가져야 할까? 물론 하나님은 우리 각 사람을 다르게 만드셨다. 따라서 활동과 관상의 시간을 어떻게 조합하느냐는 각자 다르다. 기질과 성품, 삶의 상황, 열정, 소명이 모두 독특하기 때문이다.

삶의 속도를 얼마나 늦추느냐의 문제는 활동을 하면서 하나님께 얼마나 주의를 기울이느냐에 따라 달라진다. 하나님은 우리 각 사람에게 성경이나 창조 세계, 꿈, 침묵, 교통체증, 지루한 일상, 예기치 않은 일, 갈등, 실직, 깨진 관계, 배신 등을 통해 말씀하신다. 예수님은 이것을 씨 뿌리는 비유를 통해 보여 주셨다. 그 씨앗들은 대부분 외적인 압박감에 강탈되거나 여러 가지 염려나 관심사들 때문에 즉시 죽어 버린다(막 4:1-20 참조). 우리가 관심을 기울이지 않아서 자라지도 못한 채 사라지고 만다.[8]

나의 경우, 주님과 홀로 대면하는 시간을 충분히 가졌을 때 그분과의 깊은 사랑의 교감이 나의 활동에 영향을 끼치는 것을 보았다. 그럴 때 나를 통해 그리스도의 생명이 다른 이들에게 흘러가는 것도 경험했다.

그렇다면 실제로 어떻게 해야 속도를 늦추고 계속해서 하나님을 의식하는 것일까? 이에 대한 답은 다음 장에서 다루겠다. 우선은 이 주제를 이어 가자.

건강한 정서

11년 전 건강한 정서에 대해 고민하기 시작하면서 내 삶의 속도를 늦추는 법을 배웠다. 우리 안팎에서 일어나는 일들을 의식하고, 느끼고, 아파하고, 성찰하는 데는 시간이 걸린다. 단순히 생존하는 것이 아니라 제대로 살고 사랑하기 위해서는 아주 많은 시간이 필요하다. 나의 감정을 들여다보고 건강하게 성장하도록 애쓰는 과정을 통해 나는 난생처음 사랑하며 사는 것이 그리스도인들의 목표라는 고린도전서 13장 말씀을 깊이 깨달았다. 사도 바울은 우리가 멋진 기적을 행하고, 엄청난 믿음을 가지며, 모든 것을 희생하더라도 사랑이 없으면 영적으로는 어린아이에 지나지 않는다고 말한다. 어쩌면 전혀 그리스도인이 아닐 수도 있다. 그가 말하는 진짜 열매는 우리를 통해 작동하는 초자연적인 사랑이다(고전 13:1-13 참조).

이 사실을 깨닫고 나자 우선순위가 획기적으로 달라질 수밖에 없었다. 세 가지 방면에서 변화가 필요했다.

가정 : 우선 아내와 네 딸들을 사랑하기 위해 더 많은 시간을 할애해야 했다. 결혼생활과 자녀 양육에 시간과 에너지를 투자하자 나의 삶은 상당히 느긋해졌다. 예를 들어 아이들이 축구 경기를 할 때는 하던 일을 미루고 참석했고 같이 보드 게임을 하며 놀기도 했다. 일에 대한 나의 목표치와 기대는 점점 줄어들었다. 대신 아내와 네 딸들에 대한 관심과 사랑은 점점 더 늘어났다. 양질의 결혼생활과 화목한 가정을 이루려면 시간과 관심을 투자하는 방법 외에는 없다.

일 : 주변 사람들과 함께 일하는 부교역자에게도 관심을 기울일 시간이 필요했다. 그래서 약속이나 모임을 최대한 줄이기로 했다. 그러자 상황을 분별하고 일을 결정하는 데 있어서 긍정적인 변화가 생기기 시작했다. 적어도 이전보다는 더 많은 시간과 여유를 두려고 노력했다. 마음

을 가다듬고 조용히 하나님의 음성을 들으며 그분의 계획과 일정을 깨닫고자 했다. 예전에는 하나님의 계획을 보다 효과적으로 앞당기려다가 아브라함처럼 수많은 '이스마엘'을 낳는 과오를 범했었다(창 16:1-3 참조). 우리는 하나님뿐 아니라 자신과 다른 사람들에게도 관심을 집중하지 못하게 하는 활동이라면, 에너지를 쏟지 않기로 결정했다. 이는 새로운 일을 시작할 때 하나님의 때를 분별하는 좋은 방법 가운데 하나가 되었다.

나 자신 : 성경을 읽는 시간 외에도 매일 내 안에 무슨 일이 일어나는지 살피고 그 문제를 하나님께 가져오기 위해 혼자만의 시간이 필요했다. 내면의 고통과 실망을 회피하기 위해 바쁘게 지내는 대신 하나님 앞에서 솔직하게 나의 느낌들과 분노, 수치, 괴로움, 슬픔, 질투, 두려움, 우울함과의 씨름을 드러내야 했다. 그래서 하루 동안 벌어진 일들과 사람들과 소통하며 느낀 감정들을 일기로 적기 시작했다. 처음에는 '감정 근육들'이 너무 약해서 슬픔과 분노, 두려움을 구별하는 것도 힘들었다. 때로는 아무런 감정도 느끼지 못할 때도 있었다. 하지만 시간이 지나면서 내 안에 일어나는 일들을 자각하는 힘도 자라났다. 더불어 감정 상태를 근거로 하나님의 뜻을 구별할 수 있었다. 그리고 마침내, 하나님이 내게 주신 선물들의 한계치 곧 나의 인격과 성품, 은사들과 육체적 정서적 영적 역량도 감지할 수 있다. 마치 새로운 세계가 열린 것 같았다. 그 결과 각종 장애물과 도전이 있어도 하나님을 신뢰하게 되었다.[9]

서로에게 관심 없이 바쁘게 돌아가는 우리 문화 속에서 속도를 늦추고 하나님과 사람들을 인식하며 살아가는 그리스도인은 참으로 보기 드문 선물이다.

2. 하나님의 사랑에 닻을 내리는 삶

기독교는 하나님을 향한 인간의 추구라기보다 우리를 향한 하나님의 끈질긴 구애다. 그 정점에는 우리를 친구로 삼으시려는 예수님의 십자가 죽음이 있다. 그칠 줄 모르는 그 사랑이 너무나 강렬해서 우리가 그분의 사랑에서 벗어나 방황하다가 돌아오는 모든 순간마다 하늘에서는 축하의 폭죽들이 터진다(눅 15:7 참조).

우리는 대부분 이 사실을 지식으로 믿고 있다. 창세기부터 요한계시록까지 성경이 말하는 바이기도 하다. 하지만 이 끝없는 사랑을 마음으로 경험하는 것은 별개의 문제다.

건강한 정서

우리를 둘러싼 세상과 과거가 내뱉는 불길한 목소리는 우리가 생각했던 것보다 훨씬 강하다. 우리가 자라 온 가정과 문화 안에서 반복적으로 되풀이된 그 소리는 내면 깊숙한 곳에 부정적 믿음의 흔적을 남겼다.[10]

- 나는 실수로 태어났다.
- 나는 짐스러운 존재다.
- 나는 멍청하다.
- 나는 무가치한 존재다.
- 실수는 용납되지 않는다.
- 나는 누군가로부터 인정을 받아야 괜찮다는 느낌이 든다.
- 나는 기쁨과 즐거움을 누릴 권리가 없다.
- 나를 주장할 권리도, 나의 생각과 감정을 말할 권리도 없다.

- 나는 뭔가를 느낄 권리도 없다.
- 나의 가치는 내 존재가 아닌 나의 지식과 경제력, 내가 하는 일에 달려 있다.

놀랍게도 예수님께 헌신된 정말 많은 이들이 이와 같이 생각한다. 그들은 탕자의 비유에서처럼 하늘 아버지의 아들과 딸로 특권을 누리기보다 기꺼이 자신을 고용된 종이라 여기며 살고 있다(눅 15:11-21 참조).

건강한 정서는 우리에게 특별한 선물을 준다. "지식에 넘치는 그리스도의 사랑을 (경험적으로) 알고 그 너비와 길이와 높이와 깊이가 어떠함"을 어느 정도 깨닫게 한다는 것이다(엡 3:18-19). 그 작은 일별(一瞥)은 우리가 하나님의 엄청난 사랑을 받는 존재라는 진정한 정체성을 깨우치기에 충분하다. 이런 이유로 우리는 자신에 대해 새롭고, 보다 성경적으로 이해할 수 있다.

- 나는 불완전하고 유한하지만 그럼에도 불구하고 존귀한 존재다.
- 나는 세상에서 하나님께 받은 힘을 주장할 가치가 있다.
- 나는 존재할 자격이 있다.
- 내가 이 땅에 존재한다는 것이 좋다.
- 나에게는 하나님이 주신 남과 다른 독특한 정체성이 있다.
- 나는 존귀하며 관심받을 만한 가치가 있다.
- 나는 기뻐하고 즐거워할 자격이 있다.
- 나는 실수할 수 있고 완벽하지 않아도 괜찮다.

건강한 정서는 우리로 하나님의 사랑에 견고히 닻을 내리게 한다. 수면 아래 빙산에 있는 온갖 좋고 나쁘고 추한 것에 대해 잔인할 정도로 솔직해질 때라도 우리는 여전히 사랑스럽고 살 가치가 있으며 뭔가를 느낄 가치가 있다.

느끼는 것 자체를 두려워하는 사람들을 많이 보았다. 그들은 감정을 인정하면 부정적인 생각들이 급류처럼 몰려오지 않을까 걱정한다. 분노와 미움, 괴로움, 슬픔, 의심 등이 분출되는 것은 아닌지 두려운 것이다. 어쩌면 그럴지도 모르겠다. 하지만 건강한 정서가 보여 주는 놀라운 열매는 복음 안에 있는 하나님의 무한한 자비를 깨닫게 한다는 것이다. 속이 훤히 비칠 만큼 솔직하게 전 존재를 드러낸다 해도 하나님은 우리를 벌주거나 거부하지 않으신다. 오히려 우리를 있는 모습 그대로 받아들이고 사랑해 주신다. 하나님은 우리 안의 좋은 모습과 함께 나쁜 모습까지도 표현할 수 있는 자유를 주셨다. 게다가 적절한 방법을 통해 우리를 돌보고 계신다. 이것이 우리가 믿는 하나님의 사랑이다.

정서적으로 건강한 제자도는 우리가 단순히 '하나님을 위해 일만 하는 존재'가 아니라 돌봄과 휴식이 필요한 인간임을 일깨워 준다. 건강한 정서는 우리를 하나님의 사랑에 접붙여 주고, 그리스도 안에서 죽지 않는 독특하고도 진정한 자기 자신의 모습을 주장할 수 있게 한다. 아울러 사람들의 사랑과 관심을 통해 하나님의 사랑을 받아들이는 방법을 가르쳐 준다. 또한 사람들을 향해 쌓았던 방어의 벽을 무너뜨리게 한다. 사실 나 역시 건강한 정서에 대해 배우면서 아내와의 결혼생활에서 하나님의 영광을 경험했다. 조건 없이 주는 아가페 수준의 사랑에 입문할 수 있었다. 이는 일종의 하늘의 것을 맛보는 경험이었다.

관상적 영성

일상생활에서 하나님의 사랑을 알아차리고 의식하려면 건강한 정서 위에 관상적 전통과 훈련이 더해져야 한다. 관상적 영성은 우리가 더욱 성숙하게 하나님과 교제하도록 이끌어 준다. "해 주세요, 해 주세요, 해 주세요" 하는 유아적 태도에서 보다 성숙한 길로, 곧 "아빠 아버지"(롬 8:15-17 참조)와 함께하며 기뻐하는 자리로 나아가게 한다. 이 과정은 다음과 같이 진행될 수 있다.

- 기계적 대화 단계 : 부모나 권위자가 우리에게 말해 준 대로 앵무새처럼 기도한다(예 - "주님, 축복해 주세요. 우리 주 그리스도로 말미암는 복들을 주세요. 아멘").
- 일방적 대화 단계 : 어린 시절의 기도문을 읊기보다 좀 더 편하게 자신의 말로 하나님께 아뢴다(예 - "오 하나님, 이것도 해 주시고 저것도 해 주시고 더 많이 주세요").
- 쌍방적 대화 단계 : 이 지점에 오면 하나님의 말씀을 듣기 시작한다. 하나님과 쌍방적인 관계를 가진다.
- 하나님의 임재를 의식하는 단계 : 마침내, 우리를 사랑하시는 하나님의 임재를 의식하는 것만으로 기뻐할 수 있다. 이는 우리가 어떤 일을 하는 것보다 훨씬 중요하다. 하나님의 임재가 삶의 모든 측면을 충만하게 한다.[11]

침묵, 홀로 있음, 매일 기도, 성경 묵상, 간구, 주일 성수 등을 통해 관상적 영성을 연습하면 하나님의 무한한 사랑을 인식하고 그 사랑에 우리를 맞추게 된다. 그때 비로소 우리는 멈출 수 있다. 이런 헌신의 연습은 하나님께 초점을 맞추어 일상의 모든 활동 가운데 하나님의 임재를 의식하게 한다. 일주일 가운데 하루를 온전히 쉬는 주일은 하나님이 지으신 세계 안에서 기쁨을 누리며 자신을 돌아보게 한다. 일곱째 날 우리는 뭔가를 하는 것이 아니라 존재하는 연습을 한다(8장 참조). 매일 규칙적으로 기도하는 시간을 가진다면 하루 온종일 하나님과 교제하는 기쁨을 누릴 수 있을 것이다(역시 8장 참조). 캘커타의 마더 테레사는 죽어 가는 이들에 대한 사랑을 지속적으로 가지기 위해 하루에 세 번 한 시간씩 기도했다. 수도원을 떠나 거리에서 그리스도를 전했던 아시시의 프란체스코 성자는 하나님과 홀로 있는 시간을 가지기 위해 며칠 또는 몇 주씩 도시를 떠나는 일을 반복했다.

　수도사로서 부름받지 않았어도 그들로부터 많은 것을 배우고 21세기 그리스도를 좇는 우리의 영적 여정에 적용할 수 있다. 우리 각 사람 안에 혼자만의 공간과 수도사가 있다고 믿는다. 이는 우리에게 필요한 풍성하고 창조적인 삶과 자신을 돌아보고 하나님과 단 둘이 마주하는 시간을 양성하는 데 있어서 중요한 부분이다. 건강한 정서와 관상적 영성의 통합은 앞의 그림 5, 6에서 '관상의 원'을 더욱 크게 만들어 준다. 그 결과 '활동의 원'과 균형을 맞추어 우리 삶의 화살표가 제대로 나오도록 해 준다. 이런 통합은 매일의 삶 가운데 하나님의 사랑을 바탕으로 믿을 수 없는 변화를 가져오는 동력이 된다.

　하나님의 무한한 사랑에 닻을 내렸을 때 얻는 풍성한 열매 가운데 하나는 잘못된 하나님 상(像)이 치유되는 것이다. 불행하게도 어떤 사람들은 하나님을 하늘에 계신 시계 제작자쯤으로 이해한다. 세상을 저절로 돌아가게 만드신 후 더 이상 즉각적인 개입이나 직접적인 간섭을 하지 않는 분으로 여기며 살아가는 것이다. 그렇다면 기도는 왜 하는 것일까?

또 어떤 사람들은 하나님을 우리에 대해 끊임없이 불만스러워하는, 분노한 신으로 이해한다. "너는 왠지 탐탁지 않아." "너는 아직도 멀었어." "내가 원하는 일을 하지 않는데 어떻게 너를 기뻐할 수 있겠니?"

이밖에도 우리의 희생을 요구하고 원하는 비인간적인 분으로 생각하는 사람도 있다. 우리는 체스 판의 힘없는 말(pawns)이고 하나님이 그 모든 것을 조종하신다는 것이다. 다시 말하지만 그렇다면 기도는 왜 하는 것일까?

성경은 하늘에 계신 아버지가 모든 상황 가운데 우리의 선을 구하시는 분이라고 말해 준다. 그분은 우리가 성숙하고 장성한 자녀가 되기를 원하신다. 예수님은 "이제부터는 너희를 종이라 하지 아니하리니 … 너희를 친구라 하였노니"(요 15:15)라고 말씀하셨다. 브레넌 매닝(Brennan Manning)은 하나님의 사랑에 닻을 내린 삶에 대해 이렇게 말하고 있다.

> 우리는 사실 언제나 어느 정도 자기만의 하나님 상(像)을 만든다. 그 이미지는 실제로 우리 자신을 만들어 간다. 결국 우리는 우리가 그려 온 하나님의 모습처럼 되어 가는 것이다. 예수 그리스도의 하나님이 어떤 분인지에 대한 가장 아름다운 열매 가운데 하나는 우리를 측은히 여기시는 마음이다. … 성경이 하나님을 아는 지식을 그토록 강조하는 이유이기도 하다. 우리가 가진 하나님 상(像)을 바로잡으면 우리 모습도 달라진다.[12]

누군가의 기쁨이 되는 것보다 즐겁고 유쾌한 일은 없을 것이다. 특히 그분이 아무런 조건 없이 무한한 사랑을 주시는 하나님이라면 말할 필요도 없다. 이런 이유로 클레르보의 베르나르(Bernard of Clairvaux)는 예수님에 대해 "입안의 꿀이요, 귓가의 음악이며, 마음의 기쁨이다"라고 말했다.

3. 환상에서 벗어나는 삶

이 세상은 환상과 가식으로 가득 차 있다. 우리는 세상의 즐거움이나 성취감, 관계들이 없다면 살아갈 수 없을 것이라고 굳게 믿고 있다. 우리는 그런 것들에 애착을 느낀다(요즘 말로 '쏙 빠져 있다'). 우리는 하나님보다 못한 것들이 우리를 만족시켜 주리라 믿으며 그것에 매달린다. 한 가지 큰 목적만 달성하면 만족감을 느낄 것이고 그것만 끝내면 쉴 수 있으리라 기대한다.

하지만 새 옷이나 새 전자제품, 차, 집 등이 쌓이다 보면 처음에 느꼈던 만족감은 온 데 간 데 사라지고 갈증만 남는다. 결국 다시 그 기쁨을 맛보려면 더 많은 것들이 필요하다고 믿고는 지위나 관심, 명성 같은 거짓 우상에 현혹되어 간다. 중요한 사람들로부터 더 많은 칭찬과 인정을 받아야 만족스러울 것 같다는 착각에 사로잡힌다.

관상적 영성과 건강한 정서는 우리에게 세상의 즐거움과 관계, 성취가 가진 한계를 볼 수 있는 안목을 열어 준다. 그리고 환상이 아닌 이 땅의 현실에 안착하게 한다. 짐승의 막강한 세력에 압도당하지 않도록 꼭 필요한 관점을 보여 준다.

3세기 말 북아프리카의 이집트 사막에서 기이한 일이 벌어졌다. 그리스도인들이 나일 강 근처의 도시와 마을을 떠나 하나님을 구하기 위해 사막으로 가기 시작한 것이다. 그들은 세속에 깊이 물든 교회 모습에 실망하여 사막으로 거처를 옮기는 다소 극단적인 방법을 택했다. 이들 사막 거주자들은 최초의 기독교 은둔자들이 되었다. 그들은 얼마 지나지 않아 그곳에 수도원 공동체를 만들었다. 그들이 바라보는 세상은 다음과 같았다.

> 세상은 마치 파선한 배와 같아서 각자 스스로 살 길을 찾아 헤엄을 쳐야 한다. … 이 사람들은 세상에 표류하며 사회라고 알려진 집단의 관점과 가치관을 수동적으로 받아들일 수밖에 없다. 이건 한마디로 재앙이다. … 그들은 난파된 세상에서 허우적거려 봤자 다른 사람들에게 어떤 도움도 줄 수 없는 무력한 자신들의 모습을 깨달았다. 하지만 일단 단단한 땅에 발을 디디자 상황은 달라졌다. 그들은 온 세상을 안전한 장소로 인도할 힘을 가졌을 뿐 아니라 자신들이 있는 곳으로 사람들을 끌어당겨야 한다는 의무감까지 느꼈다.[13]

정서적으로 건강한 영성은 일종의 급진적이고 반문화적인 소명이다. 우리는 이 세상의 환상과 가식을 꿰뚫어 보고 부활하신 그리스도를 통해 변화되는 삶, 곧 균형과 리듬, 뚜렷한 목적의식을 가진 삶을 살아야 한다.

건강한 정서

건강한 정서를 지닌 사람은 다음과 같이 살아간다.

- 진리 안에서 산다. 자기 자신과 다른 사람들, 하나님을 속이는 가식적인 태도를 버리고 자신의 내면을 솔직하게 드러낸다.

- 하나님이 주신 독특한 삶을 살기로 선택한다. 더 이상 다른 사람들의 삶을 따라 거짓된 삶을 살지 않는다.
- 자신의 상처와 취약성을 감추려 하기보다 기꺼이 인정한다. 하나님의 은혜와 자비를 재발견한다.
- 성공이나 소유, 사람의 인정에 집착하지 않는다. 내 모습 이대로 괜찮다고 말한다. 하나님의 자녀 된 것을 느낀다.
- 자신의 가족과 문화를 통해 전수된 세대 간의 패턴과 지금의 부정적인 모습이 어떤 관련이 있는지 인식한다.
- 사랑할 수 있고 사랑받을 수 있는 것보다 더 부요하고 아름다운 삶은 없다는 것을 깨닫는다.

관상적 영성

관상적 영성은 앞서 언급한 삶의 진리에 더해 다음과 같은 태도를 제시해 준다.

- 그리스도 안에 있는 진정한 자아를 드러내기 위해 거짓 자아를 벗어 버린다.
- 보이는 것이 다가 아님을 깨닫는다. 자신의 삶에 있는 우상들을 박살내고 그 환상들을 폭로한다. 세상이 말하는 성공을 좇지 않고 그리스도 안에서 나만의 삶을 견지한다.
- 하나님과 상관없이 자신 안에 요동하는 이기적인 욕망으로부터 벗어난다.

그릇된 환상에서 벗어나려면 건강한 정서와 관상적 영성, 두 가지가 모두 필요하다. 나는 수년 동안 가족의 역사가 지금의 관계에 어떤 영향을 끼치는지 알아내려고 애썼다. 결혼생활과 가족을 주제로 한 프로그램에 참석했을 때 우리 팀은 생존해 있는 가족 모두와 인터뷰 하라는 숙제를 받았다. 우리는 퍼즐을 맞추듯 가족 관계를 조사하고 숨겨진 비밀을 찾아내고 가족이라는 특수한 상황 안에서 자신을 보다 정확하게 이해하려고 애썼다. 이 작업을 통해 나와 아내의 관계, 딸들과의 관계, 교회 내 교역자들과의 관계, 그리고 나 스스로와의 관계에서 부정적인 영향을 미치는, 세대로부터 내려오는 수많은 패턴들을 알게 되었다. 그리고 성령의 능력에 힘입어 그것들을 긍정적으로 변화시킬 수 있었다.

그 후 2년 동안 관상적 영성 훈련의 일환으로 침묵과 홀로 있는 시간을 가지면서 내 안에 하나님을 향한 분노가 있음을 발견했다. 나는 화난 얼굴로 하나님께 소리 지르는 나 자신을 보았다. 하나님을 향해 욕 하고 거짓말쟁이라 쏘아 댔다. "주님의 멍에는 쉽고 가볍다구요? 천만에요!" 나는 고래고래 소리를 질렀다. 그런 분노가 어디서 나왔는지 모르겠다.

이 일로 몇 주 동안 이 말씀을 깊이 묵상했다. "수고하고 무거운 짐 진 자들아 다 내게로 오라. 내가 너희를 쉬게 하리라. 내 멍에는 쉽고 내 짐은 가벼움이라"(마 11:28, 30). 교인들에게 하나님의 은혜와 사랑을 설교하면서도 정작 내 안에는 '하나님은 힘든 일을 요구하는 완벽주의자'라는 인식이 깊이 박혀 있었다는 것을 깨달았다. 하나님이 정말 그런 분일까? 아니면 내가 차마 마주하고 싶지 않은 내 과거의 반영일까?

홀로 있는 시간 가운데 나는 성경의 하나님이 아닌 세상의 부모를 통해 비춰지는 하나님을 섬겨 왔음을 깨달았다. 성장하면서 나는 늘 "그

것으로는 충분하지 않아"라는 느낌을 가족들로부터 받았다. 이 감정은 거의 무의식적으로 하나님께 투사되어 그분의 말이 되고 말았다. "피터, 아직도 멀었잖아." 이전에는 그런 식의 연결고리에 대해 생각조차 할 수 없었다.

그야말로 한 대 맞은 것 같은 충격적인 깨달음이었다!

요점은 간단하다. 관상적 영성과 건강한 정서가 함께 접합되면 우리 내면의 빙산 깊은 곳에 강력한 영적 돌파구가 마련된다. 나 자신은 물론이고 다른 사람들의 삶을 통해 수없이 목격한 사실이다. 이 둘의 통합은 거짓과 비현실적인 것들을 태우는 용광로와 같다. 그 안에서 우리의 모든 죄는 정결케 되고 우리는 예수님의 진리 안에서 자유롭게 살아갈 수 있다.

다윗이 보여 준 본보기

관상적 영성을 실천하면 예수님이 우리 삶의 처음이자 중간, 마지막이 되실 수 있는 일종의 경계와 틀이 마련된다. 아울러 정서적 건강을 위해 노력하다 보면 자아도취에서 벗어나 그리스도 앞으로 나아갈 수 있다. 하나님의 마음에 합한 자였던 다윗은 풍부한 감성과 심오한 관상적 삶이 매끈하게 연결된 아름다운 삶을 살았다. 좋은 본보기라 할 수 있다.

하나님이여 내 기도에 귀를 기울이시고 내가 간구할 때에 숨지 마소서. 내게 굽히사 응답하소서. 내가 근심으로 편하지 못하여 탄식하오니 … 내 마음이 내 속에서 심히 아파하며 사망의 위험이 내게 이르렀도다 두려움과 떨림이 내게 이르고 공포가 나를 덮었도다. … 나는 하나님께 부르짖으니 여호와께서 나를 구원하시리로다. 저녁과 아침과 정오에 내가 근심하여 탄식하리니 여호와께서 내 소리를 들으시리로다 (시 55:1-2, 4-5, 16-17)

다음 장에서는 정서적으로 건강한 영성에 이르는 길을 살펴보고자 한다. 하나님을 알기 위한 가장 기본적인 첫 단계는 자기 자신을 바로 아는 것이다.

PRAYER

주님, 분주함에서 벗어나 주님께 관심을 쏟고 이 책을 읽는 동안 주님을 만나기 원합니다. 제가 느끼든 느끼지 못하든 주님과 동행하는 삶이 가장 안전하다는 것을 압니다. 주님은 안전한 처소가 되십니다. 주님, 폭풍과 시련 가운데서도 오직 주님께 닻을 내립니다. 주님에 대한 잘못된 생각이나 개념에서 벗어나게 해 주십시오. 주 예수님, 제 내면에 영적 혁명이 일어나길 원합니다. 저를 자유하게 하셔서 주변 사람들에게 축복이 되게 해 주십시오. 예수님의 이름으로 기도합니다. 아멘.

Part 2

건강한 영성에
이르는 길을
찾다

Emotionally Healthy
Spirituality

Chapter 4

1단계:
자기인식에 정직하라

-겉으로 드러나는 무언가로 자기를 평가하지 말라

자기 인식과 하나님과의 관계는 복잡하게 연관되어 있다. 사실 진정한 영성의 핵심은 이전의 거짓된 자아를 벗어 버리고 새로워진 참 자아로 살아가는 것이다. 사도 바울은 이것을 "옛 사람을 벗어 버리고 … 하나님을 따라 의와 진리의 거룩함으로 지으심을 받은 새 사람을 입으라"(엡 4:22, 24)고 표현하고 있다.

성 어거스틴(St. Augustine)은 A. D. 400년 출간된 《고백록》에서 "자기 자신으로부터 멀어진다면 어떻게 하나님께 가까이 갈 수 있겠는가?"라고 하면서 "주님, 당신을 알기 위해 제 자신을 알게 해 주십시오"라고 기도했다.

13세기 도미니크회 수사인 마이스터 에크하르트(Meister Eckhart)는 "먼저 자기 자신을 알지 못하는 사람은 하나님을 알 수 없다"고 말했다.[1]

아빌라의 테레사는 《온전함에 이르는 길》에서 "영적 생활의 거의 모든 문제는 자기 이해의 부족에서 비롯된다"고 적고 있다.

장 칼뱅도 1530년 《기독교 강요》 서문에서 이렇게 말한다. "우리의 지혜는 크게 두 부분으로 구성되어 있다. 하나님에 대한 앎과 우리 자신에 대한 앎이다. 이 둘은 매우 복잡하게 연결되어 있어서 어느 것이 먼저고 나중인지, 어느 것이 원인이고 결과인지 구별하기가 쉽지 않다."[2]

상당수의 사람들은 자신이 누구인지 알지 못한 채 무덤에 묻힌다. 우리는 무의식적으로 다른 누군가의 삶을 살고 있거나 적어도 누군가가 기대하는 삶을 살고 있다. 이는 우리 자신을 학대하는 것이며 우리와 하나님과의 관계, 종국에는 다른 사람들에게도 피해를 입히는 것이다. 이어서 소개할 이야기는 하나님을 아는 것과 우리 자신을 아는 지식이 분리될 때 영적, 정서적 성장이 얼마나 저해되는지를 잘 보여 주는 사례라 할 수 있겠다.

아내가 '다시' 떠나다

어느 날 거실에서 신문을 읽고 있는데 아내가 들어왔다. "피터, 이번 여름은 뉴저지 해변에서 보낼까 해요."

아내는 내 반응을 기다리며 서 있었다. 나는 속으로 '안 돼. 가면 안 돼'라고 생각했다. 나는 신문에서 눈을 떼고 위협적인 눈빛을 보냈다. 하지만 아내는 조금도 위축되지 않았다.

"7월 한 달 동안 엄마 집에서 지내려고요. 2주 있다 출발할 거예요."

나는 단호히 "안 돼"라고 말했다. 그러고는 엄포를 놓듯 목소리를 높였다. "한 달 동안이나 나 혼자 뉴욕에 있게 하다니 말도 안 돼. 우리 가정을 망가뜨릴 작정이야?"

그렇지 않다는 건 나도 알고 있었다. 단지 혼자 지내는 것이 너무 외롭고 교인들이 나를 이상하게 생각할까 봐 걱정스러웠다. 우리는 십년 동안이나 인구가 밀집된 뉴욕시 퀸즈에서 살고 있었다.

제리는 이미 마음을 굳힌 것 같았다.

"지난 십년 간 여름이면 항상 이 끔찍한 더위를 피해 바닷가에서 지내고 싶었어요. 엄마 집이 해변에서 세 블록 거리잖아요. 10년 동안 당신의 반대 때문에 양보했지만 이번에는 아니에요. 문제는 당신이에요."

아내는 조용히 "나는 갈 거예요"라고 내뱉은 뒤 부엌으로 가 버렸다. 순간 얼굴이 벌겋게 달아오르며 창자가 꼬이는 것 같았다. 두 주먹에 힘이 들어가고 목과 어깨는 경직되었다. 이건 의논이 아니었다. 마치 이혼 선고를 받는 것 같았다. 아내를 따라 부엌으로 들어가면서 내 머릿속에는 과거 뉴욕에서의 10년 동안 내가 써먹었던 성경적 논거들이 쏜살같이 지나갔다.

'하나님은 우리가 함께 있기를 원하시잖아. 모든 것을 함께하는 한 몸…. 그게 아름다운 결혼생활이지.'

'다른 사람들 보기에 좋지 않잖아. 나는 한 교회의 담임목사라고. 당신은 사모이고. 우리는 한 팀이야. 하나님은 우리 둘을 함께 부르셨어.'

'여자들은 혼자서 결정을 내리면 안 돼. 적어도 남편의 동의는 있어야지. 이건 성경적이지 않아.'

이런 말들을 내뱉으려다 그만 입을 다물었다. 진짜 이유, 곧 아내가 집을 비우는 한 달이 마치 4년처럼 느껴지고 이혼 선고같이 느껴진다는 내 마음을 위장하는 것임을 잘 알고 있었기 때문이다.

제리가 1년 6개월 전 내가 담임하는 교회를 그만두었을 때 우리 부부 사이에는 이미 역동적 힘의 변화가 일어났었다. 이 일로 위기도 겪었지만 우리는 건강한 영성을 추구하는 새 여정을 시작할 수 있었다.

아내는 다시 교회로 돌아왔고, 우리의 부부관계도 괜찮아졌다. 하지만 우리 두 사람 모두 아직은 어린아이들 같았다. 그런데 여기에 다시 폭탄을 던질 수는 없었다.

아내가 옳았다. 그것은 내 문제였다. 지식적으론 나도 알았다. 하지만 내 감정이 문제였다.

    우리에겐 네 명의 딸, 곧 열두 살짜리 마리아, 열 살짜리 크리스티, 일곱 살짜리 페이스, 세 살짜리 에바가 있었다. 우리는 두 채가 함께 붙어 있는 주택 1층에 살았는데, 방들이 기차 객차 같다고 해서 '열차 집'으로 불렸다.

    더운 여름날 아침, 종종 아내에게 이런 우스갯소리를 했다. "바깥 소리에 귀를 기울여 봐. 그냥 눈을 감고 해안으로 밀려드는 파도 소리를 상상해 봐." 불과 한 블록 떨어진 곳에 6차선 고속도로가 있어서 항상 차 소리가 들렸다. 아내는 내 이야기에 그다지 즐거워하지 않았다.

    내가 도망치려 했던 껄끄러운 진실은 무엇이었을까? 나의 삶 깊은 곳에 묻혀 있던 그 실체는 최소한 하나 이상이었다.

    나는 이상적인 어머니의 모습을 제리에게서 찾고 있었다. 정서적으로 나를 버리지 않았고, 하나님과 가정에 엄청난 책임감을 가지고 살아가는 어머니. 그러면서도 내면에 '상처 입은 소년'을 안고 살아가는 나와 늘 함께 해주는 그런 어머니.

    게다가 나는 다른 사람들이 나를 어떻게 생각하는지 매우 신경 쓰는 사람이었다. 이탈리아계 미국인인 내 어머니의 반응도 이미 상상할 수 있었다. 사실 아내는 대대로 전해져 온 성 역할을 많이 타파한 사람이었다. 마음속으로 나는 어머니와 대화를 나누곤 했다. 우리 어머니라면 믿을 수 없다는 표정으로 "저런 건 들어본 적도 없어. 나 같으면 절대로 남편에게 그렇게 하지 않을 거야. 암, 꿈도 꿀 수 없는 일이지!"라고 말했을 것이다.

    아내의 태도는 스카지로 가문의 전통과는 거리가 멀었다. 그날 우리 대화는 너무 짧았다. 나는 삐진 채 입이 뿌루퉁해 있었고 갈수록 우울해졌다.

하지만 아내가 옳다는 것을 알았다. 아내를 위해서나, 아이들을 위해서나, 궁극적으로 나를 위해서도 아주 멋진 계획이었다. 하지만 나는 몸집만 큰 아기나 다름없어서 감정적으로는 어른이 되기를 거부한 채 아내에게 기대었다. 정말 슬픈 사실은 그런 내가 큰 교회를 이끌고 있었다는 것이다.

마침내 나는 마음을 풀기로 했다. 휴가 떠나기 전 2주 동안 우리는 대화를 나누었다. 제리는 결혼생활의 중요성과 가치를 인식했고 불필요하게 떨어져 있는 것이 좋지 않다는 결론을 내렸다. 아내가 주일마다 뉴욕으로 와서 예배에 참석하고 내가 휴일마다 뉴저지로 가면 사실 일주일에 나흘만 떨어져 있으면 되었다. 괜찮은 대안이었다.

하지만 나로선 그마저도 힘들었다. 어쨌든 아내는 뉴저지로 갔다. 나는 아내의 부재가 정말 싫었지만 아내는 행복해했다.

하지만 시간이 흐르면서 나 역시 홀로 있는 시간을 즐기기 시작했다. 하나님은 나의 내면을 갈아엎기 시작하셨고, 원 가족으로부터 입은 손상들을 치유하셨다. 나는 조금씩 제리에게서 독립하여 온전한 나 자신으로 성장할 수 있었다.

고독은 점점 자유로 바뀌었다.

그럼에도 불구하고 나의 제자도와 영성은 불안정의 원인과 자기 이해라는 번지수를 제대로 찾지 못했다. 진정한 자유를 얻으려면 제대로 느끼고, 감정과 생각을 구별할 줄 알며, 결국에는 주변의 목소리와 요구가 아닌 하나님이 주신 '참 나'를 따르는 용기가 필요하다.

감정, 혁명이 시작되다

오늘날 많은 그리스도인들처럼 나 역시 감정은 믿을 것이 못 된다고 배웠다. 우리가 느끼는 감정은 워낙 변덕스러워서 항상 마지막으로 고려해야 할 것이었다. 하지만 이는 잘못된 관점이다.

《감성 지능》의 저자 다니엘 골먼(Daniel Goleman)은 감성을 "감정이나 그 감정에 따르는 제각각의 생각, 심리적이고 생물학적인 상태, 행동을 유발하는 광범위한 성향"이라고 정의했다. 하나님이 인간을 창조하실 때 다양한 감정을 느끼는 존재로 만드셨다는 것이다. 감정의 종류는 셀 수 없이 많은데 각각의 미묘한 차이들이 섞이면서 수백 가지의 뉘앙스를 만들어 낸다. 전문가들은 이를 크게 여덟 가지 범주로 나눈다.

- 화(격분, 적대감, 신경질, 짜증)
- 슬픔(비탄, 자기 연민, 절망감, 실의, 낙담, 외로움)
- 두려움(염려, 초조함, 겁, 신경과민, 놀람, 공포, 불안함)
- 즐거움(기쁨, 안도, 만족, 흐뭇함, 흥분, 설렘, 희열, 황홀함)
- 사랑(받아들임, 신뢰, 헌신, 존경)
- 놀람(충격, 경탄, 경이)
- 혐오감(경멸, 멸시, 반감, 불쾌함, 역겨움)
- 수치심(죄책감, 회한, 창피스러움, 당혹감, 유감)[3]

나는 이제껏 감정의 영역에 진입하는 것이 하나님의 진리와 타협할 수 없는 것이라고 생각했다. 어떻게 내 개인의 욕구나 소망, 좋고 싫은 것에 관심을 기울인단 말인가? 그러면 하나님을 부인하고 그분과 멀어질 가능성이 농후해질 것 같았다. 그래서 난 감정을 무시했다.

앞에서 말했듯이, 대부분의 그리스도인들은 어떤 감정이 일어날 때 솔직하게 인정하고 표현하고, 그 느낌을 찬찬히 고찰해도 된다고 생각하지 않는다. 특히 두려움이나 슬픔, 분노 같이 껄끄러운 감정일 경우 더 그렇다. 하지만 앞만 보고 달리던 내가 멈춰 서서 뭔가 크게 잘못되었음을 인정할 수밖에 없었던 것은 그런 분노와 절망 때문이었다. 더 이상 그런 감정들을 억누를 수 없게 되자 결국 가족들이나 교인들과의 관계에서 그 억눌린 감정들이 표출되기 시작했다.

고통이나 상실감, 감정을 계속해서 부인하다 보면 점점 더 비인간적으로 변한다. 차츰차츰 얼굴에 거짓 미소를 띤 빈 껍데기로 변해 가는 것이다. 안타깝게도 대다수 교회에서 제자훈련을 받았다는 사람들이 맺는 열매이기도 하다. 그러나 나의 경우, 슬픔이나 우울, 두려움, 분노를 포함한 광범위하고 다양한 감정의 문을 열어 제치자 영성에도 혁명이 시작되었다. 나는 신앙생활에서 감정이 차지하는 성경적 위치를 인정하지 않으면 막대한 손해와 함께 그리스도 안에서 노예와 다름없는 삶을 살게 됨을 확연히 깨달았다.

하나님도 감정을 가지고 계신다

건강한 정서를 지닌 진정한 영성을 갖추려면 우선 자신의 느낌을 받아들일 것을 다짐해야 한다. 감정은 인간성의 가장 본질적인 부분이며 하나님의 형상으로 만들어진 남녀의 독특한 특징 가운데 하나다.

성경은 하나님이 감정을 느끼는, 인격적이고 감성적인 존재이심을 보여 준다. 따라서 그분의 형상대로 창조된 우리 역시 감정을 느끼고 경험할 수 있는 재능이 있다. 다음의 말씀들을 잘 생각해 보자.

- "하나님이 보시기에 좋았더라. … 심히 좋았더라"(창 1:25, 31). 하나님이 우리에 대해 기뻐하시고, 흡족해하시며 매우 즐거워하셨다.
- "땅 위에 사람 지으셨음을 한탄하사 마음에 근심하시고"(창 6:6).
- "나 네 하나님 여호와는 질투하는 하나님인즉"(출 20:5).
- "내가 오랫동안 조용하며 잠잠하고 참았으나 내가 해산하는 여인 같이 부르짖으리니 숨이 차서 심히 헐떡일 것이라"(사 42:14).
- "여호와의 진노는 그의 마음의 뜻한 바를 행하여 이루기까지는 돌이키지 아니하나니"(렘 30:24).
- "내가 영원한 사랑으로 너를 사랑하기에 인자함으로 너를 이끌었다"(렘 31:3).
- "이스라엘이여 내가 어찌 너를 버리겠느냐. … 내 마음이 내 속에서 돌이키어 나의 긍휼이 온전히 불붙듯 하도다"(호 11:8).
- "고민하고 슬퍼하사 이에 말씀하시되 내 마음이 매우 고민하여 죽게 되었으니"(마 26:37-38).
- "그들의 마음이 완악함을 탄식하사 노하심으로 그들을 둘러보시고 그 사람에게 이르시되 네 손을 내밀라 하시니"(막 3:5).
- "그때에 예수께서 성령으로 기뻐하시며"(눅 10:21).

잠시 동안 우리 하나님이 느끼시는 감정들을 곰곰이 생각해 보자. 우리는 하나님의 형상으로 만들어졌다. 하나님이 생각하신다. 우리도 생각한다. 하나님이 의지를 보이신다. 우리도 의지를 지녔다. 하나님이 느끼신다. 우리도 느낀다. 우리는 하나님을 닮은 존재들이다. 감정을 느끼는 것도 그중 하나다.

제자로 부름받은 사람은 주님의 주권 아래서 적어도 자신의 감정을 돌이켜 보고 사려 깊게 반응하며 잘 표현할 수 있어야 한다.

인식하지 못한다고 해서 감정이 없는 것은 아니다

하지만 감정의 실체를 파악할 수 없으면 자신의 감정을 돌이켜보거나 제대로 표현할 수가 없다. 우리의 참 자아는 대부분 살아 있는 채로 매장되어 있다. 우리 안에 있는 슬픔이나 분노, 화, 민감함, 기쁨, 행복, 두려움, 우울한 감정들이 땅 아래 묻혀 있기 때문이다. 하나님이 설계하신 우리의 몸은 이런 것들에 생리적으로 반응하게끔 만들어졌다.

하나님은 위경련이나 근육의 긴장, 떨림이나 동요, 아드레날린의 분비, 두통, 갑작스런 심박수 증가 등을 통해서도 우리에게 말씀하신다. 우리가 '영적' 신호를 감지하려 애쓰는 동안 오히려 신체를 통해 소리치고 계신지도 모른다. 사실 몸은 생각보다 먼저 반응하는 법이다.

사람들에게 감정에 관심을 가질 필요가 있다고 말하면 종종 다음과 같은 이야기들을 듣는다.

- 난 감정을 잘 느끼지 못해요. 그럴 시간도 없고요. 어쨌든 우리 가족은 행동에 관심이 있어요.
- 내 느낌이 정확히 무엇인지 잘 모르겠어요. 너무 모호하고 희미해요.
- 막강한 실력자나 잘 모르는 사람과 마주칠 때면 어떤 신체적인 느낌이 일어나는데 왜 그런지 모르겠어요.
- 가끔씩 감정이 격해지면 모든 게 뒤죽박죽이 되고 혼란스러워요.
- 다툼이나 갈등 같은 껄끄러운 만남 뒤에는 가끔씩 우울해져요. 왜 그런지 모르겠어요.
- 때로는 텔레비전 광고를 보면서도 눈물이 나요.
- 기분이 안 좋을 때가 있는데 겁이 나서 그런지 화가 나서 그런지 잘 모르겠어요.
- 항상 수치심과 죄책감, 실패자 같은 기분에 짓눌려 살아요.
- 어떤 상황에서도 여자는 화내면 안 되고 남자는 울면 안 된다고 배우며 자랐어요.

대부분의 문제는 분노나 슬픔 같은 부정적 감정에서 비롯된다. 우리는 무의식적으로 그런 감정들을 통제하려고 한다. 그리고 '잘못된 감정'을 느끼는 것은 자신이 못났기 때문이라고 생각한다. 그래서 그런 감정을 느끼지 않은 것처럼 스스로를 납득시키고 속인다. 이는 마치 우리의 인간성을 폐쇄시키는 것과 같다.

나 역시 그랬다. 내가 무엇을 느끼고 있는지 제대로 들여다본 적이 없었다. 하나님과 나 자신에 대해 솔직하게 감정을 드러낼 준비가 되어 있지 못했다. 그래서 입으로는 이것을 말하면서도 목소리 톤이나 얼굴 표정, 몸짓은 다른 것을 말할 때가 많았다. 그러나 최고조에 달한 자신의 감정들을 묵살하는 것은 스스로를 배반하는 일일 뿐 아니라 하나님을 알 수 있는 이해의 문을 닫아 버리는 것이다. 그게 문제였다.

내 감정에 솔직해지기로 했을 때의 어색함이 지금도 생각난다. 처음에는 하나님을 배반하거나 신앙에서 떠나는 것 같아 걱정스러웠다. 이 판도라의 상자를 열면 풀리지 않는 감정의 블랙홀에서 길을 잃을 것 같은 두려움이 엄습했다. 나는 가족과 교회 전통 안에 지켜져 왔던 무언의 계명을 깨뜨리고 있었다.

놀랍게도 하나님은 36년 동안 내 안에서 분출되었던 거친 감정의 찌꺼기들을 처리할 수 있는 분이셨다. 나는 이전과는 전혀 다른 삶을 살게 되었다. 게다가 다윗과 욥, 예레미야처럼 하나님의 사랑과 은혜를 다시금 발견할 수 있었다. 또한 나를 앎으로 하나님을 알게 되는 새로운 여정을 시작할 수 있었다.

감정도 하나님의 뜻을 분별하는 하나의 방법이다

얼마 지나지 않아 나는 예수회를 창립한 로욜라의 이그나티우스(Ignatius of Loyola)의 사역에 대해 배웠다. 그는 우리에게 이성(지성)과 감정(마음)이 서로 균형을 유지하는 것이 얼마나 중요한지 가르쳐 주었다. 그리고 감정을 통해 하나님의 뜻을 분별할 수 있는 지침을 계발했다. 그건 450년 동안 수많은 신자들에게 도움을 주었다. 그는 온전한 헌신의 기초는 하나님의 뜻을 행하고 성경 말씀을 따르며 지혜로운 조언을 구하는 데 있다고 강조했다. 그리고 감정이라는 재료를 통해 하나님의 말씀을 분별하는 탁월한 가이드라인을 제공해 주었다. 무작정 맹목적으로 감정을 따르라는 것이 아니라 감정을 하나님이 우리에게 말씀하시는 하나의 방법으로 받아들이라는 것이다.

이그나티우스는 위안과 적막함의 차이점에 대해 깊이 연구했다. 위안은 생명과 기쁨, 평화, 성령의 열매를 가져다주는 감정과 움직임이며 적막한 감정은 내적인 동요나 불안, 영적 혼돈과 죽음을 가져다주는 것들이다.[4] 그는 우리 안에 있는 감정을 인식함과 동시에 "영을 다 믿지 말고 오직 영들이 하나님께 속하였나 분별하라"(요일 4:1)고 말한다. 때로 감정은 육신의 욕망이 표현된, 우리의 적일 수 있다. 어쩌면 좀 더 나은 선택을 재촉하는 하나님의 신호일 수도 있다. 하나님은 우리의 감정을 통해 인도하시며 말씀하신다. 그리고 우리가 그 뜻을 깨닫는 가운데 성숙해지기를 원하신다.

하나님을 아는 데 있어서 가장 큰 걸림돌 가운데 하나는 자기 이해의 결핍이다. 자신을 이해하지 못하면 결국 하나님과 자신과 사람들 앞에서 가면을 쓰고 살 수밖에 없다. 그리고 감정에 대한 두려움 때문에 인간성의 중요한 부분인 느낌을 차단하면 결국 자기 자신을 제대로 인식하지 못하게 된다.

이 두려움은 우리가 그리스도 안에서 성장하는 데 큰 걸림돌이 되고 진정한 자기 자신에 대해 알고 싶지 않게 만들어 버릴 것이다.

댄 알렌더(Dan Allender)와 트렘퍼 롱맨(Tremper Longman)은 《감정, 영혼의 외침》에서 감정을 알아차리는 것이 왜 중요한지 다음과 같이 설명하고 있다.

> 감정을 무시하는 것은 현실에 등을 돌리는 것과 같다. 감정에 귀를 기울일 때 우리는 현실로 돌아온다. 그곳은 우리가 하나님을 만나는 장소다. … 우리가 느끼는 감정들은 영혼이 내뱉는 언어이자 마음이 외치는 부르짖음이다. … 하지만 우리는 종종 귀를 틀어막은 채 그 감정들을 부인하고 왜곡하며 우리 안에서 떼어 내려 한다. 미약하게나마 우리 내면세계를 통제하기 위해서 불안감을 야기하는 감정이라면 무엇이든 걸러 낸다. 의식 속에 감정이 침투되는 것에 대해 겁을 먹고 부끄러워한다. 이처럼 강렬한 감정을 무시하는 것은 자신을 부정하는 일일 뿐 아니라 하나님을 알 수 있는 놀라운 기회를 잃는 것이다. 하나님 앞에서 잔인할 정도로 솔직하게 자신의 취약성을 드러낼 때 변화가 시작된다는 사실을 잊어서는 안 된다.[5]

감정이 주는 무게를 온전히 다 받아 내라. 이것저것 따지지 말고 감정을 수용하라. 그러면 그 감정이 무엇인지, 어떻게 반응해야 하는지, 찬찬히 결정할 수 있을 것이다. 감정을 통해 우리에게 말씀하시는 하나님을 신뢰하라. 이것이 제자도의 첫걸음이다.

'생매장되었던' 나의 감정들이 살아나자 나는 건강한 정서를 도외시했던 옛 영성으로 다시는 돌아갈 수 없었다. 마침내 하나님과 사람 앞에서 "교회와 나의 삶, 사람들과의 다양한 관계에 대해 어떤 감정을 느끼는가?"라고 자문할 수 있었다. 덕분에 나 자신뿐 아니라 주변의 모든 사람들까지 해방감과 자유를 누리게 되었다.

거짓 자아로 살고 싶은 유혹

광야에서 시험을 받으신 예수님에 대해 오랫동안 묵상한 적이 있다 (눅 4:1-13 참조). 이 말씀은 사탄이 우리에게 던지는 세 가지 잘못된 정체성과 가면들을 말해 준다. 우리는 하나님이 주신 고유한 삶과 정체성을 선택하기로 결정해야 한다.

시험이 있기 전 예수님은 당신이 누구신지 명확하게 이해하셨다. 하늘이 열리고 성령이 비둘기같이 임했다. 그리고 하늘로부터 소리가 들렸다. "이는 내 사랑하는 아들이요 내 기뻐하는 자라"(마 3:17). 다시 말하면 이렇다. "너는 사랑스러운 존재란다. 정말 훌륭하구나. 네가 있어서 참 좋단다."

예수님이 아직 기적을 행하지도, 십자가에서 인류의 죄를 위해 죽지도 않으셨을 때다. 그럼에도 불구하고 주님은 하늘의 아버지가 자신을 있는 모습 그대로 깊이 사랑하신다는 이 말씀을 체험적으로 받아들이셨다. 이 사랑은 예수님이 자신을 이해하고 받아들이는 감정의 뿌리와 기반이었다.

진정한 영성의 핵심은 그리스도를 통해 구현된 하나님의 무한한 사랑의 강물에서 맘껏 헤엄을 치며 살아가는 것이다. 이 사랑에 흠뻑 잠기면, 비록 하나님의 뜻이 우리가 보고 느끼고 이해하는 것과 어긋나 보일지라도 그 뜻에 순종할 수 있다. 하나님의 사랑과 용납에 대한 이런 체험적인 앎을 통해 우리는 참 자신을 받아들이고 사랑할 수 있다. 이렇듯 그리스도를 통해 드러난 하나님의 사랑만이 참된 정체성을 유지해 준다.

하나님은 우리를 제각기 독특한 성격과 생각, 꿈, 기질, 감정, 재능,

은사, 욕구들을 가진 존재들로 빚으셨다. 그리고 그 안에 '참된 자아의 씨앗'을 심어 주셨다. 그렇게 참모습이 형성되는 것이다. 우리는 모두 사랑받는 존재이며 소중한 보물들이다.

하지만 세 가지 강력한 유혹들이 우리를 위협한다. 이 유혹은 우리에게 다음과 같이 외치고 있다. "하나님의 사랑으론 절대 만족할 수 없어! 너는 사랑스럽지 않아. 훌륭하지도 않고."

첫 번째 유혹 : 내가 하는 것이 곧 나다(성과)

마귀는 예수님께 "네가 만일 하나님의 아들이어든 명하여 이 돌들로 떡덩이가 되게 하라"(마 4:3)고 했다. 예수님은 30년 동안 전혀 자신을 드러내지 않으셨다. 사역은 아직 시작조차 못했다. 예수님은 마치 실패자처럼 보였다. 아무도 그분을 믿지 않았다. 더군다나 그분은 굶주리신 상태였다. 예수님이 세상에 기여한 일이 과연 있기는 한 걸까?

세상 문화도 우리에게 동일한 질문을 던진다. '당신이 이룬 게 무엇이죠?' '당신이 유용한 존재라는 것을 어떻게 보여 줄 건가요?' '무슨 일을 하고 계시죠?' 우리는 대개 직장과 가정에서, 학교와 교회에서, 그리고 인간관계에서 만족스런 성과를 냈을 때 스스로를 가치 있게 여긴다. 그렇지 못했을 때는 더 열심히 움직이거나, 수치심으로 절망에 빠지거나, 궁지에 몰린 채 다른 사람들을 비난한다.

트라피스트 수도사이자 베스트셀러 《칠층산》(Seven Storey Mountain)의 저자 토마스 머튼은 자신의 경험담을 다음과 같이 소개한다.

몇 년 전, 성공 관련 책을 만들고 있던 한 사람이 편지를 보내 왔다.

그는 내게 어떻게 지금의 성공을 이뤄 냈는지 말해 줄 수 있겠냐고 요청했다. 나는 화가 나서 이렇게 답신을 보냈다. "제가 의미 있다고 여기는 어떤 일에서도 성공했다고 여긴 적이 없습니다. 맹세코 일평생 성공하지 않으려고 노력했습니다. 제가 쓴 책이 베스트셀러가 된 것은 순전히 우연이었고, 저의 부주의와 세상 물정을 모르는 천진함 때문에 벌어진 일이었습니다. 앞으로 똑같은 일이 벌어지지 않도록 세심한 주의를 기울일 것입니다. 동시대를 살고 있는 사람들에게 전할 메시지가 있다면 이것입니다. '무엇이 되었건 당신이 원하는 사람이 되십시오. 미치광이든 주정뱅이든…. 뭐가 되었든 좋습니다. 하지만 어떤 희생을 감수하더라도 이것만은 피하십시오. 바로 성공입니다." 이에 대한 답은 받지 못했다. 게다가 내가 보낸 답장이 출간되었다는 사실조차 한동안 몰랐다.[6]

머튼은 사람들이 자신의 가치와 중요성을 찾기 위해서 얼마나 쉽게 세상의 성공이라는 유혹에 걸려드는지 깊이 이해했다. 우리의 가치는 그리스도를 통해 드러난 하나님의 무한하고도 자유로운 사랑 안에 있다.

두 번째 유혹 : 내가 가진 것이 곧 나다(소유)

사탄은 예수님을 이끌고 천하만국과 그 영광을 보여 주었다. 그가 말하려는 바는 이런 것이다. "주변 사람들을 둘러보아라. 모두가 뭔가를 가지고 있는데 정작 너는 아무것도 가진 게 없구나. 그런데 어떻게 그들과 어울려 살아가려고? 어떻게 그들 속에서 살아남는다는 거지? 너는 아무것도 아니야." 사탄은 우리 삶의 안전을 지켜 줄 원천과 불안감이라는 매우 중대한 사안에 대해 말하고 있다.

　세상 문화는 사람들이 가진 것을 근거로 성공을 평가한다. 마케팅 담당자들은 어린이들과 청소년들로 하여금 특정 장난감이나 옷, 아이팟, CD 등을 사게 하기 위해 매년 150억 달러를 웃도는 광고비를 지불한다. 그들의 정체성은 그 물건이 있느냐 없느냐에 달려 있다. 성인들은 비교를 통해 서로를 평가한다. 누가 돈이 가장 많지? 몸매가 제일 아름다운 사람은? 가장 안락한 삶을 살고 있는 사람은? 종종 우리의 가치는 직장에서의 지위와 연봉, 특전들에 의해 결정된다. 공부를 가장 잘하는 사람은 누구지? 수상 이력이 화려한 사람은? 최고의 학위를 가진 사람은? 가장 매력적이고 잘생긴 남편 또는 남자친구를 둔 사람은? 가장 예쁜 여자친구, 또는 아내를 가진 사람은?

　영화 〈아마데우스〉는 우리의 이런 모습을 적나라하게 보여 주는 좋은 예다. 궁정 악사인 안토니오 살리에리는 가진 것이 부족해서가 아니라 자신의 질투심 때문에 영혼이 망가진 대표적인 인물이다. 그는 하나님을 위한 곡을 만들어서 유명해지기 원했다. 나름대로 뛰어난 재능도 가지고 있었다. 하지만 천재였던 모차르트만큼은 뛰어나지 못했다. 모차르트는 머릿속으로 심포니 전체를 작곡한 후 옮겨 적을 수 있는 능력을 가지고 있었다. 사실 이런 재능을 지닌 사람은 극소수에 불과하다.

　살리에리는 이런 모차르트의 천재성을 세상에 알리기보다 하나님을 향해 불만을 터트렸다. 불행하게도 그는 하나님이 모차르트만 사랑하신다고 믿었다. 나도 살리에리의 마음이 이해가 된다.

　자신의 능력이나 소유에서 정체성을 찾지 않고 '아바 아버지 안'에서 찾으며 "너(자신의 이름)는 하나님이 사랑하는 아들이다. 하나님이 너를 기뻐한다"고 스스로에게 말할 수 있다는 것은 정말 놀랍고 혁명적인 일이다. 내가 성장했던 원 가족의 문화는 소유와 재능만이 안전한 삶을 보장한다고 부추겼다. 반면 예수님은 정체성이 있어야 할 진정한 장소인 하나님의 사랑에 자신의 의지를 복종하는 본을 보여 주셨다. 따라서 우리도 '하나님의 무한한 사랑을 받는 아들'로 자신을 받아들여야 한다.

세 번째 유혹 : 사람들이 생각하는 내가 곧 나다(인기)

우리는 사람들의 평가에 집착할 때가 많다. 사탄은 예수님을 성전 꼭대기에 세우고 여기서 뛰어내리면 사람들이 따르고 믿을 것이라고 부추겼다. 당시 사람들에게 예수님은 한낱 무명 인사였다. 그렇다면 예수님은 어떻게 자신이 가치 있고 훌륭한 존재임을 인식하실 수 있었을까?

대부분 사람들은 자신이 생각하는 것보다 다른 사람들이 중요하게 생각하는 것에 가치를 매긴다. 대화에서 무엇을 말하고 무엇을 말하지 않아야 하나? 아이들을 무슨 학교에 보내지? 어떤 사람과 데이트해야 하나? 내가 상처 받았다는 말을 할까, 말까? 어떤 직업을 가져야 하지? 우리의 자아상은 사람들의 칭찬에 하늘로 솟구쳤다가, 비난에 다시 바닥으로 내동댕이쳐진다.

참된 자유는 사람들에게 특별한 존재가 되어야겠다는 마음을 내려놓을 때 오는 것이다. 자신이 사랑스럽고 괜찮은 사람이라는 것을 다른 사람들을 통해 얻을 필요는 없다.

정신 의학자인 스캇 펙(Scott Peck) 박사는 고교 시절 친구와의 대화를 소개하며 이 점을 잘 설명해 주고 있다. 다음은 친구와 이야기를 마친 후 자신을 성찰하며 쓴 글이다.

문득 깨달았다. 친구를 처음 보았을 때부터 이야기를 나누고 헤어지는 10분 내내 나는 온통 나에게만 잡혀 있었다. 우리가 만나기 2-3분 전, 그에게 깊은 인상을 심어 줄 만한 기발한 말은 없을까 계속 생각했다. 그리고 함께 대화하는 5분 동안 그의 말을 들으면서도 머릿속은 온통 어떻게 적절하게 대답할까를 고민했다. 그의 얼굴을 보면서도 다만 내 말이 그에게 어떤 영향을 주는지 보고 싶었다. 대화를 마치고 그의 모습이 사라진 후에도 '이렇게 말했으면 훨씬 좋은 인상을 주었을텐데'라는 생각뿐이었다. 한마디로 나는 그 친구에게 조금의 관심도 없었다.[7]

열다섯 살 소년의 복잡 미묘한 내면의 심리를 읽으면서 가장 놀라는 것은 이런 상태가 20대, 30대, 40대를 지나 70, 90대까지 계속 이어진다는 사실이다. 우리는 사람들의 인정을 받고 싶은 불건전한 욕망의 덫에 사로잡힌 채 가식적인 삶을 살아간다.

교회 안팎에 뿌리 내린 거짓 자아

다음에 나오는 두 사람의 예를 살펴보자. 특히 두 번째 경우처럼 그리스도의 제자라고 자처하면서도 세상 사람들과 전혀 구별이 안 되는 삶을 사는 경우도 많다. 더 안타까운 사실은 오랜 신앙생활이 그녀를 변화시키는 데 전혀 도움이 안 되었다는 것이다. 거짓 자아는 복음의 능력이 미치지 않는 곳에 깊숙이 숨겨져 있었다.

조 디마지오

뉴욕 양키즈의 타자 조 디마지오는 어릴 적 나의 우상이었다. 비록 그가 내 아버지 세대이긴 했지만 그에 관한 이야기들은 나의 어린 시절과 10대에도 여전히 전설이었다. 사람들은 그를 미국 스포츠 역사에서 전설적인 영웅 가운데 하나이자 '최고의 야구선수'로 손꼽는다. 그가 음식점이나 공공 행사에 모습을 드러낼 때면 사람들은 박수갈채를 아끼지 않았다. 신문 기자들도 수년에 걸쳐 그가 마치 신이라도 되는 듯 그의 비범한 재능을 칭송했다.

더욱이 그는 당시 가장 아름다운 여성으로 알려졌던 마릴린 먼로와 결혼한 사람으로도 유명하다.

하지만 조가 죽은 뒤 그의 생애를 그린 충격적인 자서전이 출간되었다. 그 책은 조가 여든셋의 나이로 세상을 뜰 때까지 이미지 관리에 얼마나 철저했는지를 생생하게 보여 준다. 그 모든 가면 뒤에는 권력과 돈을 좇았던 자기중심적이고 경쟁적이며 탐욕스러운 한 남자가 숨어 있었다.

《존 디마지오 : 영웅의 일생》의 저자 리처드 벤 크래머(Richard Ben Cramer)는 조가 '화려한 겉모습'을 보여 주는 데만 급급했기 때문에 전혀 특별한 삶을 살지 못했다고 말한다. 누구를 막론하고 그 껍데기를 뚫고 들어가고자 시도하면 침묵과 배척, 분노와 맞닥뜨린다. "조 디마지오는 하나의 아이콘으로 널리 알려져 있다. 하지만 인간 디마지오의 이야기는 깊이 감춰져 있을 뿐이다."[8]

조의 내면에 그토록 부정적인 모습이 있을 줄 누가 알았겠는가? 아마도 디마지오 자신도 몰랐을 것 같다. 하지만 그가 불행하고 거짓된 인생을 살았다는 사실만큼은 분명하다.

이보다 더한 비극도 있다. 예수님을 따르는 그리스도인들 중에도 거짓 자아의 덫에 걸려 있는 사람들이 많다.

쉴라 월쉬

쉴라 월쉬는 한때 〈700 클럽〉의 공동 사회를 맡았던 기독교 가수 겸 작가이다. 1992년 하나님과 분리된 영성 때문에 막다른 벽에 부딪혔던 그녀의 이야기를 들어 보자.

> 어느 날 아침, 머리를 손질하고 멋진 옷을 입은 채 텔레비전 방송을 했다. 그리고 같은 날 밤 정신 병원에 감금되고 말았다. 그건 하나님이 내게 주실 수 있었던 가장 큰 은혜였다.
> 병원에서의 첫날, 의사는 내게 물었다. "당신은 누구시지요?"
> "〈700 클럽〉의 공동 사회자예요."
> "제가 묻고 싶은 건 그런 것이 아닙니다."
> "그럼, 전 작가랍니다. 가수이기도 하구요."
> "그런 의미가 아닙니다. 자신이 누구라고 생각하나요?"
> "무슨 말인지 모르겠어요."
> "좋습니다. 그러면 왜 여기에 와 있다고 생각하나요?"

쉴라는 자신의 이야기를 이어 간다.

> 사람들이 나에 대해 생각하는 바를 나라고 받아들였다. 그런 태도는 서서히 나를 죽이고 있었다.

병원에 들어가기 전, 〈700 클럽〉 제작진 몇몇이 나를 말렸다. "이러면 안 돼요. 두 번 다시는 방송 활동을 못 할 거라고요. 당신이 정신병원에서 치료받았다는 사실을 사람들이 알게 되면 그야말로 모든 것이 끝장입니다."

하지만 나는 이렇게 대답했다.

"잘 모르시나 본데요, 이미 다 끝났어요. 더 이상 생각하고 싶지 않아요."

정말 모든 것을 잃었다고 생각했다. 집도, 직업도, 돈도 모두 다. 그리고 인생의 가장 낮은 곳에서 하나님이 알고 계시는 나의 참모습을 발견했다.[9]

가끔은 의식조차 하지 못하는 사이에 거짓 자아가 인격의 한 부분을 차지하고 있다. 그 결과는 두려움과 자기 보호, 소유욕, 남을 조종하려는 마음, 자기 파괴적인 성향, 자기 과시욕, 방종, 남들보다 튀려는 모습 등으로 나타난다.[10]

우리는 자신의 참모습에 충실해질 때 하나님이 주신 삶을 제대로 살 수 있다. 주변의 목소리와 요구에 귀 기울이기보다 자신만의 독특한 비전과 소명, 임무를 알아차릴 때 참된 인생을 살 수 있다.[11] 그러려면 내면에서 들려오는 하나님의 음성에 귀를 열고 하나님이 지으신 자신의 독특한 모습을 있는 그대로 받아들여야 한다. 자신의 성격, 기질, 호불호, 생각, 감정을 아는 것도 자신을 발견하는 데 큰 도움이 된다.

콘스탄티노플 주교이자 설교의 달인이었던 요한 크리소스톰(John Chrysostom)은 우리의 역할을 다음과 같이 묘사한다. "당신 마음의 문을 발견하라. 거기가 하나님 나라로 들어가는 문임을 깨달을 것이다."

예수님의 참 자아

　예수님 공생애 당시, 사람들은 예수님을 향해 자신들이 기대하는 거짓 자아의 모습을 요구했다. 하지만 예수님이 참 자신의 모습에 충실하시자 많은 이들이 실망을 감추지 못했다. 예수님은 하나님 아버지의 사랑과 그분 자신에 대해 확신을 가지고 계셨고 이것이 바탕이 되어 어마어마한 압박들을 이겨 내실 수 있었다. 가족들은 예수님이 목수의 아들로서 살아가기를 바랐지만 그분은 독립된 성인으로서, 마음이 이끄는 대로 자신의 소명을 따르셨다. 그 결과 가족들은 예수님이 미친 게 아닌지 의심할 정도로 낙담했다(막 3:21 참조).

　나사렛에서 함께 자랐던 사람들도 실망했다. 예수님이 스스로를 메시아라고 선언하자 절벽에서 밀치려고도 했다(눅 4:28-29 참조). 하지만 예수님은 고향 사람들의 분노에도 아랑곳하지 않고 자신의 신념에 충실하셨다.

　가장 가까웠던 열두 제자들도 실의에 빠지기는 마찬가지였다. 그들은 예수님께 자신들이 그리던 메시아의 모습을 투사시켰다. 그 안에는 십자가에서 수치스러운 모습으로 생을 마감하는 모습 따위는 없었다. 그래서 예수님을 포기했다. 심지어 유다는 그분의 등에 비수를 꽂는 배신을 했다. 모든 제자들이 예수님을 오해했지만 예수님은 그들을 원망하지 않으셨다.

예수님은 대응하지 않고 들으셨다. 그분은 적대시하지 않고 소통하셨다. 그럼에도 주님은 군중들에게 깊은 실망을 안겨 주셨다. 그들은 이 땅의 메시아를 원했다. 먹을 것을 주고, 자신들의 문제들을 해결하며, 로마의 압제자들을 타도하고, 기적을 일으키며, 은혜의 설교를 해 줄 메시아를 원했다. 그리스도는 그런 상황에서도 원망하지 않고 그들을 다시 섬기고 사랑했다.

예수님은 종교 지도자들에게도 실망을 주었다. 그들은 자신들의 일상생활과 교리를 뒤흔드는 예수님의 존재를 고마워하지 않았다. 그래서 예수님의 권세가 마귀로부터 왔다고 주장했다. 하지만 예수님은 이 모든 상황과 극심한 스트레스 가운데서도 평정심을 잃지 않으셨다.

예수님이 무아(無我)로 사셨던 것은 아니다. 오로지 다른 사람들만 생각하고 사셨던 것도 아니었다. 예수님도 자신의 가치와 중요성을 아셨다. 친구들도 있었다. 때로는 도움을 요청하기도 하셨다. 그러면서도 동시에 이기적이지 않은 삶을 사셨다. 자신만 중요하고 다른 사람은 안중에도 없는 것처럼 사시지 않았다. 오히려 사람들을 사랑하는 마음 때문에 자신의 생명까지도 내주셨다. 하나님 아버지와 사랑으로 하나 되어 성숙하고 건강한 '참 자아'를 지니고 계셨다.

우리는 자기 자신이 아닌 다른 이의 삶을 강요받을 때가 많다. 세대를 걸쳐 내려오는 영향(5장에서 더 자세히 다룰 것이다)과 영적 전쟁은 우리에게 엄청난 압박감으로 작용한다. 그렇긴 해도 그리스도 안에서 진정한 자기 자신으로 사는 것은 위대한 제자의 삶을 보여 주는 표지이다.

남과 다른 나를 찾아서

차별화를 통해 자신의 모습에 충실하게 살아가는 데 도움이 될 만한 방법을 찾을 수 있다. 차별화는 가족 체계 이론의 창시자 머레이 보웬(Murray Bowen)이 개발할 것으로 '주변 사람들의 압력과 별개로 자신의 삶의 목적과 가치를 정의할 수 있는 능력'을 말한다.[12] 이 개념의 주안점은 신중하고 명확한 사고를 통해 자신의 감정과 참모습을 파악할 수 있느냐 하는 것이다.

차별화는 자신이 누구인지, 또는 누구가 아닌지 견지할 수 있는 능력을 수반한다. 따라서 자신에게 소중한 사람들과 친밀함을 유지하면서도(공존) 주변의 압력에서 벗어나 얼마나 자신의 고유한 가치와 목적에 충실할 수 있느냐(독립)에 따라 그 수준이 결정된다. 높은 수준의 차별화를 할 수 있는 사람들은 주변 사람들의 압력에서 벗어나 자신만의 믿음과 확신, 방향, 목표, 가치 등을 고수한다. 그들은 사람들의 인정이나 반감에 휘둘리지 않고 하나님 앞에서 자신이 되고 싶은 모습을 선택할 수 있다. 또한 격렬한 감정이나 극한 스트레스, 주변 사람들의 걱정에 압도당하지 않고 현명하게 사고할 힘을 가지고 있다.

우리는 서로에게 동의하지 않을 수도 있다. 하지만 관계는 유지할 수 있다. 자신을 정당화시키려고 상대방을 비난하거나 멀리하거나 거부하거나 내칠 필요가 없다. 우리는 각자 별개로 고유한 자신이 될 수 있다.

다음에 나오는 보웬의 차별화 단계를 읽어 보면 낮은 단계로 갈수록 하나님이 주신 독특한 삶을 감지하지 못함을 볼 수 있다. 그런 사람들은 자신이 누구인지 명확하게 알지 못하기 때문에 사람들로부터 끊임없이 인정과 확신을 구한다. 그들은 자신의 가치와 정체성을 얻기 위해 타인의 생각과 감정에 의존한다. 또는 누군가를 가까이했다가 혹시 자신을 잃을 까 봐 두려워서 깊은 관계를 피하기도 한다. 이런 스트레스 상황에서는 자신의 감정이나 생각이 어떻게 흘러가는지 이성적으로 구별할 수가 없다. 백 퍼센트 자기 자신으로 사셨던 예수님을 기준으로 본다면 우리의 차별화 수준은 과연 어느 정도일까?

| 0 | 25 | 50 | 75 | 100 |

0-25

- 사실과 감정을 구별하지 못한다.
- 정서적으로 빈곤하며 다른 사람들에게 과하게 반응한다.
- 에너지의 대부분을 사람들이 인정하는 승리나 성취에 투자한다.
- 목표 지향적인 활동에는 에너지를 거의 쓰지 않는다.
- "나는 …한 생각이 들어. 나는 …라고 믿어"와 같은 말을 하지 못한다.
- 가족들과 정서적으로 분리되지 않았다.
- 부부관계가 상호 의존적이다.
- 변화나 위기에 대한 생활 적응력이 빈약하다.
- 어디쯤에서 맺고 끊어야 할지 알지 못한다.

25-50

- 사실과 감정을 조금 구별할 수 있다.
- 많은 부분이 사람들의 평가와 기대가 반영된 거짓 자아이다.
- 걱정 근심이 없을 때는 비교적 잘 살아간다.
- 용납받기 위해 자신을 재빨리 다른 사람들과 동화시키고 변화시킨다.
- 말로는 자신의 원칙과 신념을 고수하지만 그와 다르게 행동한다.
- 칭찬을 들으면 자긍심이 솟구치고 비난을 들으면 뭉개진다.
- 관계가 틀어지거나 균형을 잃으면 초조하고 불안해진다. 과하게 반응하거나 눈앞이 캄캄해진다.
- 스트레스를 받으면 명쾌하게 사고하지 못하고 종종 그릇된 결정을 내린다.
- 거짓 자아를 치장하기 위해 권력이나 명예, 지식, 사람들의 사랑 등을 추구한다.

50-75

- 사고와 감정이 동전의 양면처럼 함께 작용한다는 것을 안다.
- 합리적 수준의 참 자아를 지니고 있다.
- 마음에서 결정한 인생의 목표를 따라갈 수 있다.
- 사람들을 무시하지 않고 차분히 자신의 믿는 바를 진술할 수 있다.
- 자신의 모습을 잃지 않고도 친밀한 결혼생활을 누릴 수 있다.
- 자녀들이 자율적인 성인으로 성장하는 동안 여러 단계를 거칠 때 기다릴 줄 안다.

- 혼자 있을 때나 사람들과 함께 있을 때나 삶이 잘 돌아간다.
- 위기가 닥쳐도 좌절하지 않고 헤쳐 나갈 수 있다.
- 사람들에게 나의 세계관을 주장하지 않고 관계를 이어 간다.

75-100(이 수준에 이른 사람들은 소수이다)

- 사람들의 칭찬이나 비난에 영향을 받지 않고 자신의 정체성과 원칙, 목표를 고수한다.
- 원 가족을 떠날 수 있고 내면이 이끄는 바를 따라 독립된 성인으로 살아간다.
- 신념을 지키되 사고가 닫혀 있지도 교조적이지도 않다.
- 다른 사람들이 믿는 바를 듣고 평가할 수 있으며 새로운 견해를 받아들이기 위해 과거의 신념을 버릴 수 있다.
- 특별한 반응 없이도 사람들의 말을 들어 줄 수 있고, 반대 없이 그들과 소통할 수 있다.
- 상대방이 내 뜻대로 변화되지 않아도 존중하고 공경할 수 있다.
- 자유롭게 인생을 즐기며 놀 수 있다.
- 스트레스와 압박이 있어도 염려하지 않고 평정을 유지할 수 있다.
- 자신의 운명과 삶에 대한 책임을 감당할 수 있다.

참 자아를 계발하라

우리는 참 자아가 된다는 것에 익숙하지 않기 때문에 어디서부터 시작해야 할지도 모른다. 토마스 머튼은 우리가 흔히 하는 실수를 잘 묘사하고 있다.

> 나는 이 거짓 자아를 치장하기 좋아한다. … 마치 나란 존재가 보이지 않는 몸뚱이 같아서 겉에다 보이는 뭔가를 감싸야 될 것처럼…. 그래서 나를 세상에 보이게 하기 위해 마치 붕대를 두르듯 즐거움과 영광의 경험들로 나를 감싼다. 하지만 나를 덮고 있는 것들 아래에는 아무런 실체가 없다. 나는 빈껍데기다. … 그리고 껍데기를 벗겨 내면 내게 남는 것은 벌거벗음과 공허함과 허무뿐일 것이다.[13]

우리의 본질을 알려면 하나님을 따라 미지의 세계로 들어가야 한다. 그분과의 관계 안에서 현재의 영성을 갈아엎는 변화가 있어야 한다. 하나님은 우리가 거짓 자아를 버리고 참 자아, 곧 우리 안에 심으신 '참 자아의 씨앗들'을 깨우기 원하신다.

우리가 가야 할 그 길이 처음에는 제법 힘들 것이다. 우리 안팎에서 밀려오는 강력한 힘이 우리 안의 씨앗들이 발아되는 것을 방해할 것이다.[14] 그렇지만 그와 동시에 온 우주의 하나님이 우리 안에 거하고 계시다(요 14:23 참조). 하나님은 예수님께 주셨던 그 영광을 우리에게도 동일하게 주셨다(요 17:21-22 참조). 우리에게 오신 성령께서도 우리가 그리스도 안에서 자유롭게 참 자신으로 살아갈 힘을 주신다. 우리는 하나님의 은혜로 이 땅에서 가장 자유로운 존재로 살아갈 수 있게 되었다!

그렇다면 거짓 자아를 벗고 그리스도와 연합하여 참 자아로 살아갈 수 있는 방법은 무엇일까? 그리스도 안에서 참 자아에 충실한 삶을 살기 위해 다음 네 가지 방법을 실천해 보라.

1. 침묵과 홀로 있음을 통해 자신의 내면에 집중하라

우리는 하나님의 부름에 합당한 '그리스도 안의 참 나'가 되길 원한다. 하지만 정신을 산만하게 하는 엄청난 방해거리들 때문에 자신의 감정이나 욕구, 꿈, 좋아하는 것과 싫어하는 것들에 귀를 기울이기 힘들다. 주변은 온통 우리의 문제를 해결해 주겠다는 이들과 어려움에서 구해 주겠다는 사람, 조언을 해 주며 우리를 바로잡아 자신들이 원하는 사람으로 만들려는 이들이 널려 있다.[15]

조용히 들으려면 혼자 있는 시간이 필요하다.

정서적으로 건강한 영성을 추구하는 나의 여정은 아주 간단하게 시작되었다. 매일 경건의 시간을 가지면서 하나님 앞에서 나의 감정들을 느끼려고 시도한 것이다. 그리고 일기를 적었다. 시간이 지나면서 내 삶에 새로운 방법으로 일하시는 하나님의 패턴들이 분별되기 시작했다.

처음에는 그런 기도가 이단적인 건 아닌지 의심도 되었다. 하지만 마침내 내 안에서 일어나는 일들이 내가 알든 모르든 참이라는 것을 확신했다.

나는 느껴지는 감정들을 하나도 버리지 않고 그 무게를 고스란히 다 받아 냈다. 오늘 주차장에서 부교역자가 비난 섞인 말을 했을 때 어떤 기분이 들었지? 왜 화가 났을까? 무엇이 두려웠던 것일까? 무엇 때문에 그리 흥분한 거지? 오늘 오후에 왜 우울했을까?

지금까지 계속 일기를 쓰고 있다. 그리고 이전에 적었던 내용을 다시 보면서 당시 하나님이 주셨던 진리의 말씀들을 되새긴다.

이는 시간이 필요한 일이다. 나는 삶의 일정을 상당히 느슨하게 조정했다. 한 주에 6일(약 70시간)씩 일하던 것을 한 주에 5일, 45시간까지 점차 줄여 나갔다. 몇 년이 지나자 나는 자연스럽게 침묵(소리와 잡음에서 탈출하는)과 홀로 있음(사람들과 접촉하지 않고 혼자 있는)이라는 고전적인 영적 훈련에 익숙해졌다. 이 책에서 반복적으로 언급하는 주제인 침묵과 홀로 있음은 정서적으로 건강한 영성에서 매우 중요한 기초이다. 이건 모세에서부터 다윗, 예수님, 그리고 앞서 간 믿음의 위대한 선배들에게서 보게 되는 아주 중요한 특징 가운데 하나다.

나도 당신과 마찬가지로 정신을 빼앗기는 무수한 상황과 요구에 부딪친다. 우리의 삶은 눈앞이 핑핑 돌아갈 정도로 바쁘다. 그리고 빡빡한 일정과 텔레비전, 라디오, 컴퓨터, 음악 등에서 나오는 끊임없는 소음에 시달린다. 어쩌면 침묵과 홀로 있음이라는 옛 전통이 대다수 서구의 신앙인들 사이에 영원히 사라진 건 아닐지 의심스러울 정도다. 하지만 우리는 시간을 내야 한다. 현자였던 이집트 수도원장 모세는 조언을 구하러 온 한 형제에게 이렇게 말했다. "가서 골방(수도사의 방)에 앉아 있게나. 그러면 골방이 모든 것을 가르쳐 줄 걸세."[16]

2. 신뢰할 만한 동반자를 찾으라

이 길을 갈 때 도움을 줄 수 있는 성숙하고 신실한 동반자가 없다면 우리가 거짓 자아를 벗고 참 자아를 찾을 수 있을지 의문이다. 디트리히 본회퍼(Deitrich Bonhoeffer)는 자신의 저서 《신자의 공동생활》에서 "홀로 있을 수 없는 사람은 공동체를 조심하고 공동체 안에 있지 않은 사람은 혼자 있는 것을 주의하라"고 경고했다.[17] 우리는 "홀로 그러면서도 함께, 함

께 그러면서도 따로" 있을 줄 알아야 한다.[18]

　5세기 사막 교부 요한 카시안(John Cassian)은 세상에서 벗어나 50년 간 사막에서 은둔자로 살았던 히어로라는 한 남자에 대한 이야기를 우리에게 들려준다. 안식일이나 축제일에 다른 은둔자들은 예배에 참석하기 위해 모였지만 히어로는 하나님 앞에서의 엄격한 영적 훈련을 게을리 한다는 인상을 줄까 봐 참석하지 않았다.

　어느 날 그는 하나님이 자신의 믿음을 시험하기 위해 깊은 우물에 뛰어들라고 하셨다고 생각했다. 그는 천사가 나타나 자신을 구해 줄 거라 믿었지만 결국 우물 밑바닥까지 떨어져 죽을 뻔했다. 동료 수도사들은 그를 끌어내 주며 그가 하나님의 음성을 들은 것이 아니라고 설득하려 했지만 소용없었다.

　그는 죽는 순간까지 자신이 하나님의 음성을 들었다고 확신했다. "그는 그릇된 신념에 너무 집착한 나머지 죽음에 직면해서도 사람들의 이야기를 들으려 하지 않았다. 그는 마귀의 교활한 술책에 현혹되었다." 그의 자부심은 지나치게 컸다.[19]

　정서적으로 건강한 영성을 가지려면 우리 존재의 본질이 근본적으로 변화되어야 한다. 내면의 변화를 가로막는 요소는 크게 두 가지가 있다. 첫째는 자기 자신으로 살 수 없게 하는 다른 사람들의 엄청난 압박감이다. 그리고 둘째는 생각보다 더 깊이 그리고 더 넓게 퍼져 있는 자신의 고집스러운 아집이다. 따라서 성숙한 동반자의 도움 없이는 환상의 덫에 걸려 자기기만에 빠져들 가능성이 매우 크다.

　나의 경우는 멘토를 비롯하여 영적 지도자들, 카운슬러, 성숙한 친구들, 그리고 뉴 라이프 펠로십 교회의 소그룹과 사역자들이 동반자가 되어 주었다. 그들은 내가 하나님께 집중하고 나의 일관되지 못한 모습을 볼 수 있도록 도와주었다. 가장 중요한 부분들은 대개 아내 제리를 통해서 깨달음을 얻었는데 최근의 예를 소개하면 다음과 같다.

나는 최근에 마흔 아홉번째 생일을 맞았다. 생일을 앞두고 아내는 주일 설교 때 내 나이를 밝히며 그와 관련된 예화를 소개하는 것이 어떻겠냐고 제안했다.

나는 숨이 턱 막혀 "절대 그렇게는 못해"라고 말했다.

아내는 어이가 없는 듯 "뭐 어때서?"라고 말했다.

그러자 내 입에서는 나 자신도 놀랄 말이 불쑥 튀어나왔다. "음, 당신도 알다시피 일 년만 지나면 나도 50이야. 다시 십 년이 지나면 60이 될 거고. 지금도 에바(열 살)가 내 흰머리를 보면서 나이 들어 보인다고 말하잖아."

아내는 뭔가 심상치 않은 듯 눈이 휘둥그레졌다.

"사실 솔직하게 나이를 밝히는 게 멋쩍어." 이야기를 계속할수록 점점 더 초조해지고 걱정이 되었다. "제리, 사실은 뒤로 처진 듯한 느낌이 들어." 나는 당황해서 말을 더듬었다. "이 책을 49세가 아닌 35세에 썼어야 했는데. 어릴 적에도 늘 내가 뒤처진 느낌이 들었어. … 마치 내 인생의 주요 부문이 송두리째 사라져 버린 것 같이…. 지금까지 항상 그것을 따라 잡으려 애서 왔고 … 항상 남과 다른 것 같았고 … 뭔가 퇴보하는 느낌이었어. 아무리 떨쳐 버리려 해도 그런 생각이 가시질 않는 것 같아."

제리는 5분 동안 이어진 내 이야기를 들으면서 사태의 심각성을 깨달았다. 그리고 차분하게 반응하며 이렇게 말했다. "피터, 아주 중대한 사안인 것 같아요. 하나님과 시간을 보내면서 이 문제에 대해 더 깊이 생각해 보는 게 좋을 것 같아요."

"그래야지." 나는 고개를 숙인 채 방을 나왔다. 나 자신이 발가벗겨진 것 같았다. 그리고 그 문제가 조용히 묻히기를 바랐다.

하지만 하나님의 생각은 달랐다.

아내의 말처럼 왜 나이를 편하게 이야기하지 못할까 곰곰이 생각했다. 나는 오랫동안 나 자신이 뒤처지고 덜 떨어졌다는 느낌에 시달렸다. 뒤얽힌 실타래의 한끝을 찾아 올라가 보니 원 가족이라는 뿌리에게까지 이르렀다. 하나님은 내 거짓 자아(언제쯤 끝나는 걸까!)의 또 한 꺼풀을 벗겨 내셨다. 마치 양파 껍질을 벗기시듯 그리스도 안에서 자유롭게 살아야 할 내 참모습을 드러내셨다.

이 글을 읽으며 "내겐 이 여정을 함께할 사람이 아무도 없어요"라고 말할 사람도 있을 것이다. 그렇다면 기도하라. 이 시기를 함께 보낼 동반자를 달라고 하나님께 요청하라. 놀라운 방법으로 응답해 주실 것이다. 하나님은 종종 나와 전혀 다른 사람을 붙여 주시기도 하고 목회자나 리더가 아닌 사람을 보내 주시기도 한다. 당신이 존경하는 사람들에게 조언을 구하라. 그리고 그가 무엇을 말하는지 귀를 기울이라.

3. 안전지대에서 나오라

거짓 자아가 죽고 참 자아가 드러나는 것이 충격일 수도 있다. 어떤 사람들은 칭찬을 주고받는 것이 어색하고 이상하다고 느낄 수도 있다. 또 어떤 사람들은 화를 잘 내는 사람들과 함께 있으면 알레르기 반응을 일으킨다. 사람들과의 갈등이 죽기보다 싫은 사람들도 있다. 누군가에게 도움을 요청하는 건 자신이 실패자임을 보여 주는 표지라 생각하는 사람들도 있고, 친구의 말에 동의하지 않은 것 때문에 밤잠을 설치는 사람들도 있다.

익숙하지 않은 일을 할 때는, 특히 처음 시작할 때는 누구나 어색하기 마련이다. 수년 동안 나는 여러 나라의 리더들과 컨설턴트로부터 교회 성장에 관한 많은 노하우들을 배웠다. 하지만 내가 받은 훈련 중에 자기 이해나 자기 인식과 관련된 것은 전혀 없었다. 그들이 가르쳐 준 조직 운영안, 예산 감독, 직원 관리, 기한을 지켜야 할 수많은 목록들은 나를 짓눌렀다. 정말 너무 바빴다. 그리고 나의 내면도 서서히 죽어 가고 있었다.

하나님이 내 안에 심으신 참된 씨앗들, 말하자면 즐겁게 설교하고 가르치며, 새로운 것을 만들고, 글을 쓰고, 하나님을 묵상하고, 사람들을 사랑하기 좋아하는 마음들이 뻗어 나갈 공간을 찾아 힘겹게 몸부림치고 있었다. 나는 숨이 막힐 것 같았다. 덫에 걸려 옴짝달싹도 할 수 없었다. 이건 정말 하나님이 원하시는 바가 아니지 않는가? 그렇다면 대형 교회의 모든 목사들은 모두 이렇게 대규모의 예산과 직원을 관리하고 끊임없이 조직의 인프라를 구축하고 확장하는 일에 관심을 기울인단 말인가?

처음에는 나 혼자만 다르게 생각하는 것 같아서 내가 이상하고 잘못된 건 아닐까 생각했다. 나는 CEO나 관리자가 되고 싶었던 게 아니다. 나는 목회자가 되고 싶었고 다른 삶을 살고 싶었다. 하지만 목회만 하려는 내 모습을 보고 교회가 사임을 요구하진 않을까? 사람들이 나를 거부하지는 않을까 하는 생각도 들었다.

마침내 하나님의 뜻에 반하는 삶의 고통이 변화의 고통보다 더 커지기 시작했다. 나는 수년 동안 상처와 고통을 받으면서 결국 내면에서 들려오는 하나님의 음성에 귀를 기울였다. 그리고 "내가 과연 하나님이 요구하시는 삶에 충실히 살고 있는가?"라는 질문을 던지게 되었다.

그래서 뉴 라이프 펠로십 교회가 내게 기대하는 섬김의 모습으로 천천히 변화시켜 나갔다. 그러자 교회는 부흥했다.

루미(Rumi, 이란의 신비주의 시인)의 말이 맞았다. "당신 안에 당신이 모르는 예술가가 있다. … 만약 당신이 이곳에서 우리에게 신실하지 못하면 끔찍한 피해를 야기하는 것이다. 만약 당신이 하나님의 사랑에 화답하여 사랑을 베풀면 당신이 알지도 못하고, 한 번도 본적 없는 사람들을 돕고 있는 것이다."[20]

우리가 세상에 줄 수 있는 가장 큰 선물은 하나님과 사랑의 연합 가운데 참 자신으로 살아가는 것이다. 실제로 우리가 자기 자신을 인정하지 못하는데 어떻게 다른 사람들의 독특한 모습을 인정할 수 있겠는가? 자신을 사랑하지 않는데 어떻게 이웃을 진심으로 사랑할 수 있겠는가?

이런 점에서 볼 때 하시디즘 계열의 랍비 수시아(Zusya)의 말은 오늘날 우리에게 의미하는 바가 크다. 수시아는 말년에 이런 이야기를 했다고 한다. "천국에서 내가 듣게 될 질문은 '너는 왜 모세처럼 살지 못했느냐?'가 아니라 '너는 왜 수시아처럼 살지 못했느냐?'일 것이다."

20년 또는 40년, 60년 동안 살아왔던 삶의 방식을 바꾸는 것은 그야말로 혁명이다.

4. 용기를 달라고 기도하라

그리스도 안에서 참 자아로 살려고 하면 항상 가까운 사람들의 반발이 있기 마련이다. 우리가 과거의 행동 방식과 삶의 태도를 버리면 사람들은 이에 대항하거나 '과거로 돌아가라'고 외칠 것이다.

'차별화'라는 용어를 만들었던 머레이 보웬은 가족 구성원 중 한 사람이 차별화 수준을 끌어올려 성숙한 사람이 되면 나머지 가족들이 거세게 반발하는 경우가 있다고 말한다. 그는 적은 수준의 성장일 때조차도 가까운 사람들이 반발할 수 있다고 주장한다.

그의 말처럼 나 역시 누군가가 변화하기로 마음먹었을 때, 다시 말해 참 자아로 살려고 할 때 그 주변 사람들이 화를 내는 모습을 반복적으로 보아 왔다.

보웬은 이런 반대를 세 단계로 설명한다.

- 1단계 : "너 이상해졌어. 네가 변하면 안 되는 이유를 말해 줄게."
- 2단계 : "다시 옛날 모습으로 돌아와. 우리가 다시 받아 줄게."
- 3단계 : "네가 예전처럼 돌아오지 않으면 이러이러한 대가를 치르게 될 거야."[21]

아내와 나의 경우도 그랬다. 제리와 내가 그리스도 안에서 자신의 모습을 보다 선명하게 깨달을 때마다 항상 그에 대한 대가가 따랐다. 당신도 마찬가지일 것이다. 하지만 변화를 늦추지 말기 바란다. 성장하려면 불편함을 기꺼이 감수하려는 인내가 필요하다. 이 여정을 이어 갈 수 있는 힘을 달라고 성령님께 기도하라. 여러분은 이제껏 살아오면서 한 번도 시도하지 않았던 뭔가를 하고 있는 것이다. 어떤 경우에는 여러 세대를 걸쳐 깊이 뿌리 내린 행동 양식을 바꾸는 일일 수도 있다. 엄청난 감정의 파도를 맞이할 준비를 하라.

불가능에 도전하다

우리가 삶을 변화시키기로 마음먹었을 때 느끼는 압박감은 우리 내면이 무너져 내리거나 외적 삶의 관계들이 붕괴되는 것처럼 대단하다. 우리 삶에 일어나는 동요는 마치 세계 최초로 '소리의 장벽'을 깨는 것과 유사하다고 할 수 있다. 모두 큰 용기가 필요한 일이다.

1947년까지는 그 누구도 음속(마하 1, 초속 340미터)을 따라잡지 못했다. 당시 사람들은 인간이 탄 비행체가 소리보다 빠를 수 없을 것이라고 믿었다. 그리고 공기 중에 '소리의 장벽'이라는 보이지 않는 벽이 있어서 음속을 초과하는 비행기를 박살내 버린다는 통념이 널리 퍼져 있었다. 그리고 실제로 영국의 한 조종사가 이 장벽을 깨려다가 비행기와 함께 폭발하는 사건이 있었다. 비행기는 공기의 저항을 이겨 내지 못했다.

그 무렵, 미국 공군은 유인 우주선 프로젝트를 진행 중이었다. 하지만 우선은 소리의 장벽부터 뚫어야 했다. 척 예거(Chuck Yeager)가 시험 비행사로 초청되었다. 그의 상관이었던 보이드 대령은 그에게 이렇게 말했다. "소리의 장벽에 도달할 때 무슨 일이 벌어질지는 아무도 모르네. 척, 자네는 미지의 세계를 비행하게 될 거야."[22]

비행기는 최신 기술과 설계로 제작되었지만 공군이나 보이드 대령조차도 그 결과를 장담할 수 없었다. 그 누구도 초음속 비행에 성공한 적이 없기 때문이었다.

마찬가지로 어느 누구도 우리의 인생을 대신 살아 주거나, 미리 알려 주지 않는다. 따라서 정서적으로 건강한 영성 추구라는 이 여정에 올랐을 때, 다시 말해 당신을 향한 하나님의 목적에 충실하고자 진지하게 결단할 때 어떤 일이 벌어질지는 아무도 알 수 없다.

아홉 차례의 시도 끝에 예거는 마침내 1947년 10월 14일 소리의 장벽을 깨고 초음속 비행에 성공했다. 그는 훗날 그때의 경험을 이렇게 적었다. "벼락을 맞은 것 같았다. 걱정과 불안이 있었지만 소리의 장벽을 뚫고 나자 마치 잘 닦인 고속도로를 달리는 기분이었다. … 기대가 너무 컸던 것일까, '미지의 세계'는 마치 포크로 젤리를 찌르는 것에 지나지 않았다."[23]

하늘을 나는 삶을 살아야 한다는 말이 아니다. 오히려 당신이 삶의 속도를 줄이게 되기를 기도한다. 히브리서 11장에 따르면, 어떤 사람들은 믿음으로 나라를 정복하기도 했고, 어떤 사람들은 믿음 때문에 톱으로 잘려 죽기도 했다. 오직 하나님만이 당신의 미래를 아신다. 하지만 한 가지만은 확실하다. 예거의 비행처럼 우리의 삶도 하나님이 의도하신 성숙을 향해 나갈 때 분명히 흔들릴 것이라는 사실이다. 왜 그런가? 우리 삶의 거친 재료들은 소리의 장벽을 뚫고 비행하기에 익숙하지 않다. 처음에는 정말 불편하고 어색할 것이다. 마치 비행기가 공기 저항에 심하게 흔들리듯 말이다.

하지만 앞으로 조금만 전진하면 하나님이 당신 곁에 계심을 경험할 것이다. 그분의 은혜는 넉넉하다. 그분의 능력은 손만 뻗으면 되는 곳에 있다. 우리 앞에 놓인 미지의 세계는 예거의 말처럼 포크로 젤리를 찌르는 것처럼 수월할 수 있다.

하나님을 알기 위해 자기 자신을 아는 것은 일생 동안 이어지는 모험이다. 이제 당신은 정서적으로 건강한 영성의 길에 첫걸음을 뗀 셈이다. 다음 장에서는 우리 자신을 알기 위한 두 번째 단계, '미래를 위해 과거로 여행하기'를 살펴보도록 하자.

    어거스틴의 기도처럼 우리도 "주님, 당신을 알기 위해 제 자신을 알게 해 주십시오"라고 구하자.

PRAYER

주님, 당신 앞에 잠잠히 거하길 원합니다. 주님이 누구신지 볼 수 있는 시야를 주셔서 제 자신의 좋은 것과 나쁜 것, 추한 것들을 볼 수 있게 해 주십시오. 주님을 따를 용기를 주시고 주님이 지으신 저의 독특한 모습에 충실할 수 있게 해 주십시오. 주 성령의 능력을 구하오니 제가 다른 사람들의 삶이나 신앙을 모방하지 않게 해 주십시오.

"주님, 당신의 사랑에 깊이 잠기기 원합니다. 저의 그릇된 의식들이 매일 더러운 옷을 벗듯 벗어지게 해 주십시오. … 깊은 자아가 주님의 존전에 드러나고… 오직 주님만 알게 되며… 11월 찬바람에 떨어지는 낙엽처럼 영원 속으로 휩쓸려가게 하소서."[24]. 예수님의 이름으로 기도합니다. 아멘.

Chapter 5

2단계:
과거를 직면하라

- 당신의 발목을 잡는 과거와 화해하라

정서적으로 건강한 영성이란 환상에 빠지거나 현실을 부정하는 것이 아니라 현실을 긍정하는 것을 말한다. 다시 말해 하나님이 우리를 특정한 가족과 나라와 도시, 그리고 역사의 특정 순간에 태어나게 하신 뜻을 받아들이는 것이다.

하나님의 선택은 우리에게 독특한 기회나 재능을 제공해 주었다. 거기에는 내가 '감정적 짐'이라고 부르는 것도 상당 부분 포함된다. 사람에 따라서 감정적 짐이 가벼운 사람도 있고 아주 무거운 사람도 있을 것이다. 그중에는 그 짐이 너무 무거워서 다른 방식으로 산다는 것 자체를 상상할 수 없는 이들도 있다.

참된 영성은 우리를 자유롭게 하여 현재의 삶을 기쁘게 살도록 해 준다. 하지만 한 발짝 더 나아가기 위해서는 뒤로 물러나 자신의 과거와 대면해야 한다. 과거의 파괴적인 죄의 패턴을 깨뜨리고 하나님의 새로운 가족으로서 그분이 의도하신 삶을 살기 위해 영성과 제자도에 마음을 써야 하는 것이다.

프랭크

프랭크는 대기업에서 중간 간부로 일하고 있다. 결혼해서 10대 자녀 둘을 키우고 있는 그는 뉴 라이프 펠로십 교회로 옮긴 지 1년이 지났을 즈음 내게 만남을 청해 왔다. 그 다음 주에 같이 저녁 식사를 하기 위해 걸어가는데 그가 눈에 띄게 우울하고 동요하는 것이 보였다.

"프랭크, 무슨 일이 있었어요?"

"피터, 도무지 믿을 수가 없습니다." 즉시 대답이 터져 나왔다. "어젯밤 마리아가 나를 사랑하고 있는지 더 이상 확신이 없다고 말했어요. 다른 남자가 있냐고 물었더니 그건 아닙니다. 하지만 누가 알겠습니까?"

그는 어깨를 축 늘어뜨린 채 바닥을 내려다보며 말을 이어 갔다.

"목사님도 알다시피 제가 이런 관계 문제에 매우 약합니다. 하지만 전 좋은 남편과 좋은 아빠, 그리고 집안의 가장으로서 최선을 다했습니다. 잘 모르겠어요. … 저도 기도하고 둘 다 기도하는데 … 무슨 일이 벌어진 건지 잘 모르겠어요."

두 사람은 대학에서 만나 졸업하자마자 결혼을 했다. 그는 세 도시에서 10년 동안 목회자로 섬기다가 결국 직업을 바꾸어 뒤늦게 회사 생활을 시작했다. 그리고 최근에 이곳 뉴욕으로 직장을 옮겼다.

오랜 침묵이 흐른 후 내가 큰 소리로 물었다. "프랭크, 이제까지 그렇게 오랫동안 잘 지냈는데 왜 갑자기 이런 일이 터졌다고 생각해요?"

"2년 후에 다시 직장을 옮길지도 모른다고 했더니 아내가 화를 냈거든요. 글쎄요, … 아내가 늘 불평하는 편이긴 하지만 예전보다 좀 심해지긴 했어요. 내가 멀게 느껴지고 감정적 불구자 같고, 친근한 감정이 생기지 않는다고 하더군요. 그리고 항상 내가 아이들과 놀아 주지 않는다고 화를 냈어요. 그건 저한테도 힘든 일이거든요. 그러려고 노력도 했지만 어느새 다시 직장과 교회 일에만 몰두하게 됩니다. … 잘 모르겠습니다. … 아내를 행복하게 해 주려고 나름 노력했는데…. 무슨 생각을 하는 건지 모르겠어요. 이 일을 어떻게 해결해야 할지도 모르겠고요."

그는 자조 섞인 목소리로 말했다.

프랭크와 마리아는 둘 다 기독교 가정에서 자랐다. 성경에 대해서도 잘 알고 있었다. 그들은 오랫동안 하나님을 예배했고 수천 편의 설교를 들었다. 소그룹 모임에 빠짐없이 참석했고 예배 팀의 일원이기도 했다. 그리스도인 부부 수련회는 물론 리더십 세미나에도 참석할 만큼 열정적인 그리스도인들이었다.

하지만 그들은 불행했다. 이유가 무엇일까?

그렇게 오랫동안 교회를 다니고 교회에서 예수 그리스도의 진리를 들으며 살았는데 왜 그들의 깊은 내면과 결혼생활에 변화가 일어나지 않았던 것일까? 하나님 안에 살면서 왜 삶의 풍성한 열매가 맺히지 않았던 것일까?

많은 그리스도인들이 마음 깊숙한 곳에 주 예수 그리스도의 능력과 은혜가 미치지 않는 부분들을 안고 살아가는 이유는 무엇일까? 소망하기는 이 책이 이 질문에 대한 답변을 제공하는 시초가 되면 좋겠다.

한 가지 결정적인 요소는 전진을 위한 후퇴와 관련 있다. 우리는 자신의 과거와 직면할 수 있어야 한다. 두 가지로 요약될 수 있다.

1. 우리 가족의 축복과 죄는 2-3대까지 거슬러 올라가며 오늘날의 우리에게도 깊은 영향을 미친다.
2. 제자의 길을 가려면 원 가족으로부터 이어져 온 죄의 패턴을 무시하는 방법과 하나님의 가족으로서 어떻게 살아야 하는지 다시 배워야 한다.

정서적으로 건강한 영성에 이르려면 이처럼 성경적 근거를 잘 이해하고 예수님을 따른다는 것이 무엇을 의미하는지 제대로 인식할 수 있어야 한다.

가족이 우리에게 미치는 영향

성경에서 '가족'이라는 말은 보통 3-4대를 포함하는 확대가족을 의미한다. 다시 말해 성경적 의미의 '가족' 안에는 우리의 형제자매는 물론이고 삼촌, 숙모, 조부모, 증조부모 및 그들과 연결된 일가친척들이 다 포함된다. 곧 1800년대 중반까지 거슬러 올라가야 한다.

세상을 살아갈 때 우리는 외적인 사건들과 환경의 영향을 아주 많이 받는다. 그중에서도 가장 큰 영향을 미치는 집단은 가족들이다. 가족들로부터 벗어나기 위해 일찍 독립해서 집을 떠났다 해도 어디를 가든지 가족들이 하던 방식을 따라 살고 있는 자신을 발견할 것이다.

전 세대에서 일어난 일은 종종 다음 세대에도 반복된다. 앞 세대가 했던 행동과 결정들이 다음 세대에까지 영향을 미치기도 한다.

이런 이유로 이혼이나 알코올 중독, 그 외 다른 중독 증상들과 성적 학대, 불행한 결혼생활, 가출, 권위에 대한 불신, 혼외 임신, 안정된 관계를 유지시키지 못하는 것 등과 같은 삶의 양식들이 한 세대에서 다음 세대로 계속해서 답습되는 현상을 종종 볼 수 있다. 과학자들과 사회학자들은 이러한 현상이 '유전'(DNA 같은)의 결과인지 혹은 '양육'(환경 같은)의 결과인지, 아니면 둘 다 때문인지에 대해 수십 년 동안 논쟁을 벌여 왔다.[1] 성경은 이 문제에 대해 뚜렷한 답을 제시하지 않는다. 다만 이것을 '신적 우주의 신비한 법칙'이라고 말한다.

다음의 내용을 생각해 보자.

하나님은 십계명을 주시면서 현실 세계를 당신의 본성과 결부시키셨다. "너를 위하여 새긴 우상을 만들지 말고 … 나 네 하나님 여호와는 질투하는 하나님인즉 나를 미워하는 자의 죄를 갚되 아버지로부터 아들에게로 삼사 대까지 이르게 하거니와 나를 사랑하고 내 계명을 지키는 자에게는 천 대까지 은혜를 베푸느니라"(출 20:4-6).

그리고 모세가 하나님의 영광을 구했을 때도 동일한 진리를 말씀하셨다. "여호와라. 여호와라. 자비롭고 은혜롭고 노하기를 더디하고 인자와 진실이 많은 하나님이라. 인자를 천대까지 베풀며 악과 과실과 죄를 용서하리라. 그러나 벌을 면제하지는 아니하고 아버지의 악행을 자손 삼사 대까지 보응하리라"(출 34:6-7).

다윗이 밧세바를 취하기 위해 그의 남편 우리아를 죽였을 때 하나님은 이렇게 선언하셨다. "이제 네가 나를 업신여기고 헷 사람 우리아의 아내를 빼앗아 네 아내로 삼았은즉 칼이 네 집에서 영원토록 떠나지 아니하리라"(삼하 12:10).

과연 이 말씀처럼 다윗의 집안에는 가족 간의 다툼과 형제들 간의 경쟁, 자녀들 간의 내적 갈등이 몇 세대에 걸쳐 계속 이어졌다.

과거로부터 이어지는 가족의 행동 양식은 우리가 굳이 의식하지 않더라도 지금의 관계들에 영향을 준다. 겉으로는 한 개인이 독자적으로 행동하는 것처럼 보이지만 사실은 3-4대에 걸쳐 내려오는 가족 시스템 안에서 행동하고 있는 것이다.

안타깝게도 가족사의 부정적인 영향을 말끔히 지우는 것은 불가능하다. 가족의 역사는 우리 모두 안에 특히나 그것을 덮으려고 애쓰는 사람에게 고스란히 살아 있다. 이 비행에 지불할 대가가 크다. 오직 진리만이 우리를 자유롭게 할 수 있다.

프랭크와 마리아, 가족사와 마주하다

프랭크의 경우, 군인 가족으로 살아오며 3-4년마다 주거지를 옮겨야 했던 환경의 영향을 살펴보는 것이 필요했다. 그의 아버지는 부대 상황에 따라 종종 6개월씩 집을 비우기도 했다. 어머니는 그 중압감을 참지 못하고 결국 이혼을 선택했다.

맏아들이었던 프랭크는 적어도 경제적으로나마 아버지의 빈자리를 대신 매워야 했다. 그는 열심히 일해 돈을 벌었지만 친구 관계에서는 많은 어려움을 겪었다. 잦은 이사가 남긴 상처였다. 그는 사람들과 친밀한 관계를 맺는 것이 어려웠고 지속적인 관계를 유지하지 못했다.

아버지와 대화를 나눈 적도 거의 없었다.

내가 말하고자 하는 바를 눈치 챘는가? 마리아도 해결할 문제가 있었다. 그렇다면 마리아는 왜 그토록 프랭크의 듬직함과 근면함에 끌렸을까? 그녀의 아버지는 알코올 중독자였다가 마리아가 열 살 때 그리스도인이 되었다. 그 후로는 소프트볼과 교회 활동에 파묻혀 지냈다. 아버지로서의 역할을 전혀 하지 못했다. 당시 아이였던 마리아는 종종 외로움을 느꼈고 자연스레 엄마와 친해졌다. 프랭크와 결혼한 후로 부담감을 느끼고는 있지만 둘은 여전히 가장 가까운 사이로 지내고 있다.

마리아와 프랭크는 놀랍게 성장할 수 있는 기회를 앞에 두고 있다. 하지만 우선은 가족들 안에서 익힌 옛 삶의 방식과 관계들을 끊을 수 있어야 한다. 그들에게서 표현되는 사고방식과 관계를 맺는 방식은 부모를 넘어 조부모와 증조부모에게까지 거슬러 올라갔다.

이런 이유 때문에 주님은 우리에게 "아버지나 어머니를 나보다 더 사랑하는 자는 내게 합당하지 아니하고 아들이나 딸(문화, 다른 중요한 영향들, 불건전한 교회 전통들)을 나보다 더 사랑하는 자도 내게 합당하지 아니하며"(마 10:37)라고 말씀하셨다.

예수님은 모든 가족들이 결함을 지니고 있으며 우리의 관계나 사랑의 방식이 죄 때문에 망가졌다는 것을 아셨다.

우리의 문화나 출신 국가, 교육, 사회적 계급, 나이와는 상관없이 우리가 자라 오면서 받아들였던 메시지나 각본들은 우리의 행동이나 자존감뿐만 아니라 현재의 인간관계에도 엄청난 영향을 미친다.

아브라함, 이삭, 야곱

창세기는 죄와 축복이 세대에서 세대로 어떻게 전달되는지에 대해 성경이 말하는 진리를 담고 있다.

첫 번째 단계에서 보면 아브라함은 순종을 통해 하나님이 주시는 복을 받았고 그 복은 다시 아들인 이삭과 손자인 야곱에게로, 그리고 증손자인 요셉과 그 형제들에게로 전해졌다. 이와 동시에 죄를 짓는 모습과 넘어지는 패턴도 자손들에게 그대로 전달되었다. 솔직히 말하자면 후천적인 영향보다는 선천적인 영향이 더 큰 것 같다. 예를 들면 다음과 같은 것들이다.

거짓말하는 습관

- 아브라함은 두 번이나 사라를 자신의 누이라고 속였다.
- 이삭과 리브가의 결혼생활에서도 거짓말이 많이 등장한다.
- 야곱은 거의 모든 사람들에게 거짓말을 했다. 그의 이름의 뜻도 '속이는 자'이다.
- 야곱의 열 아들은 동생 요셉이 죽었다고 거짓말을 했고, 거짓 장례를 치른 후 무려 10년 넘게 이 '비밀'을 지켰다.

자식을 편애하는 습관

- 아브라함은 이스마엘을 편애했다.
- 이삭은 에서를 편애했다.
- 야곱은 요셉과 베냐민을 편애했다.

가족들의 관계 단절

- 형제 간인 이삭과 이스마엘의 관계가 단절되었다.
- 야곱은 에서를 피해 달아났고 그 후 오랫동안 관계가 완전히 끊어졌다.
- 요셉은 무려 10년이 넘도록 가족들과 만나지 못했다.

원만하지 못 한 부부 관계

- 아브라함은 아내의 몸종이었던 하갈을 통해 아들을 얻었다.
- 이삭은 리브가와 사이가 좋지 않았다.
- 야곱은 두 아내와 두 첩을 거느렸다.

우리 가족의 십계명

우리는 종종 무의식 깊이 남아 있는 원 가족(family of origin)의 흔적을 과소평가한다. 실제로 내가 관찰한 바에 따르면 나이가 들수록 그러한 영향의 깊이를 깨닫는 것 같다.

가족의 각 구성원들이나 어린 시절 우리를 길러 준 사람들은 우리의 행동과 사고방식에 뚜렷한 흔적들을 남긴다. 그 세대의 문화나 대중매체, 자신에게 벌어진 사건들을 해석하는 방법 등도 마찬가지다.

그런 행동의 패턴들은 '가족의 계명' 하에 자동적으로 나오는 것들이다. 그중 어떤 것들은 명시적으로 표현되기도 하지만 대개는 암묵적으로 지켜야 할 것들이다. 이는 우리 생각과 DNA 속에 깊이 내장되어 있어서 하나님의 개입이나 성경적 제자도와는 상관없이 가장 가까운 관계에 그대로 적용되고 나타난다.

다음의 열 가지 계명을 잘 생각해 보자.

1 돈
- 돈은 삶을 안전하게 지켜 주는 최고의 원천이다.
- 돈을 많이 가질수록 그 사람의 가치도 올라간다.
- 출세를 하려면 돈을 벌어라.

2 갈등
- 무슨 일이 있어도 갈등을 피하라.
- 사람들을 화나게 하지 말라.
- 큰소리와 분노, 계속되는 다툼은 정상적인 것이다.

3 성
- 성에 대해서 공개적으로 말하면 안 된다.
- 남자는 문란할 수 있지만 여자는 반드시 순결을 지켜야 한다.
- 부부 간의 성생활은 쉽게 이루어진다.

4 슬픔과 상실
- 슬퍼하는 것은 약하다는 증거다.
- 절대로 우울해하면 안 된다.
- 상실을 속히 극복하고 정리하라.

5 분노의 표출
- 분노는 위험하고 나쁜 것이다.
- 확실히 알리려면 분노를 터뜨려라.
- 화를 풀기 위해 비꼬는 말을 하는 것은 용인된다.

6 가족
- 부모님의 사랑에 마땅히 보답해야 한다.
- 사람들 앞에서 가족의 치부를 말하면 안 된다.
- 가족과 집안에 대한 의무가 가장 먼저다.

7 관계
- 사람들을 믿지 말라. 실망하게 된다.
- 그 누구도 다시는 나에게 상처를 줄 수 없다.
- 연약한 모습을 보이지 말라.

8 타문화에 대한 태도
- 비슷한 사람들하고만 가깝게 지내라.
- 다른 나라나 다른 문화의 사람과는 결혼하지 말라.
- 어떤 문화나 인종은 우리보다 열등하다.

9 성공
- 성공은 최고의 대학에 들어가는 것이다.
- 성공은 돈을 많이 버는 것이다.
- 성공은 결혼해서 자녀를 낳는 것이다.

10 감정과 정서
- 어떠어떠한 감정을 느껴서는 안 된다.
- 감정은 중요하지 않다.
- 깊이 생각할 필요 없이 감정이 이끄는 대로 행동하라.

여기에 더 첨가할 내용들도 있을 것이다. 당신의 가족이 지켜야 했던 계명은 어떤 것들인가? 자녀 양육이나 성 역할, 결혼과 독신, 육체적 사랑과 애정 표현 등에 대해 어떤 이야기들을 들으면서 자랐는가? 하나님, 타 교회, 다른 믿음을 바라보는 관점은 어땠는가? 우리가 그리스도와 그분의 말씀에 순종하기 위해서는 이러한 메시지들을 철저히 검증하고 돌아보는 것이 선행되어야 한다.

교회 안팎에 만연한 절대 계명을 꼽자면 '사랑받는 사람이 되어야 한다'일 것이다. 다시 말해 경쟁적인 환경 속에서 실력을 갖추어야 한다는 말이다. 학교에서, 그리고 스포츠, 여가, 이웃, 일의 방면에서, 교회 안에서 자신의 가치와 존재감을 느끼기 위해서 유능해져야 한다. 그 결과로 많은 사람들이 성과 중심의 사고를 하며 '성공 신화'를 이루기 위해 몸부림친다. 하지만 아무리 노력해도 만족은 없다. 자신이 항상 부족하다는 느낌만 들 뿐이다. 우리는 대부분 뭔가를 이루어서 사람들의 인정을 받아 본 경험이 있다. 하지만 단지 자신의 존재만으로 사랑받고 있다고 느끼는 사람들은 매우 적다.

이와 관련해서 잠시 동안만 자신의 가족 안에 있는 '계명들'을 곰곰이 생각해 보자. 그 계명들은 현재의 당신과 당신의 관계들에 어떤 영향을 미쳤는가? 우리가 지나온 역사는 현재의 삶을 특징짓는 아주 중요한 요소이다. 만약 현재의 삶에 미치는 과거의 영향을 무시하고 넘어간다면 그 대가를 톡톡히 치를 것이다.

우리가 가족으로부터 독립해야 하는 것은 마치 이스라엘 백성이 이집트를 떠나야 했던 것과 흡사하다. 이는 하나님의 바람이기도 하다. 그런데 이스라엘이 물리적으로는 이집트 땅을 떠나 왔지만 그들 안에는 여전히 그곳의 문화와 사고방식이 남아 있었다. 마찬가지로 우리도 그리스도의 제자가 되기로 결심했지만 무의식에서는 여전히 원 가족을 통해 내면화된 계명들과 규칙을 따르고 있을 것이다.

물론 가장 큰 문제는 가족을 통해 배운 보이지 않는 각본들이 그리스도의 법과 정면으로 충돌할 때다. 만약 그 가족 계명이 우리의 DNA 안에 너무나 깊숙이 새겨져 있어서 그리스도의 법과 구별조차 되지 않는다면 그 결말은 가히 비극적일 것이다.

삶과 영성은 분리시킬 수 없다

나는 1976년, 열아홉 살에 그리스도인이 되었다. 하나님의 가족이 되어 그리스도의 몸에 속하게 되었다. 하지만 새로운 가족 구성원이 되었음에도 여전히 나의 삶은 원래의 가족한테서 배운 대로 살고 있었다.

그리스도를 본받아 사는 법을 새롭게 배워야 했다. 기도를 하고, 성경을 읽고, 소그룹에 참여하고, 예배하고, 영적 은사를 사용하는 것은 그다지 어렵지 않았다. 오히려 내 안에 깊이 뿌리내린 사고와 습관, 행동 양식을 바꾸는 것이 훨씬 더 복잡하고 어려웠다.

우리 가족 안에도 다른 가정들처럼 응당 지켜야 하는, 보이지 않는 암묵적인 규칙이 있었다. 예를 들면 성 역할의 차이나 화를 내는 때와 방법, 그리고 타문화나 인종에 대한 시각, 성공에 대한 정의, 권위에 대한 태도, 남자와 여자의 성생활, 결혼생활에서의 기대, 교회를 보는 시각 등이었다. 나는 굳이 말하고 싶지 않아서 과거를 들추거나 그 기억을 떠올리는 것에 대해 강하게 거부했다. 반면 제리는 가끔 우리 가족은 어땠는지 물었다. 그럴 때면 "과거를 들추는 게 뭐가 좋다고? 나한테는 고통스러울 뿐이야. 그리스도 안에서 새 피조물이 되었다는 게 감사할 따름이지"라고 항변했다. 대부분의 사람들처럼 내 가족을 나쁘게 말하고 싶지 않았다. 자기 가족의 비밀이나 '치부'를 드러내는 것은 그리스도인이 할 바가 아니라고 생각했다. 특히 우리 집처럼 이탈리아계 미국인 가정의 경우에는 더 더욱 그랬다.

과거를 돌아보는 것은 현재를 조명하는 좋은 방법 가운데 하나다. 하지만 실수 없는 완벽한 과거란 존재하지 않기 때문에 고통스러운 일이기도 하다.

우리의 영성이 하나님과 단절되어 있는 현상이 도처에 만연한 까닭도 과거를 직시하는 이 힘든 일을 하려는 사람이 적기 때문이 아닐까 싶다. 삶과 영성을 하나로 통합하는 일이 쉽지 않기 때문에 분리하려고 할 때가 많다. 충분히 이해한다. 나도 오랫동안 그런 식으로 살아왔다.

다시 프랭크의 이야기로 돌아가 보자. 그는 서서히 자신의 과거가 현재에 미치는 영향에 대해 깨닫기 시작했다.

단절된 영성의 고통스러운 결과

그 후로 프랭크와 만나 차를 마시며 가족사에 대해 물었다. 프랭크는 조심스럽게 입을 열었다.

"우리 부부의 결혼생활은 적어도 부모님보다는 훨씬 나은 겁니다. 할아버지는 알코올 중독자인 데다가 극도로 폭력적이었습니다. 하지만 아버지는 그리스도인이 되었죠. 겉으로는 엉망진창이었던 가정환경에서 벗어난 듯이 보였죠. 그렇지만 아버지는 평생 동안 일종의 섹스 중독으로 괴로워하셨어요. 아버지가 거의 말씀하지 않으니 정확히 뭔지는 잘 모르겠어요."

"아버지가 다른 부대로 배치될 때마다 3년에 한번 꼴로 이사를 다녀야 했습니다. 그래서 저는 그 어디에서도 친한 친구를 사귈 수 없었습니다. 우리 집은 아버지를 중심으로 돌아가고 있었거든요. 모두가 아버지의 눈치를 봐야 했고 혹여 화라도 내실 땐 무서워 떨어야 했습니다. 특히 엄마가 심하셨죠. 어머니는 정말 아버지만을 위해 사는 것 같았습니다. 자신의 모든 바람과 욕망을 아버지와 우리 자녀들을 위해서 모두 포기하셨죠. 어머니가 최근에 돌아가셨는데 정말 제대로 사셨다고 할 수도 없어요. 그냥 존재하셨던 거죠."

"그래서 아내 마리아와 가까워지는 게 너무 힘들었습니다. 뭔가 더 잘해 보려고 했지만 행동이 따르지 않았어요. 하지만 아내는 별로 불만이 없어 보였어요. 지금까지 아무 말도 하지 않다가 최근에 속마음을 이야기한 것입니다."

프랭크는 나와 몇 차례 더 만나면서 마음의 문을 열고 오랫동안 간직해 왔던 비밀을 털어놓기 시작했다. "열두 살 때 외설물을 처음 접했습니다. 그 나이에 부대 안에서 살다 보면 충분히 있을 수 있는 일이죠. 그 후로 포르노에서 벗어나려고 발버둥을 쳤지만 솔직히 벗어날 수가 없었습니다. 회개도 하고 기도도 하고 리더들의 도움을 받기도 했지만 다시 예전으로 돌아가고 말았죠. 포르노가 이렇게 불가항력인 걸 누가 알았겠습니까?"

한동안 긴 침묵이 흐른 뒤 프랭크는 다시 이야기를 이어 갔다.

"몇 년 전 우울증 치료를 위해서 상담사를 찾았습니다. 하지만 근원적인 문제를 해결하지는 못했습니다. 포르노 중독은 더욱 심각해져 급기야 죄책감에 제가 섬기던 이사회 일을 그만두었습니다. 그냥 제 자신이 너무 수치스러웠어요. 그 후 얼마 동안은 중독에서 벗어나는 것 같았습니다. 그래서 다시 이사회에 복귀해서 섬겼고요."

프랭크의 삶은 도깨비 상자(뚜껑을 열면 용수철에 달린 인형 등이 튀어나오는)와 흡사했다. 어릴 적 부모로부터 습득된 부정적 감정들이 평소에는 숨어 있다가 어느 순간 갑자기 툭 튀어나오는 것이다. 그는 비밀을 털어놓는 것이 부모님을 배신하는 것 같았지만 마음의 고통이 너무 심해지자 더 이상 참지 못하고 속사정을 이야기했다.

대다수 교회에서 이뤄지는 제자 훈련이나 영적 훈련 안에는 과거를 직면하는 것을 다루지 않기 때문에 프랭크나 나의 경우처럼 삶의 위기가 찾아오기 전에는 쉽게 속내를 드러내기가 어렵다. 해결되지 않은 자신의 죄나 짐들을 자녀들과 자녀들의 자녀들에게까지 물려주고 싶은 사람은 아무도 없을 것이다. 다행히 우리는 능력과 영광의 주 예수님이 주시는 놀라운 소망을 든든한 배경으로 삼을 수 있다.

예수 그리스도의 기쁜 소식

기독교의 놀라운 메시지는 생물학적인 가족이 우리의 미래를 결정 짓지 않는다는 것이다. 우리의 미래는 하나님 손에 있다! 당신의 과거는 필연적인 운명이 아니다. 신약 성경이 분명하게 선언하듯 그리스도인이 된다는 것은 하나님의 가족으로 입양된다는 것이다. 이것은 근본적이고 새로운 시작이다. 그리스도를 믿을 때 우리는 성령으로 말미암아 예수님의 가족 안에서 영적으로 새로 태어났다. 어둠의 나라에서 나와 빛의 왕국으로 옮겨진 것이다.

사도 바울은 이 놀라운 진리를 설명하기 위해 로마의 입양 제도를 예로 들었다. 그는 이제 우리가 새 아버지와 새롭고 영원한 관계 안에 있다고 강조한다. 우리의 빚인 죄악들은 청산되었다. 우리는 새 이름(그리스도인)과 새 유산(자유, 희망, 영광, 하늘의 자원들), 새로운 형제자매들(다른 그리스도인들)을 얻었다(엡 1장 참조).

예수님의 모친과 형제들이 주님을 찾았을 때 예수님은 안에서 말씀을 듣고 있던 무리들에게 이렇게 말씀하셨다. "누가 내 어머니이며 동생들이냐 하시고 둘러앉은 자들을 보시며 이르시되 내 어머니와 내 동생들을 보라. 누구든지 하나님의 뜻대로 행하는 자가 내 형제요 자매요 어머니이니라"(막 3:33-35). 이제 교회는 신자들의 '첫 번째 가족'이다.[2]

예수님 시대 때는 부모를 공경하는 것이 매우 중요한 미덕이었다. 예수님은 십자가에 달리셨을 때도 이를 몸소 보여 주셨다. 사도 요한에게 어머니를 보살펴 달라고 부탁하신 것이다. 그럼에도 예수님은 생물학적인 가족보다 주님께 가장 충실해야 한다는 것을 직접적이고도 분명하게 말하신다. "아버지나 어머니를 나보다 더 사랑하는 자는 내게 합당하지 아니하고 아들이나 딸을 나보다 더 사랑하는 자도 내게 합당하지 아니하며"(마 10:37).

이렇듯 제자의 길은 가족들로부터 내려오는 죄 된 습관과 행동 양식들을 벗어 버리고 그리스도의 가족 구성원으로서 변화된 삶을 사는 것이다. 이것이 그리스도인의 삶이다. 하나님은 우리가 내면에 그리스도를 모심으로 성숙한 남자와 여자로 자라기를 바라신다. 우리의 부모와 문화 역사를 존중해야 하지만 먼저는 하나님께 순종해야 한다.

제자라면 모두 자신과 가족, 문화가 안고 있는 상처와 죄를 바라볼 수 있어야 한다. 그러나 원 가족과 우리 삶을 뒤흔들었던 중요한 사건들의 영향을 솔직하게 뒤돌아보는 사람이 정말 드물다.

철학자 조지 산타냐(George Santanya)는 "과거에서 배우지 못한 사람은 과거를 되풀이한다"고 말했다. 예를 들어 가족들이 성공의 척도를 직업이나 학벌, 돈으로 삼는다고 가정해 보자. 그렇다면 당신은 아마도 관심이나 사랑, 인정을 받기 위해서 뭔가를 해야 한다는 무언의 메시지를 받을 것이다. 이건 자존감에도 영향을 미친다.

하나님의 가족 안에서는 하나님의 목적과 계획에 충실한 삶을 성공이라고 정의한다. 우리는 먼저 그의 나라와 그 의를 구해야 한다(마 6:33 참조). 하나님은 이에 모든 것을 더해 주겠다고 약속하셨다. 더욱이 하나님은 우리를 사랑스러운 존재로 선언하셨다. 우리는 그리스도 안에서 사랑받는 자들이다(눅 15:21-24 참조).

제자의 길은 이러한 진리를 매일의 삶에서 실천하는 것이다.

안타깝게도 우리 자신의 내면을 깊이 들여다보면 우리 가족들이 살아왔던 방식과 근본적으로 달라진 것이 없음을 발견한다. 그렇지만 하나님은 우리가 지역 교회 안에서 비록 늦더라도 확실하게 그리스도의 방식대로 살아가는 법을 배우기 원하신다. 하나님은 교회가 그런 새로운 공동체가 되기를 원하신다.

그러려면 우리 모두가 옛 '애굽'의 삶의 방식과 관계들을 안고 이곳에 왔다는 것을 인식해야 한다. 다음은 내가 어떻게 이 깨달음을 얻었는지에 대한 이야기이다.

스카지로-아리올라 가족

다음은 간단하게 그려 본 우리 가족의 가계도이다. 가계도란 2-3대에 걸친 가족 구성원과 가족 간 관계에 대한 정보를 나타낸 일종의 가족 나무이다.

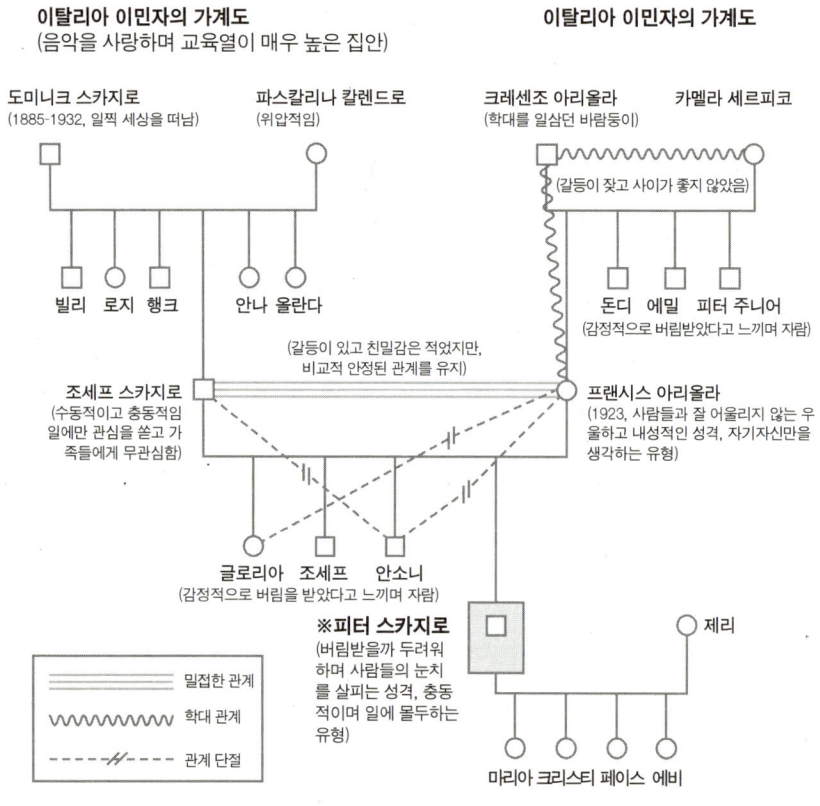

그림 7

세상의 모든 가족들은 아담의 타락으로 인해 망가지고 깨졌다. 우리 가족도 다르지 않다. 오른쪽 아래에 나 '피터 스카지로'가 있다. 나는 형제자매들 중에서 막내였다. 오른쪽 위쪽으로는 어머니 프랜시스 아리올라와 외조부모 가(家)가 있다. 그리고 왼쪽 위에는 아버지 조세프 스카지로와 조부모 가가 있다.

나의 역동적인 모습을 이해하려면 외가 쪽, 특히 외할아버지의 영향을 살펴봐야 한다. 외할아버지 크레센조는 미국에 오기 위해 외할머니와 중매로 결혼했다. 크레센조는 '결혼한 총각'으로 살면서 여성 편력이 심했다. 아내와 아이들이 이탈리안 패스트리 가게에서 일하는 동안 자신은 따로 독립적으로 살았다.

어머니는 외조부가 이름을 불러 준 적이 없었다고 회상한다. 외할아버지는 이런 식이었다. "가족의 명예를 더럽히면 죽는 줄 알아라." 경기에서 조랑말을 땄을 때도 다른 아이에게 줘 버렸다고 한다. 한번은 외할아버지의 친구가 어머니(당시 어머니는 열 살이었다)가 기르던 강아지에 관심을 드러내자 딸의 눈물도 외면한 채 친구에게 선물로 주었다고 한다.

아버지는 어머니와 결혼하기 전 '아리올라 패스트리'에서 일했었는데 이런 말을 하신 적도 있다. "당시 장인어른은 자기 아이들보다 개들한테 더 잘해 주셨지."

외동딸이었던 어머니는 어린 시절과 10대를 외할아버지의 억압과 통제 속에서 외롭고 고독하게 보냈다. 어머니에게 유년 시절 같은 건 없었다. 그리고 그 학대의 상처를 고스란히 안고 시집을 오셨다. 어머니는 사랑을 주고받는 것이나 삶을 즐기는 법, 재미나 웃음, 놀이, 기쁨 같은 것은 전혀 알지 못했다. 대신 일생 동안 우울함과 깊은 외로움으로 고통당해야 했다.

아버지는 일과 취미 생활에만 푹 빠져 사는 감정적인 불구자였다. 집안일은 모두 어머니 몫이었고 아버지는 여행만 다녔다. 우리 가족의 비극 가운데 하나는 아버지가 우리 가족들과 20년 이상 단절된 채 살아왔다는 것이다.

그렇다면 나는 어떤 과거를 껴안은 채 제리와 결혼하고 예수님의 제자로 살아왔을까? 아주 많이 있지만 그중에서도 무의식적으로 안고 있던 다섯 가지 '감정적 짐'에 대해 이야기해 보겠다.

과도한 책임감

형들과 함께 나는 아버지를 대신하여 '엄마를 행복하게' 해 드려야 했다. 아직 어리긴 했지만 어머니를 돌보는 건 우리의 몫이었다. 친구들과 재미있게 놀거나 이야기할 여유도 없었다.

그리스도인이 되었을 때 나는 자연스럽게 다른 사람들을 돌보기 시작했다. 회심한 지 1년이 못 되어 양떼를 돌보며 대학 내 기독 모임을 이끌었다. 원 가족에 대한 과도한 책임감이 다른 이들의 구원과 성장에 대한 책임감으로 바뀐 것이다. 내가 다른 사람을 돌보는 목사가 된 것은 어찌 보면 자연스러운 수순이었다. 성인으로서 건강하고 적절한 감정의 경계를 유지하는 것이 어려웠던 것도 너무나 당연했다.

열심히 해야 한다는 강박감

미국에서 이탈리아계 이민자로 산다는 것은 다음과 같은 기대를 한 몸에 받는 것과 같다. "부모님께 자랑스러운 아들이 되어야 해. 부모님들은 너를 대학에 보내고 출세시키기 위해 엄청나게 고생하고 계셔." 가족들의 인정을 받기 위해 애쓰던 습성은 이제 '예수님을 위해 열심히' 일하는 것으로 이어졌다. 나의 메시지는 언제나 "기대에 어긋나면 안 돼"였다.

부모님이 우리를 사랑한다는 건 알았지만 항상 넘을 수 없는 선이 존재했다. 형 안소니는 아버지의 뜻을 거역하고 대학을 그만둔 뒤 통일교에 들어갔다. 형은 가족들로부터 버림당했고, 오랫동안 집에 돌아올 수 없었다.

유능하고 성공적인 삶을 사는 사람들 가운데 대다수의 마음 깊은 곳에는 수치심과 버림받은 기분, 표현되지 않은 슬픔, '나를 좀 봐 줘요!'라는 메시지 등이 자리하고 있다.

결혼생활과 가족에 대한 세속적 기대감

결혼생활과 성 역할에 대한 나의 신념은 성경보다는 가족들에게서 더 강한 영향을 받았다. 아내는 그런 나의 태도에 항상 불만을 드러냈다. 하지만 넓게 보면 우리 집안의 모든 여자들은 남편에 대해 불만을 가지고 있었다. 그게 정상 아닌가? 우리의 결혼생활은 최고는 아니었지만 나름 행복해 보였다. 자녀들도 잘 키우고 있다고 생각했다.

사실 자녀들 앞에서 유쾌하고 친밀한 부부를 본 적이 없었다. 여자들은 응당 가정에서 아이들을 키우고 남자들은 가족들을 이끌고 중요한 문제를 결정해야 하는 것으로 알았다. 그것이 하나님의 방식이라고 확신했다.

갈등 해결력의 결여

사람들에게 갈등을 해결하고 소통하는 방법에 대해 가르쳤지만 정작 나는 새 가족이 아닌 원 가족의 방식대로 갈등과 분노를 다뤘다. 어머니는 갈등이 생기면 화를 내고 공격을 했다. 아버지는 갈등을 피하기 위해 어머니가 원하는 대로 무엇이든 달래고 타협했다. 나는 아버지 쪽을 닮아서 뭔가가 잘못되면 그 긴장감에서 벗어나기 위해 모든 것을 내 탓으로 돌렸다. 도살장으로 끌려가는 어린 양 그리스도를 떠올리며 스스로를 정당화했다. 하지만 그렇게 하면 사람들을 제대로 사랑할 수 없었다.

감정을 피하는 습관

나는 감정과 욕구와 필요들을 어떻게 받아들이고 처리해야 할지 몰랐다. 자라면서 끊임없이 가족들을 돌보느라 내가 보이지 않는 것 같았다. 지금까지 "기분이 어떠니? 뭐가 더 좋아? 필요한 건 없니?"라는 질문을 받아 본 적이 없다. 자연스럽게 "자신을 부인하고"(눅 9:23), "친구를 위하여 자기 목숨을 버리면"(요 15:13) 같은 말씀에 더 끌렸고, "안식일을 기억하여"(출 20:8) 같은 말씀은 무시하게 되었다.

아이들은 "내 성장 환경이 뭐가 잘못된 거지?"라고 생각하지 않는다. 대신 "내가 뭐가 잘못된 거지?"라고 생각한다. 나도 항상 내 자신이 부족하고 결함이 있고 문제가 있다고 느끼며 자랐다.

나는 그리스도의 가르침이 좋았다. 세상 어떤 종교도 우리의 행위가 아닌 우리 존재를 사랑하는 인격적인 하나님을 말하지 않았다. 하나님은 아무런 조건 없이 우리를 사랑하셨다. 그럼에도 불구하고 신앙을 갖고 17년 동안은 내 경험 깊숙이 파고들어와 있는 가족들의 엄청난 영향에서 자유로울 수 없었다. 다른 많은 사람들처럼 나 역시 두려움 때문에 진실을 왜곡하고 솔직해지지 못했다. '피터, 이 정도면 그다지 나쁘지 않아. 너보다 더 끔찍한 과거를 안고 사는 사람들이 얼마나 많은데?'

사실 나는 어린 시절이라는 한쪽 다리를 잃은 거나 다름없었다. 그때로 돌아갈 수가 없었다. 하지만 하나님의 은혜로 그때로 돌아가 다시 걸을 수 있었다. 비록 절뚝거리기는 해도 더 이상 불구자는 아니었다. 나는 자유로웠다. 하지만 처음 17년간의 신앙생활을 돌아보면 정신이 아득해지면서 당혹스럽고 기가 찰 따름이다. 불필요한 고통을 너무 많이 겪었기 때문이다.

현재는 과거를 보는 창이다

지난 10년이 넘는 시간 동안 나는 뉴 라이프 펠로십 교회와 북미 지역 세미나와 집회를 통해 사람들의 과거를 개괄적으로 보여 주는 가계도를 면밀히 살펴보았다. 우리 교회는 중국을 비롯하여 아르헨티나, 레바논, 폴란드, 그리스, 인도네시아, 필리핀, 아이티, 인도 등 60여 개국에서 온 성도들로 구성되어 있다. 우리는 그들에게 가계도를 그려 보게 했다. 대표적 빈민 지역인 브롱크스 남부에서 온 가난한 사람들부터 대형 교회를 다니는 부유한 사람들까지, 아이비 리그 대학의 박사들부터 고교 중퇴자까지 다양한 사람들에게서 다양한 가계도를 보았다. 조사를 마친 사람들은 종종 이렇게 말한다. "피터 목사님, 우리 가족(문화, 나라)이 문제가 많은 것 같네요."

그러면 나는 항상 이렇게 대답한다. "상처와 고통 없는 가족은 없습니다. '깔끔한' 가계도 같은 건 없어요. 온전한 가정과 완벽한 부모 밑에서 자란 사람은 아무도 없습니다. 대부분의 부모들은 자신들이 가진 것으로 최선을 다할 뿐입니다. 그분들이 비난과 거부 같은 상처를 주는 것은 우리를 사랑하지 않아서가 아니라 원 가족으로부터 받은 대물림의 결과일 뿐입니다."

우리는 가족의 죄와 비밀을 빛 가운데 드러내는 것을 두려워한다. 그리고 그 비밀을 묵인하면 사라질 거라고 착각하며 산다. 그렇지 않다. 치유되지 않은 상처는 하나님과 다른 사람들을 향해 습관적으로 죄를 짓게 만든다.

주일 학교를 섬기고 있는 제인을 예로 들어 보겠다. 제인은 주일학교가 시작되기 전 항상 의자를 정렬하고 간식을 준비하며 모임 후에는 뒷정리를 하는 좋은 선생님이다. 그런데 어린 시절 일차적 권위자인 부모님과의 관계가 늘 껄끄러웠다. 그녀의 부모는 자주 집을 비웠고 대단히 비판적이었다. 게다가 제인은 10대 때 삼촌으로부터 성폭행을 당했다. 25년이 지난 지금, 어떤 권위자가 제안이나 건설적인 비판을 할 때면 그녀는 항상 방어적인 태도로 움츠러든다. 그녀는 해결되지 않은 과거의 사슬이 현재의 관계에 어떤 식으로 영향을 미치는지 의식하지 못했다.

하지만 과거와 마주하기 시작했을 때 제인은 그리스도 안에서 더 자유롭고 더 온전하며 더 생기 있는 사람이 될 수 있었다.

이처럼 가족 사이에서 겪었던 가장 힘들고 고통스러운 일까지도 우리 정체성의 한 조각이 된다. 하나님은 우리를 특정한 가족과 문화 속에 두셨다. 따라서 가족에 대해 더 많이 알아 갈수록 우리 자신에 대해 더 많이 알게 된다. 또한 원하는 삶을 결정하는 데 더 자유로울 수 있다. "이런 부분은 내가 바라고 지키고 싶은 삶이야. 하지만 이런 부분은 다음 세대까지 넘겨주고 싶지 않은 모습이야." 이렇게 말할 수 있어진다.

두려움 때문에 진실을 외면한다면 찰스 디킨즈의 소설《위대한 유산》에 나오는 미스 하비샴과 같은 인생을 살게 될 것이다. 부유한 가정의 딸 하비샴은 결혼식 날 아침 8시 40분에 예비 신랑에게서 파혼을 알리는 편지를 받는다. 그녀는 집안의 모든 시계를 편지가 도착한 시간에 맞춰 놓고 평생 웨딩드레스(마침내 누렇게 변해 버린)를 벗지 않고, 한 쪽 구두(그 시간 다른 한쪽 구두를 마저 신지 못했기 때문에)만 신은 채 남은 생을 보낸다. 나이가 들어서도 상처를 극복하지 못한 채 불구로 살았다. "그녀의 방과 집안에 있는 모든 것이 멈춘 것 같았다." 그녀는 현재나 미래가 아닌 과거에 살기로 결심했던 것이다.

비버 시스템 모델[3]

비버 시스템 모델은 우리의 가족 관계를 이해하고 돌아보는 데 도움을 주는 방법으로 잘 알려져 있다. 이 방법은 가족 내에서 자신의 경계를 어떻게 이해하고 있느냐를 기초로 하여 가족의 건강 상태를 다섯 가지 단계로 분류한다.

5단계 : 고통당하는 가정

몹시 불안정한 가정이 여기에 속한다. 가정을 이끌 리더십이 전혀 없다. 이런 가정을 가장 잘 표현해 주는 말들은 난장판, 불확실함, 혼란, 아수라장 같은 단어들이다. 가족 간의 갈등은 결코 제대로 다뤄지지도, 해결되지도 않는다. 문제들을 명료하게 바라볼 능력이 없다.

4단계 : 경계선에 있는 가정

양극화된 가정이 여기에 속한다. 5단계 같은 혼동 대신 독재자가 이 가정을 다스리고 있다. 무질서하지 않는 대신 흑백논리만이 존재한다. 사고방식과 감정 표현, 행동양식에 있어서 모든 가족 구성들에게 요구되는 엄격한 규칙이 있다. 각 개인은 절대로 "제 생각은 달라요"라고 말할 수 없다.

3단계 : 적절한 규칙이 있는 가정

이 가정은 무질서하지도 독재적이지도 않다. 4단계에 비하면 좀 더 건강하다. 그렇지만 가족 구성원들이 사랑과 용납을 받기 위해서는 가족 내 존재하는 명시적, 암묵적 규칙을 따라야 한다. "네가 나를 사랑한다면 알고 있는 모든 것을 해라. 그러면 인정해 줄게." 여기에는 각 개인보다 더 중요한 지배 체계와 보이지 않는 심판관이 있다. 미묘한 수준의 조종과 엄포, 죄책감 등이 가정 안에 스며들어 있다.

2단계와 1단계 : 적합한 가정과 최선의 가정

가족 간의 친근감을 소중히 여기면서도 각 구성원들에 대해 유연성을 가지고 아낄 줄 아는 가정이 여기에 속한다. 이들 부모는 좋은 감정과 신뢰, 협력을 바탕으로 어려움과 갈등을 해결해 나간다. 2단계와 1단계를 나누는 기준이 있다면 즐거움이다. 1단계에 속한 가정은 서로가 함께 있는 것만으로도 진심으로 기뻐한다.

당신은 어떤 가정에서 자란 것 같은가? 원 가족이 현재의 나에게 어떤 영향을 주고 있는가? 그리스도 안에서 앞으로 나아가기 위해 의도적으로 해야 할 일은 무엇인가? 예를 들어 경계 정하기, 갈등 해결, 친밀함 쌓기 등이 있겠다.

요셉, 과거를 극복하고 전진하다

창세기에서 4분의 1은 요셉에 대한 이야기이다. 그는 하나님 안에서 자신의 운명을 따라 정서적으로 건강한 사람으로 성숙해 갔다. 요셉의 집안도 다른 많은 가정들처럼 상처와 슬픔으로 얼룩져 있었다.

창세기 37장에는 열일곱 살이 된 요셉이 등장한다. 그는 야곱의 열두 아들 중 열한 번째로 아버지의 사랑을 듬뿍 받았다. 야곱의 집안은 조금 복잡했는데 두 명의 아내와 두 명의 첩이 있었고 그들에게서 난 열두 명의 자녀들이 한 지붕 밑에서 살았다.

열일곱 살의 요셉은 미성숙하고 거만했다. 그는 하나님께 받은 자신의 꿈과 비전이 다른 형제들의 마음을 상하게 할 줄도 모르고 자랑스럽게 이야기했다. 형제들의 미움은 점점 커져 마침내 요셉을 이집트의 노예로 팔아넘기기에 이르렀다. 그들은 아버지 야곱에게 동생이 들짐승에게 찢겨 죽었다고 둘러댔다.

한 가정의 건강과 성숙의 수준은 그 가족 안에 있게 마련인 비밀의 가짓수와 심각성에 따라 결정된다. 그 기준에서 본다면 요셉의 가족은 심각할 정도로 병들어 있었다. 요셉의 아버지와 할아버지는 물론 증조부인 아브라함까지 모두 거짓말을 했고 반쪽 진실과 비밀 유지, 질투심, 경쟁 의식 등과 연관되어 있다. 이는 새로운 차원에서 세대의 패턴이 되었다.

요셉이 겪었을 충격을 떠올려 보라. 하루 만에 부모와 형제, 익숙한 문화와 음식, 언어, 자유와 희망을 잃어버렸다! 그러고는 이집트에서 노예로 살게 되었다. 처음에는 보디발의 집에서 일했지만 강간범으로 몰려 수년 간 옥살이까지 했다. 감옥에서 석방될 기회가 생기는가 싶더니 다시 잊혀지고 말았다. 그는 10-13년 동안이나 수감되어 있었다. 얼마나 아까운 세월인가! 배신감에 치가 떨리지 않았을까? 그의 인생은 서른이 될 때까지 그야말로 불행으로 점철된 비극이었다. 가족에 대한 엄청난 고통으로 비통해하며 분노할 이가 있다면 바로 요셉이었다.

하지만 그는 신실하게 하나님을 추구하는 자로, 그분을 사랑하는 자로 남았다. 자신의 통제를 벗어난 끔찍한 사건들에 둘러싸여 있으면서도 오히려 하나님과 동행했다.

그러자 믿을 수 없는 일이 벌어졌다. 단 하룻밤 사이에 감옥에서 나와 당시 가장 강대했던 애굽의 제2인자가 된 것이다. 왕의 꿈을 해석해 준 결과였다. 그는 죽을 때까지 주님과 동행하며 하나님의 동역자가 되었을 뿐만 아니라 자신의 가족과 애굽, 나아가 온 세상의 축복이 되었다. 그는 자신을 배신했던 가족을 축복했고 그들을 영광스럽게 했다.

요셉은 과거를 극복하고 앞으로 나아갔다. 어떻게 그럴 수 있었을까? 그의 삶을 통해 어떤 교훈을 배울 수 있을까?

1. 요셉은 하나님의 크심을 깊이 인식했다

다시금 말하지만 요셉은 자신의 아픔과 어려움을 통해 하나님의 위대하심과 사랑을 확신했다. "나를 이리로 보낸 이는 당신들이 아니요 하나님이시라"(창 45:8). 요셉은 계속해서 이렇게 외친다. 그는 깜깜하고 모호한 상황에서도 하나님의 신비로운 손길이 우리를 인도하신다고 확신했다. 하나님은 모든 역사를 주관하시는 전능자이시며 우리가 알 수 없는 방법을 통해 일하신다. 요셉은 하나님이 인간의 모든 노력을 통해서 또는 그 노력에 반해서, 또는 그 노력에도 불구하고 모든 것을 당신의 목적에 맞도록 섭리하신다는 것을 이해했다.

하나님은 우리가 순종할 때 과거를 버리시는 것이 아니라 과거를 밑거름으로 미래를 열어 가신다. 우리가 저질렀던 모든 실수와 죄, 또는 방황까지도 축복과 선물로 바꾸어 주신다.

그렇다면 왜 하나님은 요셉이 그 같은 고통과 상실을 겪게 하셨을까? 창세기 37-50장을 통해 그 이유를 짐작해 볼 수는 있겠지만 우리로서는 명확하게 알 수 없다. 가장 중요한 것은 요셉이 상황의 악화에 상관없이 하나님의 선하심과 사랑을 신뢰했다는 것이다.

2. 요셉은 가족에 대한 슬픔과 상실감을 솔직하게 인정했다

우리는 대부분 과거로 돌아가 그때의 상처와 아픔을 느끼는 것에 대한 저항감을 가지고 있다. 과거가 마치 우리를 삼켜 버릴 것 같은 블랙홀이나 깊은 구렁처럼 느껴지기도 한다. 상황이 더 나빠지지는 않을까 의구심도 든다. 가족들과 다시 만났을 때 요셉은 종종 눈물을 흘렸다. 성경에는 그의 통곡 소리가 너무 커서 애굽 사람들이 다 들었다고 나와 있다(창

45:2). 그는 고통스러운 시간들을 축소시키거나 합리화하지 않았다. 어찌 보면 자신의 고통과 슬픔을 정직하게 다 수용했기 때문에 자신을 배반한 형제들을 진정으로 용서하고 축복할 수 있었다. 그리고 마지막까지 가족들을 경제적으로, 정서적으로, 영적으로 보살피고 책임졌다. 요셉은 하나님이 가족들의 생명을 구원하시기 위해 먼저 자신을 애굽에 보내셨다는 것을 알았다(창 45:7 참조).

요셉이 오랜 고난의 시간을 보낸 후 애굽에서 번성하기 시작했을 때, 그는 두 아들에게 옛날의 아픔과 슬픔을 상기시키는 이름을 지어 주었다. 하나님이 그 동안의 모든 시련을 잊게 하셨다는 의미에서 첫째아들을 므낫세(잊다)라고 이름 지었다. 그리고 고난의 땅에서 새로운 번영을 누리게 하셨다는 의미로 둘째아들을 에브라임(풍성하다)이라고 명명했다 (창 41:50-52).

3. 요셉은 성경에 따라 자신의 인생을 다시 썼다

요셉에겐 다음과 같이 말할 이유들이 충분했다. "난 존재할 이유가 없어. 내 인생은 망했어. 나는 무가치한 존재야. 아무도 믿지 않을 거야. 절대로 위험을 무릅쓰지 않을 거야. 아무것도 느끼지 마. 미칠 만큼 가슴이 아파. 나는 실패자야." 하지만 그는 그러지 않았다.

우리 가족이 내뱉었던 말이나 과거에 겪었던 정신적 외상(트라우마)은 우리 삶에 무의식적이고 직접적인 흔적을 남기는데 그 부정적인 메시지나 각본은 마음 깊이 각인된다. 이런 마음의 결정들은 종종 잊고 지내지만 성인이 되어서도 계속해서 반복된다. 예를 들어 교회에서 상처를 받은 사람이라면 '앞으로는 절대로 영적 지도자나 교회 따위는 믿지 않을 거야!'라고 다짐하며 살아갈 수 있는 것이다.

요셉은 자신의 과거를 너무나 잘 알았다. 배우가 자신의 파트에서 주어진 대본을 외는 것을 생각하면 이해하기 쉬울 것이다. 우리는 대부분 과거가 무심코 건네 준 대본을 검토하지 않는다.

하지만 요셉은 달랐다. 자신의 대본을 검토하며 깊이 생각했다. 그리고 하나님과 함께 그것을 고친 후 미래를 향한 발걸음을 내디뎠다.

이런 말이 있다. 자신의 자아상에 대해 제대로 알아보려면 부모와 사흘 이상 함께 있어 보라는 것이다. 그런 점에서 우리는 자신이 얼마나 성숙했는지 자문할 필요가 있다. 그들과 함께 있을 때 어린 시절의 습성을 따라 행동하는지, 아니면 과거에서 벗어나 하나님이 우리에게 주신 현재의 모습으로 살아가는지 돌아볼 필요가 있다.

4. 요셉은 축복의 통로가 되었다

어쩌면 요셉은 노여움으로 형제들에게 보복을 할 수도 있었다. 하지만 그는 하나님 편에 서서 그들을 축복했다. 우리가 만약 요셉처럼 그렇게 깊은 상처를 입었다면 매우 어려운 선택이자 거의 불가능에 가까운 일이었을 것이다.

하지만 요셉은 선택했다. 우리도 매일 이와 같은 선택을 해야 한다. 하나님을 믿는 것이 과연 안전한가? 하나님이 정말 선하신 분인가? 믿을 만한 분인가?

요셉은 오랜 세월 동안 하나님과의 관계에서 은밀한 발자취들을 간직해 왔다. 그의 인생은 이스라엘의 주 하나님을 따르는 삶으로 짜여 있었다. 그래서 결정적인 순간이 왔을 때 바른 선택을 할 수 있었다. 마찬가지로 우리도 하나님과 동행하며 날마다 믿음의 선택을 해야 한다.

홀로 그러나 함께

원 가족과 문화가 가진 파괴적이고 죄 된 행동양식들은 어마어마한 힘으로 우리를 과거로 끌어당긴다. 더러는 과거의 잘못에 대한 대가를 치르는 것처럼 살아가는 사람도 있다. 그래서 하나님은 우리가 믿음의 길을 가는 동안 함께할 동반자를 붙여 주신다. 과거를 극복하고 전진하려면 공동체 안에서 뭔가를 해야 한다. 성숙한 친구들, 멘토, 영적 지도자, 상담사, 치료사 등의 도움이 필요하다. 우리에게는 "저를 어떻게 생각하세요? 저와 함께 있을 때 어떤 생각과 느낌이 드는지 말해 주세요. 솔직하게 이야기해 주세요"라고 말할 수 있는 믿을 만한 사람들이 필요하다. 기도하는 마음으로 그들의 말에 귀를 기울인다면 과거의 치유와 더불어 반드시 짚고 넘어가야 할 부분에서 중요한 시각을 얻을 수 있다. 그러려면 당연히 큰 용기가 필요하다.

그리스도 안에서 과거를 극복하고 전진하려 애쓰다 보면 반드시 소리의 장벽과 만날 것이다. 그리고 그 장벽 앞에서 갈피를 잡지 못한 채 당황할 것이다. 그 미지의 영역에 무엇이 있는지 몰라서 두려움에 떨 수도 있다. 그렇다면 이제 그 벽을 뚫는 다음 단계로 넘어가도록 하자.

PRAYER

주님, 당신이 품고 계신 위대한 목적을 믿습니다. 주님은 역사의 특정한 시간에, 특정한 장소에, 그리고 특정한 가정에 저를 두셨습니다. 저는 주님이 보시는 것을 볼 수 없습니다. 하지만 구하오니 주님, 저를 향한 주님의 목적과 주님의 뜻을 계시하여 주십시오. 저에게 이미 주어진 것에 대해 감사하고 주님의 신뢰를 저버리지 않기를 원합니다. 또한 잊어버려야 할 것과 지금 현재 다루어야 할 본질적인 문제를 분별하도록 해 주십시오. 용기를 주시고 과거에 묶인 채 살지 않고 과거를 통해 지혜를 배우게 해 주십시오. 요셉처럼 이 땅의 가족들과 영적 가족들, 그리고 더 크게는 이 세상에 축복이 되는 사람이 되게 하소서. 예수님 이름으로 기도합니다. 아멘.

Chapter 6

3단계:
당신의 통제권을 내려놓으라

- 한계를 깨달아야 그 너머의 삶을 볼 수 있다

정서적으로 건강한 영성에는 장벽을 돌파하는 고통이 수반된다. 옛 선조들은 '영혼의 어두운 밤'이라 불렀다. 과거를 극복하고 미래를 향해 나아가다 보면 어느 순간 커다란 벽에 부딪히는 것을 경험한다. 자신의 통제를 넘어서는 상황이나 위기를 맞이하는 것이다.

어떤 경로를 통하든, 예수님을 따르는 사람들은 예외 없이 그 벽과 마주하게 된다. 정서적으로 건강한 영성은 그 벽을 어떻게 뚫고 지나갈지, 그리고 다음 편에서 어떤 삶을 살아갈지에 대한 로드맵을 우리에게 제시해 준다.

우리 앞을 가로막는 벽의 본질을 이해하지 못하면 오랜 시간 동안 고통과 혼란을 겪는다. 하지만 그 벽을 하나님의 선물로 받아들인다면 우리 삶은 영원한 변화를 이룰 수 있다.

여행길에 오른 그리스도인들

그리스도를 따르는 우리의 삶은 일종의 여행과 같다. 그 여정에는 이동과 움직임, 멈춤과 출발, 우회와 지연, 미지의 세계를 향한 여행이 모두 포함된다.

아브라함은 75세의 나이에 자신이 살던 곳 우르를 떠나 새로운 여정을 시작하라는 하나님의 부르심을 받았다. 그리고 모세는 불타는 덤불을 통해 하나님의 부름을 받은 후 80세의 나이에 새로운 인생 여정을 시작했다. 하나님은 이스라엘 백성들을 애굽에서 불러내어 광야에서 40년 동안 변화의 시간을 갖게 하셨다. 다윗도 목동이라는 안락한 삶을 떠나 하나님의 부름에 응했다. 그는 골리앗을 정복하고 이스라엘의 왕으로 백성들을 섬겼다. 예레미야 또한 하나님의 부르심을 받아 반역한 백성들 사이에서 하나님을 전하며 선지자로서의 어려운 일들을 감당했다.

예수님은 열두 제자들을 불러 그들의 삶을 영원히 바꿀 새로운 여정을 열어 주셨다. 하지만 유다는 그 여정에 환멸을 느끼고 더 이상 나아가지 못했다. 그는 예수님이 하고자 하시는 일을 상상조차 할 수 없었다. 권력자들에게 넘겨져 십자가형을 받는 메시아라니! 예수님이 팔레스타인에서 강력한 사역을 포기하면 그 어떤 선한 것도 나올 수 없다고 생각했다. 예수님의 계획에 기분이 상한 것이다.

유다는 결국 앞에 놓인 벽을 뚫지 못하고 거기에 끼여 옴짝달싹 못하고 말았다. 그의 이야기는 주어진 기회를 헛되이 낭비한 역사상 가장 슬픈 비극이 아닐까 싶다.

오늘날에도 유다처럼 벽을 통과하지 못하고 좌절하는 신자들이 많다. 어떤 이들은 완전히 이탈한다. 가슴 아프게도 그들은 하나님이 바라시는 큰 변화의 그림을 보지 못한다. 현재 받는 고통 때문에 방향 감각을 상실한 것이다. 게다가 이 여정을 함께할 동반자도 찾을 수 없을 거라는 절망에 빠진다.

그들은 그리스도 안에서 성숙하기 위해서는 반드시 그 벽을 뚫고 지나가야 한다는 사실을 이해하지 못한다.

벽 : 신뢰의 단계

교회사를 보면 위대한 신앙 위인들이 쓴 글들이 많이 있다. 어거스틴, 아빌라의 테레사, 이그나티우스의 로욜라, 에블린 언더힐, 존 웨슬리 등의 글을 읽다 보면 하나님이 우리 삶에 행하시는 큰 그림 또는 지도를 보다 잘 이해할 수 있다. 자넷 해그버그와 로버트 굴리히(Janet Hagberg and Robert Guelich)는 저서 《더 깊은 믿음으로의 여정》을 통해 신앙 여정에서 우리가 벽에 부딪히는 본질적 지점을 설명해 준다.[1] 그 내용을 소개하면 그림 8과 같다.

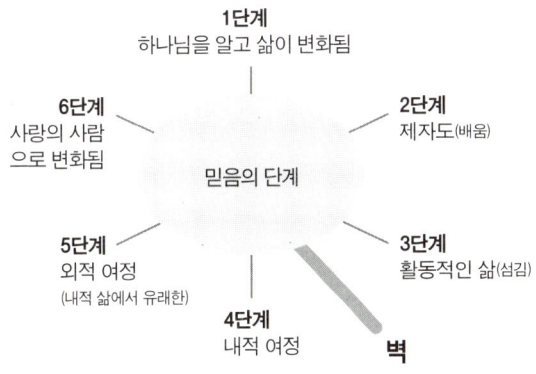

그림 8

각 단계는 그 이전 단계를 기반으로 세워진다. 사람의 성장으로 말하자면 갓난아기는 반드시 유년기와 청소년기를 거쳐 성인으로 자란다. 마찬가지로 영적인 성장도 전 단계를 거치지 않고는 다음 단계로 넘어갈 수가 없다. 2단계에서 5단계로 바로 건너뛸 수는 없다.

그렇지만 신체적 성장과 달리 영적 성장은 어떤 단계에서 쉽게 정체될 수 있으며 더 이상 나아가지 않기로 선택할 수 있다. 곧 하나님을 신뢰하여 전진하지 않고 미지의 세계로 움직이기를 거부할 수 있다. 우리가 내면으로 움츠러들면 우리의 토양도 서서히 굳어지고 만다(막 4:1-20 참조).

아울러 동시에 여러 단계(내 경우에는 항상 2, 3단계에 머물곤 했다)에 있을 수도 있다. 그렇긴 해도 '지금의 신앙을 가장 잘 표현해 주는 주된 단계'가 있기 마련이다.[2]

각각의 단계는 다음과 같다.

1단계 : 하나님을 알고 삶이 변화됨 - 어린아이든 어른이든 그리스도를 만나 이 여정을 막 시작하는 단계이다. 우리에게 하나님의 은혜가 필요하다는 것을 깨닫고 그분과 관계를 맺기 시작한다.

2단계 : 제자도 - 하나님이 어떤 분인지, 그리스도의 제자가 된다는 것이 무엇을 의미하는지 배우는 단계이다. 신앙 훈련을 통해 기독교 공동체의 일원으로 뿌리를 내리는 시기다.

3단계 : 활동적인 삶 - 뭐든지 '행동'하는 단계로 설명된다. 어딘가 소속되어 하나님을 위해 일하며 사람들을 섬기는 활동을 한다. 자신만의 은사와 재능을 통해 그리스도와 다른 사람들을 섬김으로써 자신의 책임을 완수한다.

4단계 : 내적 여정 - 장벽과 내적 여행은 아주 밀접하게 연관되어 있다. 앞길을 가로막는 이 벽 때문에 내적 여정을 시작하기도 하고 어떤 경우는 내적 여정을 통해 이 벽을 통과하기도 한다. 이 벽이 하나님으로부터 왔다는 것을 기억하는 게 중요하다.

5단계 : 외적 여정 - 신앙의 위기와 치열한 내적 여정을 통해 이 벽을 돌파하면 다시 한 번 하나님을 위해 무엇인가를 '하는' 쪽으로 움직이게 된다. 이전에 했던 것처럼 적극적인 외적 활동(리더십을 발휘하거나 섬기거나 다른 사람들을 구제하는 일 등)일 수도 있다. 다만 하나님 안에서 안정된 자아를 기초로 활동한다는 게 큰 차이점이다. 우리는 하나님의 심오하고 깊은 사랑을 다시금 발견하며 내적인 평온과 차분함을 경험한다.

6단계 : 사랑의 사람으로 변화됨 - 하나님은 계속해서 일상의 사건이나 주변 환경, 사람들, 심지어 책을 통해 우리를 성장시키신다. 하나님은 우리가 좋아하든 싫어하든 상관없이 우리 안에 시작하신 일을 완성하시기로 작정하셨다. 그분의 목표는, 웨슬리의 표현을 빌리자면, 사랑으로 온전해지는 삶이다. 하나님과 다른 사람들을 향한 그 사랑은 예수 그리스도로부터 나온다. 우리는 사랑이야말로 우리 여정의 처음과 끝임을 깨닫는다. 이 단계에서는 하나님의 온전한 사랑이 모든 두려움을 내쫓는다(요일 4:18 참조). 그리고 우리의 전 존재가 마침내 하나님의 완벽한 뜻에 순종하고 복종하게 된다.

나는 그리스도 안에 있는 우리의 삶을 묘사할 때 단계보다는 계절이라는 말을 더 좋아한다. 계절은 우리에게 자연스러운 현상이자 우리가 통제할 수 없는 것이기 때문이다. 우리가 원하든 원하지 않든, 봄 여름 가을

겨울은 항상 찾아온다.

신앙의 장벽도 그렇다.

대부분은 세상이 뒤집히는 것 같은 삶의 위기를 통해 이 장벽을 만난다. 예컨대 이혼이나 실직, 가까운 친구나 가족의 죽음, 암의 발병, 교회에 대한 환멸, 배신, 꿈의 좌절, 빗나가는 자녀들, 자동차 사고, 불임, 간절히 원하지만 이뤄지지 않는 결혼, 하나님과의 관계에서 오는 무미건조함이나 기쁨의 상실과 같은 일들이다. 이럴 때 우리는 교회와 하나님, 자기 자신에게 의문을 품는다. 그리고 난생처음 믿음이 아무런 효력이 없다는 것을 발견한다. 답이 없는 의문들이 늘어나면서 믿음이 그 토대까지 흔들리는 것 같다. 이 상황에 하나님은 어디에 계시는지, 무엇을 하고 계시는지, 나의 상황을 어떻게 해결해 주실 것인지, 과연 이 일은 과연 언제 끝나는지 혼란스러울 뿐이다.

내가 맞닥뜨렸던 벽은 꼬리에 꼬리를 무는 사건들의 연속이었다. 교회 내 스페인어 예배가 분리되어 나가면서 느꼈던 배신감이 발단이었다. 그 후로 오랫동안 우울증에 시달렸고 목회에 대한 의욕마저 상실했다. 엎친 데 덮친 격으로 결혼생활에도 위기가 찾아왔다. 나는 과거가 지금의 나에게 어떤 악영향을 미치고 있는지 조심스럽게 들여다보기 시작했다. 내 앞에 놓인 벽을 통과하기 위해 돌아가려고도 했고 뛰어넘으려고도 했으며 벽 아래로 구멍을 파서 지나가려고도 해 보았다. 하지만 모두 소용없었다. 더 이상 참을 수 없는 고통이 계속되자 나는 드디어 그 벽을 정면으로 돌파하기로 했다.

벽은 일생 동안 다양한 모양으로 우리에게 다가온다. 우리가 한 번만 통과하면 되는 일회적인 사건이 아니다. 하나님과 관계를 맺고 살아가는 동안 몇 번이고 벽에 부딪힐 수 있다. 아브라함을 통해서도 볼 수 있듯이 그는 아내 사라가 낳아 줄 첫 아이를 기다리는 25년 동안 여러 가지 장벽을 극복해야 했다. 그리고 또 몇 년 후에 또 다른 벽 앞에 서게 된다. 오랜 세월 기다렸던 사랑하는 아들을 희생 제물로 바쳐야 했기 때문이다. 모세나 엘리야, 느헤미야나 예레미야, 그리고 바울을 생각해 보라. 그들은 모두 하나님과 동행하는 여정에서 수없이 많은 벽을 통과해야 했다. "우리는 부지불식간에 불완전한 상태로 되돌아간다. 그릇된 습관은 생명력을 지닌 뿌리와 같아서 늘 다시 자라나려고 한다. 우리는 영혼의 정원에서 그 뿌리를 캐내어 완벽하게 내버려야 한다. … 하나님의 직접적인 개입이 필요하다."[3]

그냥 이뤄지는 일이 아니라 겪어 내야 할 일이다. 앞의 위인들은 모두 이 벽을 돌파한 후 새로운 여정을 시작했다. 우리도 할 수 있다. 이 장벽을 뚫고 나면 더 이상 성공하거나 유명해질 필요를 느끼지 못한다. 오직 하나님의 뜻을 행하게 된다. 그리고 성령 안에서 그리스도를 통해 드러난 하나님의 사랑과 온전히 연합해서 사는 것이 무엇인지 맛보며 살게 된다. 사도 바울의 고백처럼 그 어떤 상황에도 만족할 줄 아는 "일체의 비결"(빌 4:12)을 배운다. 그리고 "거룩하고 흠이 없는"(엡 1:4) 삶을 살며 마침내 그리스도 안에서 참 자신을 발견한다.[4]

영혼의 어두운 밤이 찾아오다

신앙의 장벽을 이해하지 못하면 우리 삶을 향한 하나님의 목적에 부합하지 못할 뿐 아니라 한 걸음도 더 전진하지 못하고 정체기에 이른다. 하나님을 신뢰하여 그 벽을 돌파하기보다는 믿음을 잃고 삶의 고통으로부터 도망치려는 이들도 있다. 우리는 "모든 것이 합력하여 선을 이루느니라"(롬 8:28)와 같은 고백을 상투적으로 내뱉는다. 미소를 띤 채 그리스도 안에 있는 우리의 승리를 노래하기도 한다. 불평하거나 하나님을 원망하지도 않는다. 연약한 사람들과 함께하려 하고 세상을 향해 우리의 믿음이 견고하고 강하다는 것을 보여 주기도 한다.

하지만 정서적으로 건강한 영성을 가졌다면 다음과 같은 것을 인정하고 받아들일 수 있어야 한다.

- 도무지 갈피를 잡지 못하겠습니다.
- 하나님이 지금 하고 계신 일을 잘 모르겠습니다.
- 상처받았습니다.
- 화가 납니다.
- 도저히 이해하기 힘듭니다.
- 지금 정말 많이 슬픕니다.
- 하나님, 왜 저를 버리시는 겁니까?

약 500년 전 십자가의 성 요한이 썼던 《영혼의 어두운 밤》은 우리 앞에 놓인 벽을 이해하는 데 큰 도움이 된다.[5] 그는 신앙 여정을 초보자 단계, 성숙한 자의 단계, 완성된 자의 단계로 나누어 기술하고, 초보자 단계에서 완성자의 단계로 나아가려면 어두운 밤, 또는 벽이라는 하나님의 선물을 받아들여야 한다고 주장한다. 이는 그리스도 안에서 성장하는 '정상적인 과정'이다. 이 점을 이해하지 못하면 시작이 아무리 좋아도 신앙의 여정을 끝내지 못할 수 있다.

그러면 우리가 '어두운 밤'을 지나고 있음을 어떻게 알 수 있을까? 우선 하나님의 임재를 더 이상 느끼지 못한다. 그리고 기도할 때 하늘 문이 닫힌 것 같다. 어둡고 곤고하고, 피곤하고, 실패와 패배의 느낌이 들며, 메마르고 공허하며 황량한 기분이 몰려온다. 영적 훈련이 더 이상 효과가 없다. 하나님이 하시는 일을 알 수도 없고 눈에 보이는 삶의 열매도 맺을 수 없다.

이는 "우리의 애정과 열정을 제거하고 재정비하는" 하나님의 방법이다. 어두운 밤을 통해 우리는 그분의 사랑 안에서 기뻐하며 하나님과 더 충만하고 부요한 관계 안으로 들어갈 수 있다. 하나님은 우리가 당신의 참사랑과 다정함을 경험하기 원하신다. 우리가 그분의 참된 평화와 안식을 알게 되기를 고대하신다. 세상의 불건전한 우상들과 집착에서 벗어나기를 원하신다. 그래서 주님과 친밀하고 열정적인 사랑의 관계를 맺길 갈망하신다.

십자가의 요한은 이 때문에 하나님이 어두운 밤이라는 '사랑의 불꽃'을 우리에게 허락하신다고 말한다. 그는 영적 초보자들이 다음의 일곱 가지 치명적인 결함에서 정결케 되어야 한다고 말한다.

1. 교만 : 다른 사람을 정죄하려 들고 그들의 잘못에 대해 인내심을 가지고 기다려 주지 못한다. 자기보다 더 영적인 사람의 가르침만 받아들이려고 한다.
2. 영적 탐욕 : 하나님이 주신 영성에 만족하지 못한다. 내적인 삶과

영혼의 부요함을 추구하기보다 끊임없이 지적으로만 배우려 들고 늘 많은 양의 책을 읽는다.

3. 영적 사치 : 하나님 그분보다 하나님이 주시는 영적 축복에서 더 많은 즐거움을 찾는다.

4. 분노 : 처음에 맛보았던 기쁨이 사라지면 쉽게 초조해하고 마음의 평정을 잃으며 인내를 가지고 하나님을 기다리지 못한다.

5. 영적 과식 : 십자가를 거부하고 아이들처럼 즐거운 것만 찾는다.

6. 영적 시기심 : 다른 사람들이 나보다 영적으로 성장하는 것을 보면 불행하다고 느낀다. 항상 다른 사람과 비교한다.

7. 나태함 : 힘든 일을 보면 도망치려 한다. 이들의 목표는 좋은 느낌과 영적 즐거움이다.[6]

4장에서도 말했듯이 하나님을 알기 위해서는 우리의 감정에 귀를 기울여야 한다. 그렇다고 해서 감정 자체를 떠받들면 안 된다. 그럼에도 불구하고 이것은 우리가 흔히 저지르는 영적 삶의 우상 가운데 하나이다. '영혼의 어두운 밤'은 그런 잘못으로부터 우리를 막아 준다.

십자가의 성 요한은 하나님에 대한 감정을 하나님으로 잘못 인식하는 우리의 이런 성향을 잘 알고 있었다. 충만함이든 공허함이든 느낌은 하나님이 될 수 없다. 감정은 하나님이 우리에게 그분의 뜻을 전달하기 위한 수단일 뿐이다. 하나님 아닌 하나님에 대한 감정을 숭배하지 않으려면 우리 영혼이 강건하고 정결해야 한다. 다른 방법은 없다.[7] 영혼의 밤은 하나님이 우리의 감각을 새롭게 하셔서 그분을 이전보다 더 충만하게 경험하게 하는 그분만의 방법이다.

십자가의 요한은 이렇게 말한다. "하나님은 우리 영혼 안에 있는 모든 것을 소진시키고 비우시며 아무것도 남아 있지 않도록 다 없애 버리신다. 불꽃이 금속의 찌꺼기와 불순물을 태우듯이 말이다. 그리고 전 삶을 통해 축적된 모든 애착들과 나쁜 습관들을 제거하신다. … 그건 우리 영혼 안에 깊이 뿌리내렸던 것들이다. … 이는 우리 영혼 안에서 일하고 계시는 하나님의 수동적인 역사이기도 하다."[8]

우리의 의지를 제거하시고 앞에 언급한 치명적인 죄들을 깨닫게 하신 것에 덧붙여 하나님은 우리 영혼에 뭔가를 더해 주신다. 기이한 방법을 통해 그분의 사랑을 불어넣으시는 것이다. 우리가 이 고통을 감내하며 꿋꿋하게 버틸 때 강하게 우리 삶에 들어오신다. 그만두고 싶거나 되돌아가고 싶은 강한 유혹이 있겠지만 하나님의 음성을 기다리며 조용히 그곳에 머문다면 하나님은 반드시 우리 안에 그분의 성품을 새겨 넣어 주신다. 그 덕분에 우리 신앙은 새로운 차원으로 도약할 수 있다.[9]

나는 어떻게 이 장벽을 돌파했나

나는 오랫동안 '영혼의 어두운 밤'과 인생의 시련이나 좌절의 차이점을 알지 못했다. 이런 혼동 때문에 사실 신앙의 장벽을 돌파하는 것이 힘들었다. 나는 내가 보통의 그리스도인들보다 더 많은 고통을 당하고 있으며 그래서 과분한 축복을 받고 있다고 착각했다.

1994년, 나는 두 예배를 맡고 있었다. 오전에는 영어 예배, 오후에는 스페인어 예배에서 설교를 했다. 당시에는 모든 것이 힘들었다. 계속되는 위기와 어려움들이 있었다. 대부분은 건강한 정서가 빠진 제자 훈련에서 비롯한 것이었다.

오후에 있었던 스페인어 예배가 쪼개져 200여 명의 교인들이 다른 곳에서 예배를 드리기 시작했을 때 나의 영혼의 밤도 시작되었다. 나는 몹시 우울했고 화가 났다. 믿고 나서 처음으로 하나님이 안 계신 것 같다는 느낌을 받았다. 성경이 휴지 조각 같았고 기도하는 것도 튕겨져 돌아오는 것 같았다. 내가 구원받지 못한 사람인 것 같았다!

더 이상 내려갈 데가 없는 바닥을 찍었다고 생각했다. 그리고 이제는 올라가는 일만 남았다고 믿었다. 다른 도시로 이사한 교인을 만났을 때 그렇게 말하자 그가 웃으며 대답했다. "밑바닥이라고요? 거기까지 가려면 아직까지 한참 멀었습니다."

나는 충분히 힘들었기 때문에 그 말이 믿기지가 않았다. 하지만 그는 내 안에 철저한 청소가 필요하다는 것을 알았던 것 같다. 그의 말이 옳았다. 나는 그 후로도 2년 이상이나 "사망의 음침한 골짜기"(시 23:4)를 지나야 했다. 그 길이 결코 끝나지 않을 것 같았다. 결혼생활도 벽에 부딪혔다. 제리는 교회를 떠났고 나는 결국 무릎을 꿇지 않을 수 없었다. 당시 하나님께 이런 기도를 했던 기억이 난다. "저한테서 아직도 더 뜯어낼 게 있으신가요, 새디스트 하나님?"

그 2년 동안 영적 훈련은 계속 이어졌다. 적어도 겉으로는 예수님께 순종했고 제자의 길을 이어 갔으며, 교회의 리더로서 그분을 섬겼다. 하지만 마음은 모두 그만두고 싶었다. 하나님을 믿는 것도, 엉망이 된 교회도 영원히 때려치우고 싶었다. 지옥 같던 그 시간 동안 하나님이 내 안을 소제하시고 무엇인가를 심고 있다는 사실을 알지 못했다.

그 나락에서 나오던 순간도 기억난다. 난생처음으로 뭔가가 느껴지면서 몸을 일으킬 수 있었다. "뭔가 달라졌어. 완전히 달라. 설명할 수는 없지만 사람들의 평가로부터 자유로워진 것 같아. 내가 누구인지 보다 뚜렷이 알겠어. 하나님이 누구신지, 그분의 사랑이 어떤 것인지 이전보다 명확해졌어!"

나는 이 일을 끝으로 더 이상 '영혼의 밤'이 없기를 바란다. 하지만 성경의 이야기를 보면 꼭 그렇지는 않을 것 같다.

언제까지인가

영혼의 밤은 수개월 동안 이어질 수도 있다. 1년, 2년… 또는 그 이상 지속될 수도 있다.

명쾌한 답을 줄 수 없어 미안할 뿐이다. 우리가 원하는 대로 되는 게 아니다. 하나님은 각 사람을 향한 특별한 목적을 가지고 계신다. 하나님의 위대하고 원대한 계획 안에서 우리가 당신의 형상을 드러내길 원하신다. 그러기 위해서 우리의 내면이 얼마만큼 소제되어야 하는지 또한 하나님만이 알고 계신다. 하늘 아버지는 우리가 얼마만큼 감당할 수 있을지도 이미 아신다.

십자가의 요한은 이 영혼의 밤을 두 가지로 나눴다. 첫 번째 '감각의 어두운 밤'은 그리스도를 따르는 여정에서 모두가 경험한다. 두 번째 '정신의 어두운 밤'은 소수의 사람들만 경험한다. 그는 정신의 어두운 밤을 '끔찍하고 혹독한' 것으로 묘사한다. "우리는 더 비참하고 어둡고 극심한 고통의 단계로 내던져져 침잠한다. … 영혼이 더 어두워질수록 초자연적이고 신성한 빛은 더 밝고 순결하게 빛난다."[10]

혼동하지 말라. 우리가 매일 겪는 시련들은 전혀 신앙의 벽이나 '영혼의 어두운 밤'이 아니다. 예를 들어 교통 체증이나 성가신 보스, 비행기의 출발 지연, 자동차 고장, 감기, 한밤중에 시끄럽게 짖어 대는 이웃집 개 등이다.

야고보는 이에 대해 "내 형제들아 너희가 여러 가지 시험을 당하거든 온전히 기쁘게 여기라. 이는 너희 믿음의 시련이 인내를 만들어 내는 줄 너희가 앎이라. 인내를 온전히 이루라. 이는 너희로 온전하고 구비하여 조금도 부족함이 없게 하려 함이라"(약 1:2-4)고 말했다.

다윗에게 그 벽은 질투심에 불타는 왕을 피해 떠돌았던 13년간의 광야 생활일 것이다. 아브라함에게는 첫 아들 이삭을 얻기까지 기다렸던 25년 동안의 시간일 것이다. 욥에게 그 벽은 열 자녀와 자신의 모든 소유, 건강을 하루아침에 잃은 일일 것이다.

너머의 삶은 어떤 모습인가

우리 앞에 놓인 벽을 돌파하여 언제 그 너머의 여정을 시작할 수 있을지 정확히 알기는 어렵다. 나는 엄청난 고통을 겪으며 어마어마한 벽에 부딪힌 사람들을 많이 보아 왔다. 하지만 그들은 바뀌지 않았고 튕겨 나왔다. 나중에 그와 비슷한 벽에 다시 부딪혔지만 다시 튕겨 나와 이전보다 더 큰 원망과 분노에 사로잡혔다.

하나님만이 우리로 벽을 통과하게 하실 수 있다. 우리로서는 신비로운 일이다. 우리가 어떻게, 그리고 언제 돌파할지는 하나님께 달려 있다. 다만 우리는 하나님을 신뢰하기로, 그분을 기다리기로, 복종하기로, 붙어 있기로, 그만두고 싶고 달아나고 싶더라도 믿음을 가지고 머물기로 선택할 수 있을 뿐이다. 우리를 서서히 근본적으로 변화시키는 일은 우리가 아닌 하나님의 몫이다.

그러면 우리는 이 장벽을 극복했는지 어떻게 알 수 있을까? 우리가 벽을 돌파했다면 최소한 다음의 네 가지 특징이 나타난다.

1. 깊은 수준에서 깨어짐

그리스도인들은 진리를 사수한다는 명분하에 악명 높은 재판관이 될 가능성이 있다. 하지만 벽을 통과한 사람들은 상한 심령을 가지고 있다. 이들은 "죄의 근원과 그 뿌리는 곧 자기 자신과 이웃의 심판자가 되고 싶은 교만함이다"[11]라는 칼 바르트의 말을 잘 이해하고 있다. 벽을 통과하기 전 우리는 지식에서 떠나 참 하나님을 알려고 하기보다 선악을 결정하는 권리를 행사하고 싶어 지식을 추구한다.

나 역시 나와 다르다는 이유로 다른 사람의 신앙 여정을 지속적으로 판단해 왔다. 나 자신을 포함하여 거의 모든 사람에 대해 내 나름의 의견과 태도들을 가지고 있었다.

신약 성경에서 예수님이 팔복을 가르치시며 처음 내뱉은 말은 가히 혁명적이었다. "심령이 가난한 자는 복이 있나니 천국이 그들의 것임이요"(마 5:3). 예수님이 사용하신 용어는 모든 것을 잃고 바닥까지 떨어진 거지를 말한다. 물론 물질적인 궁핍을 뜻하기보다 자신을 다른 사람들 위에 두려는 마음을 완전히 버린 사람을 말한다.

거지를 떠올려 보자. 도시의 거리에서 가끔 마주치는, 술이나 담배를 사기 위해 동전을 구하는 거지가 아니라, 누군가 자신을 불쌍히 여겨 주길 바라며 길모퉁이에 엎드린 채 손바닥만 내밀고 있는, 아무것도 할 수 없는 비참한 거지 말이다. 그는 누군가가 자비를 베풀지 않으면 죽을지도 모른다. 그가 이렇게 말한다고 상상해 보라.

- 내 삶이 항상 이랬던 건 아닙니다. 고등학교도 나왔어요.
- 그런 눈으로 보지 마세요. 그러려면 그냥 가셔도 됩니다.
- 다른 거지들보다는 수입이 좋은 편이죠.
- 저쪽 모퉁이에 있는 거지 꼴 좀 보세요. 부끄럽지도 않은지?

벽을 넘어선 사람들은 다른 이들을 판단하지 않는다.

남보다 잘났다는 마음과 다른 사람을 판단하려는 성향은 세상 어디서나 발견된다. 일터나 놀이터, 가족들, 이웃 간, 스포츠 팀, 교실, 결혼, 노숙자 쉼터, 간부 회의실, 아이들의 생일 파티를 비롯하여 모든 문화 속에서 볼 수 있다. 그리스도인이 되었다고 해서 저절로 사라지는 것이 아니다. 모습을 바꾸어 나타날 뿐이다.

- 저 사람이 그리스도인이라고? 믿을 수가 없어.
- 대형 교회 교인들은 신앙이 얕아.
- 저 교회는 규모도 작고 죽어 있어.
- 저 사람이 하는 걸 봐. 믿는 사람은 아니야.

진정으로 하나님 앞에서 깨어지고 가난해진 사람은 타인에게 상처를 잘 받지도, 주지도 않는다. 누군가로부터 판단 또는 비난을 받거나 모욕을 당할 때 부은 얼굴로 즉각 반응하는 사람을 떠올려 보라. 그는 다시 반격을 가하거나 상대방의 존재를 아예 무시해 버린다.

이와 반대로 하나님의 사랑 안에서 안전감을 느끼며 자존감에 상처를 입지 않는 사람도 있다. 그는 비난이나 판단, 모욕을 당할 때 이렇게 생각한다. '나는 당신이 생각하는 것보다 더 엉망입니다.'

아시시의 성 프란체스코(St. Francis of Assisi)는 "아무것도 기대하지 않는 사람은 복이 있나니 모든 것을 누리게 되리라"라고 말했다.[12] 프란체스코만큼 아름다운 이 세상을 많이 누렸던 사람도 없을 것이다. 그는 돈으로 살 수 없는 별들의 아름다움과 저녁노을의 장엄한 풍경을 맘껏 만끽했고 현실의 기반이신 하나님을 의지하며 그분께 감사했다. 벽을 통과한 다른 사람들처럼 그도 우리 모두가 매순간 하나님의 자비에 의지하고 있음을 깊이 인식했다.

이런 이유로 나는 영적 훈련에 '예수 기도'를 포함시켰다. 누가복음 18장 9-14절에 나오는 비유를 토대로 한 것으로 "주 예수 그리스도, 하나님의 아들이시여, 이 죄인을 불쌍히 여기소서"이다. 예수 기도는 6세기 이후로 동방 정교회의 오랜 전통이었는데 신자들이 매일 매일 하나님을 의지하도록 돕는 역할을 했다. 하루 종일 예수 기도를 반복하면 기도의 운율이 심금을 울리면서, 우리의 삶에 기도의 풍성함이 넘칠 것이다.[13]

2. 거룩한 신비를 인식함

나는 통제하기를 좋아한다. 하나님이 가시는 곳과 하시는 일이 궁금하고 거기에 이르기 위해서 어떤 경로로 가야 할지, 정확히 언제쯤 도착할지 알기 원한다. 나는 또한 하나님이 내가 생각한 하나님 상에 딱 맞춰서 움직여 주실 것을 요청하고 상기시킨다. 예를 들면 하나님은 공평하시고, 자비로우시며, 좋고 현명하시며, 사랑이 풍성하신 분이다. 그러나 하나님은 내가 생각한 모든 개념을 넘어선다. 그분은 전적으로 우리의 이해를 초월하시는 분이다.

물론 하나님에 대한 모든 것이 성경에 계시되어 있지만 그 한계를 넘어서신다. 하나님은 우리가 결정하거나 지배하거나 소유하거나 명령할 수 있는 대상이 아니다.[14] 그럼에도 나는 여전히 하나님의 '분명한 속성'을 이용해서 그분을 지배하고 소유하려고 한다. 무의식적으로는 이런 식으로 하나님과 거래하는 것이다. "당신께 복종하고 제 몫을 다할게요. 이제 저를 축복해 주세요. 어떤 시련이나 고난도 겪지 않게 해 주세요."

하나님을 개인 비서나 조력자쯤으로 격하시켜서는 안 된다. 우리 앞에 계신 하나님은 그런 분이 아니다. 그분은 모든 곳에 계시면서도(아주 가깝게) 초월적인(우리로부터 완전히 동떨어져 멀리 계신) 분이다. 알 수 있는 분이면서도 전혀 알지 못할 분이다. 하나님은 우리 안에, 그리고 우리 곁에 계신 분이지만 우리와는 전적으로 다른 분이다. 이런 이유로 어거스틴은 이렇게 말한다. "이해할 수 있다면, 그 하나님은 하나님이 아니다."[15]

대체로 우리는 하나님이 무엇을 하시는지 무지하다.

중국 변방에 살았던 한 현자에 관한 옛 이야기가 있다. 하루는 아무런 이유도 없이 아들의 말이 집을 뛰쳐나가 국경 너머의 오랑캐들에게 붙잡혔다. 사람들은 운이 나빴다며 그를 위로했다. 하지만 현자인 아버지는 "이 일이 복이 될지 누가 알겠느냐?"고 말했다.

그로부터 몇 달 후 도망쳤던 말이 멋진 암말과 함께 돌아왔다. 이번에는 사람들이 아들의 행운을 축하해 주었다. 하지만 아버지는 "이 일이 화가 될지 누가 알겠느냐?"고 말했다.

그 집은 아들의 훌륭한 말 덕분에 더욱 부유해졌다. 그러던 어느 날 아들이 암말에서 떨어져 다리가 부러지고 말았다. 사람들은 다시금 운이 나빴다며 위로를 했다. 하지만 아버지는 그들에게 "이 일이 복이 될지 누가 알겠느냐?"라고 말했다.

얼마 후 오랑캐가 국경을 넘어 침략해 왔다. 마을의 모든 건장한 남자들은 징집되어 활을 들고 전쟁터로 나갔다. 전쟁에 나갔던 남자들 가운데 열의 아홉은 전사하고 말았다. 하지만 그 집 아들은 다리가 부러진 까닭에 아버지를 돌보며 살아남을 수 있었다.

이처럼 축복과 성공처럼 보였던 일이 끔찍한 불행이 될 수 있고 끔찍한 사건이 종종 축복으로 변하기도 하는 법이다.[16]

솔직히 말해 나 역시도 하나님에 대해 알면 알수록, 그분에 대해 잘 모르겠다.

모세는 불붙은 떨기나무에서 처음 하나님을 만났다. 하나님은 불꽃 안에서 그에게 나타나셨다(출 3:2 참조). 그 후 하나님은 모세와 백성들을 광야로 이끄셨고 거기서 낮에는 구름 기둥으로 밤에는 불기둥으로 자신을 계시하셨다(출 13:21 참조). 마침내 하나님은 시내 산의 '흑암' 가운데로 그를 이끌어 얼굴을 맞대어 말씀하셨다(출 20:21 참조). 닛사의 그레고리(Gregory of Nyssa)는 무한한 빛이신 하나님이 순수한 흑암 속에 거하셨다고 표현했다. 모세가 하나님을 더 알게 될수록 살아 계신 하나님은 그에게 더 넓고 더 눈부시고 더 알 수 없는 존재가 되셨다.[17]

토마스 아퀴나스(Thomas Aquinas)는 1200년대에 20권의 신학 서적들을 저술했다. 그는 책 서문에 이렇게 적고 있다. "이 책은 모르는 것을 알기 위한, 하나님에 대한 궁극적인 지식이다." 하지만 생의 말년에 성당에서 그리스도의 환상을 본 뒤 이렇게 고백했다. "더 이상 책을 쓸 수 없다. 하나님이 내게 보여 주신 영광스런 지식에 비하면 내가 이제껏 쓴 것들은 한낱 지푸라기에 불과하다. 말구유에 오신 신성한 기묘자를 담아내기에 적합하지 않다."[18]

장벽을 돌파함으로 우리는 이 기묘자를 어린아이와 같은 마음으로 깊이 사랑하게 된다. 가장 큰 결실이다. 하나님이 모든 것의 주관자시며 마땅히 신뢰할 분임을 알게 될 때, 우리는 편안히 안식할 수 있고 장벽을 넘어서 자유롭게 살아갈 수 있다. 그리고 다윗과 함께 기쁨으로 노래할 수 있다. "그가 흑암을 그의 숨는 곳으로 삼으사 장막 같이 자기를 두르게 하심이여"(시 18:11).

3. 인내함으로 하나님을 기다림

심령이 깨지고 신성한 기묘자를 인식하게 되면 하나님을 기다리는 힘도 커진다. 벽을 통과한다는 것은 우리 내면 깊이 박힌, 하나님을 위해 뭔가를 준비하고 일을 벌이고 성과를 내야 한다는 목적 지향적인 태도, 즉 장악하려 들고 두려움에 찬, 자기 의지를 깨뜨리는 것이다.

그리스도의 제자로 살아온 지난 30년을 돌아보면 하나님을 기다리지 못한 것이 가장 큰 실수이자 죄였다. 그렇다면 하나님을 기다린다는 것은 무엇을 의미하는 것일까? "너는 여호와를 기다릴지어다. 강하고 담대하며 여호와를 기다릴지어다"(시 27:14). "나 곧 내 영혼은 여호와를 기다리며 나는 주의 말씀을 바라는도다. 파수꾼이 아침을 기다림보다 내 영혼이 주를 더 기다리나니…"(시 130:5-6).

　사람들의 말을 중간에 자른 것부터 새 교회를 너무 빨리 개척한 일에 이르기까지 나는 항상 하나님의 때를 기다리는 것이 버거웠다. 하나님은 항상 앞으로만 치달으려는 나의 이 완고한 고집을 꺾으시기 위해 내 앞에 장벽을 준비하셨다. 그리고 내가 벽을 발로 차고 소리를 질러 대는 동안 천천히 기다리는 법을 가르치셨다. 나는 이제야 왜 성경이 끊임없이 하나님을 기다리라고 말하는지 조금 이해할 것 같다.

　아브라함은 그의 벽 앞에서 기다리는 법을 배웠다. 그는 75세에 열방의 아버지가 될 것이라는 말씀을 들었다. 그로부터 11년 후, 그는 자기 손으로 이 문제를 해결하려는 마음에 하녀 하갈과 동침해 이스마엘을 낳았다(창 16:1-4 참조). 하나님은 14년을 더 기다리게 하신 뒤에 비로소 약속하셨던 자녀를 주셨다. 그는 공적으로나 사적으로 수모를 겪으면서 믿음의 조상으로 변모되어 갔다.

　모세도 자신의 벽 앞에서 기다리는 법을 배웠다. 그는 이스라엘 백성을 구원하려다가 살인자가 되어 광야에서 40년간 하나님을 기다리는 법을 배워야 했다. 하나님은 광야에서 그를 세상에서 가장 온유한 사람으로 변화시키셨다(민 12:3 참조).

　다윗도 기다림을 배웠다. 그는 골리앗을 물리치는 놀라운 승리를 이룬 후 아무런 혐의도 없이 사울 왕의 군대를 피해 도망 다녀야 했다. 자신의 꿈과 가족, 명성, 세상의 안전함을 모두 잃은 채 10년 넘게 쫓기는 신세가 되었다. 하나님은 엔게디 황야에서 그를 당신 마음에 합한 자로 변화시키셨다(삼상 16장 - 삼하 1장 참조).

한나도 벽 앞에서 기다리는 법을 배웠다. 아이를 낳지 못한 오랜 세월과 응답되지 않는 기도, 둘째 부인의 계속되는 조롱 등이 있은 후 마침내 하나님은 그녀의 기도를 들어주셨다. 한나는 오랜 시간의 고통과 슬픔을 통해 나라를 변혁시킬 사무엘의 어머니가 될 수 있었다(삼상 1-2장 참조).

예수님도 무명과 침묵 가운데 기다리셨다. 목수의 아들로 비천하게 사시며 하나님의 때를 앞질러 행동하라는 마귀의 유혹을 이겨 내셨다. 이 기다림 끝에 성령의 능력 안에서 공생애를 시작하실 수 있었다(눅 4:14 참조). 우리도 하나님을 기다리는 법을 배운다면 우리 안에 동일한 일을 하고 계신 하나님을 신뢰하는 사람으로 거듭날 것이다.

4. 세상과 더욱 구별됨

하나님과의 여정에서 가장 중요한 문제는 "나는 행복한가?"가 아니라 "나는 자유로운가? 하나님이 주신 자유 안에서 성장하고 있는가?" 하는 것이다.[19] 바울은 고린도전서 7장 29-31절에서 세상과의 관계에서 우리가 지녀야 할 급진적이고 새로운 관점을 기술하고 있다.

> 형제들아 내가 이 말을 하노니 그 때가 단축하여진 고로 이 후부터 아내 있는 자들은 없는 자 같이 하며 우는 자들은 울지 않는 자 같이 하며 기쁜 자들은 기쁘지 않은 자 같이 하며 매매하는 자들은 없는 자 같이 하며 세상 물건을 쓰는 자들은 다 쓰지 못하는 자 같이 하라. 이 세상의 외형은 지나감이니라.

우리는 세상의 여느 사람들과 다름없이 결혼하고 기쁨과 슬픔을 느끼고, 물건을 사서 쓰며 살아간다. 하지만 항상 이것이 우리 삶의 전부가 아니라는 것을 인식하고 있어야 한다. 우리는 세상적인 것들의 지배에서 해방되어 영원을 추구하는 존재들이다.

구별은 우리에게 내적 평화를 가져다주는 놀라운 비밀이다. 그리스도와 동행하는 동안, 우리는 끊임없이 잘못된 행동이나 습관, 세상의 것들, 건강하지 못한 관계들에 집착한다(문자적으로 '못 박혔다'). 예를 들어, 나는 우리 집과 자동차, 책들, 아내, 네 딸들, 우리 교회, 안락한 생활, 건강 등이 너무 좋다. 당신도 마찬가지겠지만 하나님이 이것들을 나에게서 거두시기 전까지는 내가 얼마나 집착하고 있었는지조차 깨닫지 못했다. 좋아하던 것들이 하나둘씩 없어지면 힘의 줄다리기가 시작된다. "하나님, 편리를 위해서는 차가 한 대 더 있어야 해요. 저 차가 필요해요." 내가 이렇게 말하면 하나님이 이렇게 대답하신다. "아니다, 너한테 필요한 건 차가 아니라 바로 나다!"

어떤 것을 움켜쥐면 즐기는 차원을 넘어 내려놓고 싶지 않아진다. 반드시 가져야겠다는 소유욕에 사로잡히고 만다.

우리 앞에 놓인 벽은 다른 어떤 것보다 우리가 갈망하고 착각하는 자기 모습에 대한 집착을 떨쳐 버리게 한다. 그 결과 거짓된 자아의 껍질이 하나씩 벗겨지고 그리스도 안에서 참된 자신의 모습이 서서히 드러난다.

리처드 로어(Richard Rohr)는 강인한 믿음과 영성을 가진 사람으로 성장하기 위해서는 다음 다섯 가지의 광범위하고 본질적 진리를 깨달아야 한다고 말한다.[20] 그의 결론은 신앙의 벽을 통과하고 세상과 구별된 삶을 살 때 깨닫는 성경적 진리를 잘 설명해 주고 있다.

- 삶은 힘든 것이다.
- 당신은 그렇게 중요한 사람이 아니다.
- 당신 인생이라고 당신만 생각해서는 안 된다.
- 스스로를 통제할 수 있다고 생각하지 말라.
- 당신은 언젠가 죽게 될 것이다.[21]

마지막 말

　　반드시 기억할 것이 있다. 우리를 향한 하나님의 목적은 이 여정의 끝에서 마침내 우리와 사랑의 연합을 이루는 것이다. 우리는 하나님과 보다 친밀하고 사랑 넘치는 관계를 맺기 위해 기쁜 마음으로 어떤 행동이나 습관을 없앨 수 있다. 우리는 하나님이 선하게 만드신 세상을 누릴 수 있어야 한다. 만물에 나타난 그분의 임재와 더불어 우리는 자연과 사람, 하나님이 주신 모든 선물들에 감사해야 한다. 하지만 거기에 빠져서는 안 된다. 세상과 구별되어 이 여정을 걷는 사람만이 피조물의 아름다움 안에서 가장 순수한 기쁨을 맛볼 것이다.

　　토마스 머튼은 오늘날 우리가 직면하고 있는 도전에 대해 다음과 같이 말한다. "이 세상 사람들 중에 사물을 있는 그대로 볼 수 있는 사람이 20명이나 될지 모르겠다. 과거에도 피조물이나 자기 자신이나 하나님이 주신 것에 집착하거나 영향을 받지 않고 지배당하지 않고 자유로웠던 사람은 20명에 지나지 않았다."[22]

　　예수님과 동행하는 삶은 그분을 향해 온전히 헌신한 삶이다. 그러려면 집착을 버리고 우리 삶을 단순화시켜야 한다. 또한 인간의 한계라는 선물을 껴안고 자신의 슬픔과 상실을 슬퍼하는 법도 배워야 한다. 이에 대해서는 다음 장에서 살펴보기로 하자.

PRAYER

하늘에 계신 아버지, 주님이 어디로 가시는지 알 수 없다 해도 주님을 의지하는 법을 가르쳐 주십시오. 두려움으로 제 안에 매몰되지 않게 해 주십시오. 오 주님, 인생의 폭풍과 풍랑이 매섭게 불어와 저를 두르고 있습니다. 앞이 보이지 않습니다. 어떤 때는 물속에 빠져 버릴 것 같습니다. 주님 계신 이곳이야말로 저의 피난처와 안식처입니다. 저의 눈을 열어 저와 함께 계신 주님을 보게 해 주십시오. 예수님, 제 안과 주변에서, 제 위와 아래에서 저를 안전하게 보호해 주시는 주님의 존재를 깨닫게 해 주십시오. 다음에 가야 할 곳이 어딘지는 모르겠지만 주님을 따라 기꺼이 나갈 수 있는 은혜를 주십시오. 예수님의 이름으로 기도합니다. 아멘.

Chapter 7

4단계:
슬픔을 성장의 원동력으로 삼으라

- 방어막을 치지 말고 하나님 앞에서 울라

영적인 삶에서 가장 큰 재앙은 비현실적인 것에 몰두하는 것이다. 사실 참된 영성은 현실로부터의 도피가 아니라 현실에 전적으로 헌신하는 것이다.

그 과정에 온전히 뛰어들 용기가 있다면 상실이야말로 우리가 자신을 이해하고 놀라운 변화를 경험할 수 있는 적합한 장소이다. 하지만 상실과 슬픔은 우리가 지닌 인간으로서의 한계와 분리시킬 수 없는 문제다.

모든 아픔과 상실 뒤에는 이 한계가 자리하고 있다. 우리는 자신이 원하는 일을 할 수도, 원하는 사람이 될 수도 없다. 하나님은 가장 뛰어난 재능을 가진 사람에게도 엄청난 한계를 두셨다. 왜일까? 우리가 땅의 존재임을 기억하고 겸손하도록 하기 위해서다. 사실, '겸손'(humility)이라는 말 속에는 '땅 또는 흙'(라틴어 humus)이라는 뜻이 숨어 있다.

우리 문화는 대개 상실을 '정상적'인 삶을 방해하는 낯선 침입자로 해석한다. 그래서 현실 부정이나 책임 전가, 합리화, 중독, 회피 등을 통해 이 고통에서 무뎌지려고 한다. 상처를 받지 않는 지름길을 찾아 헤매며 다른 사람들에게 이 고통을 없애 달라고 요구하기도 한다.

그럼에도 우리는 삶에서 수많은 죽음과 마주한다. 선택은 두 가지다. 이 죽음이 우리 정신과 삶을 완전히 망가뜨리게 할지 아니면 그리스도 안에서 깊은 변화를 일으켜 새로운 가능성을 향해 나아가게 할지.

우리 모두의 이야기

조나단 에드워즈(Jonathan Edwards)는 유명한 욥기서 설교에서 욥의 이야기는 우리 모두의 이야기라고 말했다. 욥은 하루아침에 가족과 부와 건강을 모두 잃어버렸다(욥 1:13-2:8 참조). 보통은 일생을 살아가면서 이 정도로 급작스런 절망을 겪지는 않는다. 모든 것을 뒤에 남긴 채 죽음의 문턱을 지날 때까지 아주 천천히 상실을 경험한다.

우리의 젊음은 영원하지 않다. 아무리 좋은 화장품을 바르고 다이어트와 규칙적인 운동을 하며 수없이 성형 수술을 해도 노화를 멈출 수는 없다.

우리는 꿈도 잃어 간다. 직업에 대한 꿈이든, 결혼이나 아이들에 대한 희망사항이든 꿈을 잃지 않는 사람은 없다.

나이가 들면서 일상과 안정감도 잃게 된다. 직장을 옮기거나 다른 나라로 이민을 가거나 이사를 할 때마다 익숙했던 것들과 이별을 경험한다. 아이들은 인생의 과도기를 거치면서 육체적으로나 정신적으로 더 강해지고 독립적으로 성장한다. 우리의 영향력과 힘은 점점 줄어든다. 우리 부모의 나이쯤 되었을 때는 그들이 우리 손을 잡아 주어야 한다.

우리 모두 살다 보면 한두 번쯤은 엄청난 비극을 경험한다. 가족 가운데 한 명이 느닷없이 죽기도 하고 친구나 아들이 자살을 할 수도 있다. 배우자가 바람을 필 수도 있다. 가슴 아픈 이혼이나 결별 후 다시 혼자가 된 자신을 발견할 수도 있다. 암 선고를 받을 수도 있고, 회사의 구조 조정으로 25년 간 몸담았던 안정된 직장에서 해고를 당할 수도 있다. 아이가 심각한 장애를 안고 태어날 수도 있고 믿었던 친구에게 배신을 당할 수도 있다. 불임이나 유산, 친구와의 결별, 기억 상실, 신경 쇠약, 학대를 경험할 수도 있다.

우리는 자신이 해결할 수 없는 많은 일들과 자신의 한계 앞에서 좌절한다. 자라면서 가족들로부터 크거나 작은 상실도 경험한다. 어떤 사람들은 나처럼 어린 시절의 상처 때문에 절름발이로 살아가기도 한다.

마지막으로 우리는 하나님과 교회에 대해서도 상실을 경험한다(이 얼마나 감사한지). 주님의 길을 따르기 위해 우리 삶을 내던지고 성경적 진리를 삶에 적용하고자 노력했지만 결국 이 모든 것들이 얼마나 어리석고 어쩌면 잘못된 것이었음을 깨닫는 것이다. 교회의 전통이나 지도자, 심지어 하나님께 배신당한 것 같기도 하지만 하나님이 우리가 생각했던 것보다 훨씬 더 크고 우리의 이해를 뛰어넘는 분임을 깨닫는다.

예수님의 새 가족인 교회에 대한 환상도 무너진다. 그들은 우리가 기대했던 완벽한 사람들이 아니다. 실제로는 그들 때문에 많이 실망하고 좌절한다. 종종 죄에 대한 인식이 너무 약한 그들 때문에 충격을 받거나 혼란에 빠지기도 한다. 다른 신자들과 함께 공동체 안에서 살아가는 사람들이라면 누구나 언제가 되었든 환상이 깨지고 실망하는 일을 경험할 것이다.

욥

욥은 당시의 빌 게이츠였다. 그는 어마어마한 부자였다. 소유한 가축으로는 양이 7천 마리, 낙타가 3천 마리(당시 낙타는 아주 귀한 가축이었다), 소가 5백 쌍, 당나귀가 5백 마리에 이르렀고 거느린 하인들도 많았다. 오늘날로 치자면 매년 〈포브스〉 지가 선정하는 세계에서 가장 부유한 사람으로 표지에 이름을 올렸을 것이다. 롤스로이스와 렉서스 수십 대, 개인 비행기, 굉장한 요트, 성공적인 기업, 값비싼 부동산들이 그의 자산이었을 것이다. "이 사람은 동방 사람 중에 가장 훌륭한 자라"(욥 1:3).

게다가 욥은 아주 경건하고 신실하며 전심으로 하나님을 기뻐하고 하나님과 동행하는 자였다. "그 사람은 온전하고 정직하여 하나님을 경외하며 악에서 떠난 자더라"(욥 1:1). 오늘날로 말하자면 가장 유명하고 존경받는 기독교 지도자 가운데 한 사람이었을 것이다.

그런데 갑자기 하늘과 땅, 동서남북에서 욥을 대항하는 세력들이 들고 일어났다. 적들이 침략하고 벼락이 떨어지고 강풍이 불어닥쳤다. 반나절도 지나지 않아 상상할 수도 없는 일들이 벌어졌다. 세계에서 가장 부유하던 사람이 졸지에 빈털터리가 되었다. 열 명이나 되던 자녀들도 모두 끔찍한 자연 재해로 죽고 말았다.

놀랍게도 욥은 하나님을 원망하거나 죄를 짓지 않았다. 그는 하나님을 경배하는 것으로 아름답게 반응했다.

그 후 그는 재기해 보려 했지만 머리부터 발끝까지 '쓰라린 종기'가 나고 말았다. 그의 피부는 시커멓고 쪼글쪼글하게 변했고 상처 부위에는 구더기가 득실거렸다. 눈은 붉게 충혈되어 부풀어 올랐고 심한 고열과 한기로 괴로워했다. 그는 밤잠을 이루지 못한 채 헛소리까지 했다. 끔찍한 고통으로 몸은 점점 더 수척해졌다.[1]

욥은 쓰레기를 버리는 성벽 바깥으로 자리를 옮겼다. 그곳은 부랑자들이 거하는 곳이었다. 그는 홀로 격리된 채 자신의 끔찍한 운명을 슬퍼해야 했다.

결혼도 파국을 맞았다. 욥의 아내는 자녀들의 장례를 치르고 남편마저 가망 없는 병에 걸리자 남편에게 이런 권고를 던진다. "당신이 그래도 자기의 온전함을 굳게 지키느냐. 하나님을 욕하고 죽으라"(욥 2:9).

욥은 그런 고난을 받을 만한 사람이 전혀 아니었다. 그래서 욥의 이야기는 더욱 충격적이다. 욥은 순전했다. 그가 당한 엄청난 고통은 그의 죄와 아무런 연관이 없었다. 정말 말도 안 될 정도로 부당하게 보인다. 사랑과 은혜의 하나님이 어떻게 신실한 욥에게 이러실 수 있단 말인가?

고통에서 벗어나다

당신이라면 그런 엄청난 상실 앞에서 어떻게 반응할 것 같은가? 욥의 입장이었다면 어떤 식으로 슬퍼했을까?

죽음에 대해 슬퍼하는 방식은 가족마다 문화마다 다 다르다. 우리가 속한 원 가족이 상실에 대해 감정을 표현하는 방식을 생각해 보면 우리의 모습도 알 수 있다. 여기에는 문화적인 요인도 작용한다. 아메리카 인디언, 라틴계, 중국, 아랍, 아프리카계, 유태인, 동유럽인, 코카서스인 등이 모두 다르다. 극단적인 예로 영국계 미국인의 경우에는 누군가 죽었을 때 '복잡하게 생각할 거 없어'라고 생각하는 경향이 있다. 그들의 장례식은 현실적이고 실용적이다. 한 여성은 자신과 쌍둥이인 자매의 장례식에 참석하지 않았던 이유를 이렇게 말했다. "비행기 값을 지불하면서 굳이 거기에 참석할 이유가 없잖아요. 언니는 이미 죽었는데."

또 다른 극단에서는 시간이 영원히 멈추어 버린 것처럼 느낀다. 이탈리아나 그리스 같은 곳에서는 남편이 먼저 죽고 나면 남은 아내는 평생 검은색 상복을 입고 지내는 전통이 있다. 이탈리아계 미국인들은 끝까지 관을 붙잡고 죽은 이의 이름을 부르며 울부짖는데 관이 땅에 묻힐 때는 그 안으로 뛰어내리기까지 한다.

영국의 빅토리아 여왕은 42세 때 남편 앨버트와 사별했다. 그녀는 이전과 똑같아야 한다는 생각에 사로잡혀 마치 죽은 남편이 곁에 있는 것처럼 생활했다. 수년 간 남편의 잠옷에 안겨 잤고, 남편의 방을 '신성한 방'으로 꾸민 후 정확히 남편이 살아 있을 때의 모습을 유지했다. 자신이 죽을 때까지 남편의 속옷과 겉옷을 챙겨 주었고 면도할 물을 준비했다. 자신의 모든 침대마다 앨버트의 사진을 붙여 놓기도 했다.[2]

우리 문화에서 고통을 다루는 가장 보편적인 방법은 중독이 아닐까 싶다. 멍하니 텔레비전 앞에 앉아 있든지, 쉬지 않고 이 일 저 일을 하며 바쁘게 지내는 것이다. 고통을 더는 데 도움만 된다면야 일주일에 70시간씩 일에 몰두하기도 하고 포르노나 폭식, 과음, 약물 등에 중독되기도 한다. 어떤 사람들은 외로움을 달래기 위해 결혼, 성적 대상, 이상적인 가정, 자녀, 성공, 직업, 교회 등에 집착하기도 한다.

오랫동안 마음의 상처를 부정하거나 은폐하다 보면 점점 더 비인간적으로 변해 가면서 얼굴은 웃고 있지만 속은 텅 빈 껍데기 그리스도인으로 살아갈 수 있다. 이런 우울감이 지속되면 감각까지 무뎌져 현실에 제대로 반응하지 못하는 사람이 되기도 한다.

오늘날 기독교 문화는 비인간적이고 비성경적 방법으로 현실의 고통과 상실을 회피하도록 부추기는 데 일익을 담당하고 있다. 우리는 "주 안에서 항상 기뻐하라"(빌 4:4), "노래하면서 그의 앞에 나아갈지어다"(시

100:2) 같은 말씀에 순종하지 못하는 데 대해 죄책감을 느낀다.

대부분 내면 깊은 곳에서 이런 수치심을 느끼고 있다. 최근에 뉴 라이프 펠로십 교회를 찾아왔던 조도 마찬가지였다. "슬프고 우울한 느낌, 또는 미래에 대해 걱정하는 마음은 모두 저의 불신앙에서 나온 것입니다. 하나님이 주신 것이 아니죠. 이런 감정들은 저의 죄와 관련이 있습니다. 그런 감정들을 극복할 때까지는 교회나 다른 그리스도인들과 거리를 두는 것이 좋다는 것을 알았습니다." 그는 이렇게 말했다.

감정의 방어막을 내려놓다

힐다는 뉴욕대학에서 파트타임으로 일하는 유대인 학생이다. 어느 날 그리스도인 친구가 암으로 세상을 떠나 버려 장례식에 참석하게 되었다. 그런데 장례 예배를 진행하면서 가족들이 지금은 울어야 할 때가 아니라 축하해야 할 때라고 선언했다. 그들은 세상을 떠난 딸을 추억하며 그녀를 선물로 주신 하나님께 감사를 드렸다. 그리고 찬양을 불렀다. 성경을 인용하면서 하나님을 사랑하는 자들에게는 모든 것이 합력하여 선을 이룬다고도 말했다(롬 8:28 참조). 신앙이 없던 힐다는 장례식 예배를 지켜보면서 문득 이런 의구심이 들었다. '이 사람들이 정말 인간이긴 한 걸까? 어떻게 아무런 감정도 없는 거지?'

다음 날 근무를 하면서 그녀는 친구의 비극적 죽음을 미사여구로 치장해 버리는 사람들의 태도에 화가 치밀어 올랐다. 그래서 결국 장례식에 함께 참석했던 다른 그리스도인 동료에게 분통을 터뜨리고 말았다. "너희 그리스도인들은 사람이 죽어도 울지도 않고 애도 같은 것도 안 하니? 난 정말 이해할 수가 없어. 사람이기는 한 거니?"

분명, 우리 그리스도인들은 소망이 없는 다른 사람들처럼 슬퍼하거나 울지는 않는다. 하지만 우리도 눈물을 흘리며 죽음을 애도한다. 전도서 저자의 말처럼 말이다. "천하 만사가 다 때가 있나니 … 울 때가 있고 웃을 때가 있으며 슬퍼할 때가 있고 춤출 때가 있으며"(전 3:1, 4). 예수님도 무덤에 있던 나사로와 예루살렘 사람들을 위해 눈물을 흘리셨다(요 11:35; 눅 19:41 참조).

지난 해 우리 소그룹 멤버였던 제인은 유년기와 청소년기, 청년기를 거치면서 엄청난 상실을 겪었다는 사실을 서서히 인식하기 시작했다. 3주에 걸쳐 각자 속한 가족과 문화가 현재의 삶에 어떤 영향을 미치는지 살펴보던 중이었다. 제인은 겁에 질려 있었다. 생전 처음으로 과거의 상실과 아픔을 정면으로 마주했기 때문이다.

한 번은 모임이 끝난 후 어떻게 지내냐고 물었더니, 제인은 머리를 떨군 채 힘없는 목소리로 말했다. "목사님, 이런 식으로 계속 가다 가는 죽을지도 모르겠어요."

고통과 마주하는 일은 아주 힘든 일이다. 하지만 기독교의 핵심은 죽음을 거쳐 생명에 이르는 것, 곧 십자가를 통해 부활에 이르는 것이다. 물론 말은 쉽지만 그렇게 살아 내기는 어렵다.

제럴드 싯처(Gerald Sittser)는 저서 《하나님 앞에서 울다》에서 교통사고로 어머니와 아내와 어린 딸을 잃게 된 끔찍한 경험을 이야기하고 있다. 그는 상실의 고통에서 도망치지 않고 흑암 속으로 곧장 걸어 들어감으로써 자신을 집어삼킨 비극에서 해방될 수 있었다. 그는 태양에 이르는 가장 빠른 길은 지는 해를 쫓아 서쪽으로 달리는 것이 아니라 어둠을 뚫고 동이 틀 때까지 동쪽으로 나아가는 것임을 배웠다.[3]

어릴 때는 상처받지 않으려고 감정의 방어막을 만들어 자신을 보호한다. 이는 하나님이 우리에게 주신 큰 선물이기도 하다. 예를 들어 어린 아이들은 감정적으로 육체적으로 학대를 받으면 자신에게 가해진 폭행 자체를 부인한다. 감정적으로 건강하게 살아남기 위한 일종의 생존 전략이다. 현실을 고스란히 다 받아들이지 않고 고통을 차단함으로써 그런 힘든 상황을 견딜 수 있는 것이다.

하지만 성인이 되면 현실을 부정하는 '방어 기제'를 해제하고 현실의 참모습을 정직하게 들여다 보아야만 성숙한 인간으로 발전할 수 있다. 예수님은 "진리를 알지니 진리가 너희를 자유롭게 하리라"(요 8:32)고 말씀하셨다.

그럼에도 우리는 성인이 된 후에도 고통에서 벗어나기 위해 수많은 무의식적인 방어 작전들을 펼친다. 그렇게 되면 영적으로나 정서적으로 성장할 수가 없다.

우리가 사용하는 몇 가지 방어막들을 소개하자면 다음과 같다.[4]

- 부정(또는 선택적 망각) : 몇몇 현실의 고통스런 측면들을 외적으로나 내적으로 인정하기를 거부한다. 예를 들면 이렇다. "나는 괜찮아. 사장이 나를 좀 하찮게 여기긴 했지. … 그래서 결국 해고되었고 … 하지만 적어도 앞날에 대해 걱정은 안 하잖아."
- 축소 : 잘못을 인정은 하지만 실제 사실보다 덜 심각하게 받아들인다. 실제로는 아들이 술을 많이 마시고 외박도 잦지만 이렇게

말한다. "내 아들은 하나님과의 관계에서는 아무런 문제가 없어. 이따금 술을 좀 마시긴 하지만 말이야."

- 책임 전가 : 행동에 대해 책임을 지려고 하기보다 다른 사람을 탓함으로써 자기를 보호한다. "동생이 아파서 저렇게 병원에 누워 있는 건 의사들이 제대로 치료하지 못했기 때문이야."
- 자책 : 모든 책임을 자신에게 돌린다. "모두 내 탓이야. 엄마가 항상 저렇게 술만 마시고 나를 돌봐주지 않는 것은 내가 못나고 보잘것없어서 그런 거야."
- 합리화 : 일이 제대로 돌아가지 않거나 이해되지 않을 때 늘 변명하고 자신을 정당화시키며, 알리바이를 대다. "존한테 가족들로부터 내려오는 선천적인 분노 유전자가 있다는 거 알고 계세요? 이 모임이 그한테 아무런 도움이 안 되는 이유이기도 하죠."
- 지적으로 처리함 : 분석이나 이론, 일반화를 통해 힘들고 괴로운 감정을 받아들이지 않는다. "내 상황은 전 세계에서 고통당하는 다른 사람들에 비해 그다지 나쁘지 않아. 내가 왜 이것 때문에 울어야 해?"
- 주의를 분산시킴 : 위협적인 주제들을 피하기 위해 주제를 바꾸거나 희화화시킨다. "왜 부정적인 것에 초점을 맞추니? 지난 크리스마스 때 가족과 함께했던 즐거운 시간들을 생각해 봐."
- 적대감을 드러냄 : 어떤 주제에 대해서 짜증을 부리거나 화를 낸다. "조 이야기는 그만해. 이미 죽은 사람이잖아. 그렇게 하면 그가 다시 살아나기라도 한다니?"

슬픔을 표현하는 성경적인 방법

욥은 우리 믿는 자들이 가족이나 기질, 문화, 또는 성에 상관없이 어떤 식으로 슬픔을 표현할 수 있을지에 대해 좋은 본을 보여 준다. 예수님을 모신 사람들이 할 수 있는, 새롭고 혁신적인 다섯 가지 성경적 탄식에 대해 살펴보자.

1. 주의를 집중하라

교회 안에는 분노나 슬픔, 기다림, 우울함에 관련한 신학을 찾아보기 힘들다. 우리 삶에서 상실이나 불행을 겪으면 보통 이런 말을 듣는다. "괜찮으세요?" 그러면 우리는 아무 생각 없이 자신 있게 외친다. "이보다 좋을 순 없죠! 제가 아직 못 보고 있을 뿐, 하나님이 이 모든 것을 통해 선을 이루시고 계시잖아요!"

하지만 욥은 이와는 정반대로 자신의 고통을 토로하며 울부짖었다. 그는 자신이 태어난 날까지 저주했다. "내가 난 날이 멸망하였더라면, 사내아이를 배었다 하던 그 밤도 그러하였더라면, 그날이 캄캄하였더라면, 하나님이 위에서 돌아보지 않으셨더라면, 빛도 그날을 비추지 않았더라면 … 나의 괴로움을 달아 보며 나의 파멸을 저울 위에 모두 놓을 수 있다면 바다의 모래보다도 무거울 것이라. 그러므로 나의 말이 경솔하였구나. 전능자의 화살이 내게 박히매 나의 영이 그 독을 마셨나니 하나님의 두려움이 나를 엄습하여 치는구나"(욥 3:3-4; 6:2-4).

그는 하나님을 향해 소리 질렀고, 거친 기도를 올렸다. 하나님께 자신이 어떤 기분인지 정확하게 고했다. 장장 35장에 걸쳐 욥은 하나님 앞에서 몸부림쳤다. 그는 의심했고 눈물을 쏟았다. 하나님이 어디 계시는지, 왜 이런 일이 벌어지게 하시는지 궁금했다. 그는 자신의 끔찍한 난국을 피하지 않고 직접적으로 맞섰다.

시편도 전체 내용의 3분의 2가 탄식과 하나님에 대한 불평으로 채워져 있다. 하나님도 인간을 지으신 일에 대해 한탄하셨다(창 6:6 참조). 다윗은 사울 왕과 가장 가까운 친구 요나단이 죽었을 때 슬픈 노래로 그들의 죽음을 애도하도록 명했다(삼하 1:17-27 참조). 예레미야는 애가를 지어 슬픔을 표현했고 에스겔과 다니엘 역시 탄식하고 슬퍼했다. 예수님도 나사로의 죽음 앞에서 눈물을 흘리셨고 예루살렘을 보고 탄식하셨다(요 11:35, 눅 13:34 참조).

하나님의 형상으로 만들어진 우리가 어쩌다 이렇게 된 것일까?

시편은 종종 기도의 학교로 일컬어진다. 한 성경학자는 "하나님을 욕하다 : 기도에서 표출되는 분노라는 감정에 대한 고찰"이라는 제목의 논문을 쓰기도 했다. "시편은 종종 기도의 학교로 불린다. 이 말이 사실이라면 적어도 최근 얼마 동안 그리스도인들이 교과 과정을 매우 선택적으로 운영했던 셈이다. 상당수의 시편이 예배에 사용하기에는 적합하지 않은 것으로 간주되고 있다. 이른바 욕설과 저주의 시편들이다."[5]

우리가 평소 듣기 힘든 불편하고 직선적인 말들이다.

처음 그리스도인이 되었을 때 나 역시도 분노는 죄라고 배웠다. 나는 예수님처럼 되고 싶었기 때문에 짜증이나 화, 분함과 미움 같은 감정들은 무조건 꾹꾹 눌렀다. 그런 감정들은 당연히 죄가 아닌가?

이에 대한 정답은 일면 맞으면서도 일면 아니라는 것이다.

하나님 앞에서 우리를 인간답게 만들어 주는 두려움이나 분노, 슬픔 같은 감정들을 드러내지 못하면 삶에 균열이 생긴다.[6] 요즘 교회에는 자신들의 감정을 제대로 다루지 못하는 '불량' 그리스도인들이 가득하다. 슬픔의 문제를 다루려면 우선 자신의 분노나 아픔에 주의를 기울여야 한다. 교회에 출석하는 사람들은 대부분 친절하고 착하고 존경스럽다. 적어도 공식적인 자리에서는 분노를 드러내는 사람이 지극히 드물다. 나를 포함해서 대다수는 '다루기 힘든 감정들'을 꾹꾹 누르면서 우리의 이 고귀한 노력을 하나님이 귀히 여겨 주실 것이라 믿는다. 그 결과 우리는 수동적 공격성(모임에 늦게 나타나는 식의)이나 냉소적인 발언, 경멸하는 말투, 침묵과 같은 조금은 부드러운 방법으로 분노를 표출한다.

주디 게스트의 소설을 바탕으로 제작된 영화 〈보통 사람들〉에는 우리가 슬픔과 분노를 적절히 다루지 못할 때 얼마나 파괴적인 결과들이 벌어지는지를 잘 묘사한 이야기가 나온다. 휴턴 부부(캘빈과 베스)는 시카고 외곽 부촌에서 아메리칸 드림을 이루고 살아가는 사람들이다. 그들은 아름다운 가정을 이루며 그야말로 완벽한 결혼생활을 꿈꾼다. 캘빈은 변호사로, 베스는 전업주부로 모든 것이 자리 잡혀 있었다.

그런데 맏아들 버크가 10대 때 보트 사고로 익사하면서 아름답고 안정적이던 이 가정에 조금씩 틈이 생기기 시작한다. 버크의 익사를 지켜봤던 동생 콘래드는 형의 죽음에 대해 항상 죄책감을 느끼며 산다. 얼마 후 그는 자살을 시도하다가 정신병원에 4개월 간 입원을 하고 만다.

영화는 그 일이 있은 후 콘래드가 고등학교 졸업반이 되는 장면에서 다시 시작된다. 콘래드는 심한 우울증에 시달리며 자신을 통제하려고 애쓴다. 콘래드를 비롯하여 가족 중 어느 누구도 버크의 죽음으로 인한 슬픔을 입 밖으로 꺼내지 못한다.

콘래드는 일주일에 두 번씩 정신과 의사와 만나 자신의 내면을 돌아본다. 그는 점차 형의 죽음에 대한 자신의 죄책감과 수치심, 고통을 솔직하게 드러내기 시작했다. 그는 형을 무척 아꼈던 엄마의 냉정함과 다른 사람들에게 '괜찮게 보이려고' 부단히 애썼던 자신을 인정했다.

아버지 캘빈은 콘래드가 가족의 암묵적인 규칙을 깨고 자신을 표현하기 시작하자 긴장감을 느낀다. 그는 마침내 아내 베스에게 솔직하게 이야기하려고 시도한다. "우리가 이 문제에 대해 사람들과 터놓고 이야기하는 것이 더 좋을지 싶은데?"

하지만 베스는 자신을 방어한다. "도대체 무엇 때문에 그 이야기를 해야 하는 거죠? 나는 이미 충분히 많은 일을 겪었어요. 더 이상은 싫어요. 여기서 더 바뀌는 건 싫어요.… 더 놀라고 싶지도 않고요.… 내가 가진 건 지키고 싶어요. 우리 집안 문제는 우리끼리 해결해야 하잖아요."

하지만 너무 늦었다. 모든 것을 잊기 위해 3주 동안 휴가를 가졌음에도 불구하고 진실을 덮었던 거짓 껍데기는 깨지고 말았다.

캘빈은 결국 베스에게 진실을 말하기 시작했다. "버크의 장례식에 갈 때 당신은 내가 어떤 신발을 신어야 할지에 대해서만 걱정했지."

베스는 아무 대답도 할 수 없었다. 어두운 새벽 캘빈이 식탁에 앉아 흐느낀다. 베스가 들어와 무슨 일이냐고 묻자 캘빈은 조용한 목소리로 대답한다. "당신은 아름답지만 예측할 수 없는 사람이오. 아니 너무 신중하지…."

그는 잠시 깊은 숨을 들이마신 후 이렇게 말한다. "그 일이 없었다면 모든 것이 잘되었을 테지. 하지만 당신은 일이 잘 풀리지 않으면 어떻게 해야 할지 모르는 것 같아. 당신은 모든 것이 제자리에 깔끔하게 정리되어야 직성이 풀리는 사람이니까. 잘 모르겠어. … 어쩌면 당신은 그 누구도 사랑할 수 없는 사람인 거 같아. 아니면 버크가 죽었을 때 그에 대한 모든 사랑도 함께 묻어 버린 것 같아. … 내가 이해할 수 없는 건 … 어쩌면 버크가 아닐지도 … 그것은 어쩌면 당신 자신이었을 거야. 그게 누가 되었건 난 당신이라는 사람을 잘 모르겠어. 우리가 함께 살아왔던 시간들도 … 그래서 눈물이 나네. … 내가 지금도 당신을 사랑하는지도 모르겠고, 당신 없이 뭘 해야 할지도 모르겠어."

베스는 천천히 몸을 돌려 침실로 올라간다. 잠시 동요가 이는 듯 하더니 곧 침착함을 되찾고 가방을 챙겨 나와 조용히 택시에 오른다. 그들의 결혼은 그렇게 끝났다.

베스는 자신의 고통과 상실을 주의 깊게 살피기를 거부했다. 결국 그녀의 사랑도 죽고 말았다. 그녀의 감정은 죽어 버렸다.

욥의 비참함이 언제까지 계속되었는지 우리는 알지 못한다. 수개월, 어쩌면 수년 동안 지속되었을지도 모르겠다. 다만 그가 하나님과 자기 자신에게 주의를 집중하고 '영혼의 어두운 밤'이라는 혼란 속으로 들어가기로 결정했다는 것만은 분명하다. 그 결과 우리는 그 열매인 '욥기'를 맛보게 되었다.

2. 혼란의 소용돌이 속에서도 기다리라

나는 지하철이나 버스, 비행기 또는 사람을 기다리는 것이 싫다. 대부분의 뉴요커들처럼 상대방의 말을 끝까지 들어 주지 못하고 중간에 잘라 버릴 때가 많다. 그리고 성급하게 말을 꺼내기도 한다.

지난 30년 동안 신앙생활을 하면서 가장 힘들었던 것은 일들이 꼬일 때 잠잠히 하나님을 기다리는 것이었다. 나는 뭔가를 주도하는 쪽을 선호한다. 나는 아브라함이 아들을 주시겠다는 하나님의 약속을 11년 동안 기다리다가 결국 자기 손으로 '자연적인 방법'을 통해 아기를 가지려 했던 심정을 충분히 이해할 수 있다. 우리도 교회나 개인의 삶 안에서 종종 이스마엘을 잉태한다. 오늘날 "여호와 앞에 잠잠하고 참고 기다리라"(시 37:7)는 말씀은 어쩌면 가장 급진적인 명령일 것이다. 어마어마한 겸손을 필요로 하는 말씀이다.

욥은 가장 가까운 사람들이 포기하라고 할 때조차 인내하며 기다렸다. 그들은 혼란 가운데서 슬퍼하며 기다릴 만큼 큰 믿음이 없었다. 욥은 세 친구들(엘리바스, 빌닷, 소발)과 오랫동안 논쟁을 벌였다. 그의 친구들은 욥이 죄 때문에 고난을 당하고 있다고 확신했다.

그들은 거듭 논쟁을 펼쳤다. "이것이 하나님의 이치라네. 자네는 뿌린 대로 거두는 것이니 분명 뭔가 나쁜 일을 했음에 틀림없어. 다시금 하나님의 축복을 받으려면 회개해야 하네. 자네는 자네 죄 때문에 고통당하는 것이야. 죄인에게는 수많은 어려움이 있다네."

욥의 세 친구들은 '전통적인 종교' 또는 '율법주의'를 표방한다. 이런 식이다. "당신이 치유되지 않는 이유는 충분히 기도하지 않고, 충분히 금식하지 않고, 성경을 충분히 읽지 않았기 때문이다. 당신의 고통이 크다는 것은 당신이 더 많은 죄를 지었다는 의미이다."

하지만, 욥의 경우에는 그런 논리가 해당되지 않는다. 그는 악에서 떠났음에도 고난을 당하고 있었다. 그의 친구들은 혼란, 곧 신비를 인정할 여유가 없었다. 오늘날 많은 그리스도인들처럼 그들은 모든 진리를 알고 있는 것처럼 과신했다. 그들은 하나님 자리에서 모든 것을 아는 것처럼 행동했다. 욥은 하나님은 물론이고 성경을 인용하며 자신을 탓하는 친구들과도 논쟁을 벌여야 했다. 그들은 하나님을 변호하며 욥을 훈계하려고 했다. 하나님이 하시는 일을 설명하려는 그들의 시도는 이미 고통받고 있는 욥을 다시 고문하는 것과 같았다. 그의 기분이 어땠는지 이해가 되는가?

손쉬운 해결책이나 세상의 범주로는 이 혼란을 극복할 수 없다. 우리의 영성에 배어 있는 서구 문화는 혼란을 가중시킬 뿐이다. 그래서 우리는 하나님이 주신 한계를 극도로 싫어하는 것이다.

3. 자신의 한계를 받아들이라

우리는 슬프게도 한계를 지닌 존재이다. 자신의 한계를 받아들이면 하나님과 사람들 앞에서 겸손해질 수 있다. 욥은 위대한 사람이었지만 그 역시도 자신의 한계를 받아들여야 했다.

우리가 가진 다음의 한계들을 곰곰이 생각해 보라.

- 물리적인 몸 : 인간의 몸은 언젠가는 반드시 죽어 흙으로 돌아가게 된다. 우리는 살기 위해 먹고 마시며 잠을 자야 한다. 성형 기술이 아무리 발달되어 있어도 궁극적으로 노화를 멈출 수는 없다. 우리는 못다 이룬 꿈과 계획들을 간직한 채 우리 생을 마감할 것이다.
- 원(原) 가족 : 우리가 속한 가족과 인종, 출생 국가, 문화는 우리에게 재능과 한계를 동시에 준다. 양부모든, 편부모든, 입양이든 우리는 모두 가족들이 부여한 한계를 안고 성인으로 자란다.
- 결혼 여부 : 결혼이나 독신도 하나님이 주신 한계에 속한다. 자녀

가 있다면 자녀의 수나 구성도 한계로 작용한다.
- 지적 능력 : 문학과 수학, 공학과 목공, 물리와 음악 등 다방면에서 골고루 탁월한 재능을 보이는 사람은 없다.
- 재능과 은사 : 예수님은 모든 은사를 다 가지고 계신다. 당신은 아마 열 가지 정도? 나는 세 가지쯤 되겠다.
- 물질적인 풍요 : 자신이 백만장자라 해도 소유하는 데는 한계가 있다. 우리의 번영에도 한계가 있다.
- 원 재료 : 하나님은 우리에게 독특한 자아를 구성하는 특정 성품과 기질을 주셨다. 나는 뛰어난 감각을 가진 외향적인 사람이다. 둘 다 은사이면서 한계다. 글 쓰고 말하고 창조적인 일에 뛰어난 편이다. 많은 스태프들과 교회를 이끄는 리더십은 부족한 편이다.
- 시간 : 인생은 딱 한 번뿐이다. 모든 것을 다할 수는 없다. 나는 아시아나 유럽, 아프리카, 또는 미국의 시골에서 살아보고 싶다. 몇 가지 다른 직업도 가져 보고 싶다. 하지만 불가능한 일이다. 내게 주어진 시간이 너무 짧기 때문이다.
- 일과 인간관계 : 땅은 우리에게 "가시덤불과 엉겅퀴"(창 3:18)를 낸다. 따라서 우리는 평생 수고로이 일해야 한다. 완벽한 종결은 없다. 항상 온전히 달성할 수 없음에 대한 아쉬움이 있다. 관계들도 하늘나라에 가기 전까지는 완벽하지 않다. 누군들 서로가 서로를 완전하게 사랑할 수 있는 시간과 에너지, 성숙함을 갖춘 교회를 꿈꾸지 않겠는가! 하지만 그럴 수 없다. 이 또한 우리가 슬퍼해야 할 한계다. 그렇지 않으면 줄 수 없는 것을 요구하는 꼴이 될 것이다.
- 영적 이해력 : "감추어진 일은 우리 하나님 여호와께 속하였거니

와"(신 29:29). 하나님은 예수 그리스도와 성경, 자연 만물을 비롯하여 다양한 방법으로 자신을 드러내셨다. 하지만 아직도 많은 부분은 우리의 이해를 초월한다.

세례 요한은 자신의 한계를 인정한다는 게 어떤 의미인지를 정확하게 이해했다. 예수님이 사역을 시작하자 요한을 따라 세례를 받았던 무리들이 단번에 돌아서 예수님을 따르기 시작했다. 몇몇 제자들은 이 극적인 반전에 당황하며 "사람이 다 그에게로 가더이다"(요 3:26)라고 불평했다.

하지만 요한은 자신의 한계를 인정하며 이렇게 대답했다. "만일 하늘에서 주신 바 아니면 사람이 아무것도 받을 수 없느니라"(요 3:27). 그는 자신의 한계와 인간성, 떨어지는 인기를 그대로 받아들였다. "그는 흥하여야 하겠고 나는 쇠하여야 하리라"(요 3:30).

이와 대조적으로 대부분의 사람들은 갓난아이와 같다. 갓난아이는 젖을 달라고 보챈다. 다른 사람들은 자신의 필요를 채워 주기 위해 존재할 뿐 자신이 우주의 중심이다. 그는 과대망상과 오만함, 철없음이라는 병을 알고 있다. 아이가 성장하려면 자신이 우주의 중심이 아니라는 사실을 배워야 한다. 우주는 그의 욕구를 위해 존재하는 게 아니다.

이는 우리 모두가 배워야 할 뼈아픈 교훈이다. 우리의 자아는 자신을 부풀려 마치 하나님처럼 행동하려는 성향이 있다. 종종 우리는 현실이 지탱할 수 있는 것보다 더 큰 환상과 욕망을 가지고 있다. 그 결과로 하나님이 의도하신 것보다 더 많은 것을 이루고자 안간힘을 쓰며 노력한다. 우리가 할 수 있는 일보다 더 많은 일을 할 수 있다는 생각에 곧 탈진하는 것이다. 결국 스트레스를 받고 사람들을 탓하기 시작한다. 자신이 멈추면 세상(교회나 친구, 사업, 자녀들)도 멈출 거라 확신하며 기를 쓰고 이리저리 뛰어다닌다. 어떤 이들은 갈망하는 바가 너무 높고 원대해서 어떤 노력을 해도 소용없을 거란 생각에 지레 좌절감에 빠져들기도 한다.[7]

하나님 자리에서 내려와 인간의 섬 안에 들어가야만 영적 성장도 가능하다. 우리는 어느 부분에서 한계를 싫어한다. 받아들이려 하지 않는다. 이는 우리가 죽음에 대해 성경적으로 슬픔을 표현하는 것이 영적 성숙에서 반드시 필요한 이유이기도 하다. 우리는 죽음을 통해 겸손해진다.

사실 자녀양육이나 리더십의 중요한 역할 가운데 하나는 자녀나 사람들로 하여금 자신의 한계를 받아들이도록 돕는 것이다. 가정이나 일터, 공동체, 교회 내에서 얼마든지 적용해야 한다.

4. 겸손의 사다리를 오르라

욥은 고난을 겪으면서 완전히 변화된 새사람으로 태어났다.

엄청난 상실과 오랜 기다림 끝에 하나님은 인생의 폭풍 속에서 그에게 말씀하셨다. 처음으로 네 차례나 "내 종"이라 칭하시며 친밀하고 각별한 애정을 보이셨다(욥 42장 참조). 욥은 자신을 고문하다시피 한, 고통에 둔감했던 거만한 세 친구에게 복수할 기회를 얻었다. 하지만 오히려 그들을 축복하고 기도해 주었다(욥 42:7-9 참조). 기다림의 시간을 지나는 동안 욥은 '겸손의 사다리'를 오르기로 결정했다. 겸손의 사다리는 주님 안에서 성숙하기 위해 반드시 거쳐야 단계이다(마 5:3-10 ; 눅 14:7-11 ; 18:9-14).

6세기경 성 베네딕트(St. Benedict)는 겸손의 은혜 안에서 성장하기 위해 필요한 12단계를 제시했다. 목표는 우리의 전 인격을 통해 드러나는 완전한 사랑과 변화이다. 오늘날 이 사다리를 오르려는 그리스도인들이

얼마나 되는지는 잘 모르겠다. 물론 이 역시 다른 방법들처럼 오용될 여지가 있다. 하지만 다른 요소들과 함께 적용된다면 놀라운 효력을 발휘할 것이라고 믿는다.

그림 9는 베네딕트의 겸손의 사다리를 내 식으로 정리한 것이다.[8]

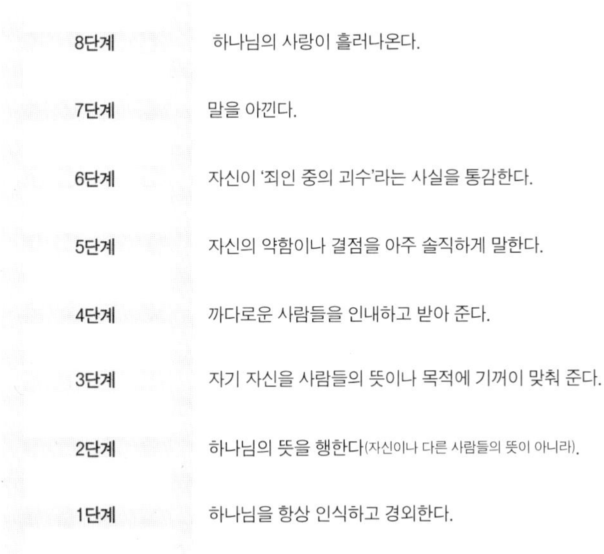

8단계	하나님의 사랑이 흘러나온다.
7단계	말을 아낀다.
6단계	자신이 '죄인 중의 괴수'라는 사실을 통감한다.
5단계	자신의 악함이나 결점을 아주 솔직하게 말한다.
4단계	까다로운 사람들을 인내하고 받아 준다.
3단계	자기 자신을 사람들의 뜻이나 목적에 기꺼이 맞춰 준다.
2단계	하나님의 뜻을 행한다 (자신이나 다른 사람들의 뜻이 아니라).
1단계	하나님을 항상 인식하고 경외한다.

그림 9 겸손의 사다리

• 1단계 : 하나님을 항상 인식하고 경외한다.

우리는 종종 하나님의 존재를 망각하고 그분이 계시지 않은 것처럼 행동한다.

• 2단계 : 하나님의 뜻을 행하느라 열심이다.

영적 변화의 핵심은 우리 삶에서 자신의 뜻을 하나님의 뜻에 복종시키는 것이다.

• 3단계 : 자기 자신을 사람들의 뜻에 기꺼이 맞춰 준다.

자신이 옳고 만능이라는 교만한 마음을 내려놓고 다른 사람을 통해 하나님의 뜻이 발현될 수 있음을 열린 마음으로 받아들인다. 직장 상사나 친구의 말이 하나님의 말씀이 될 수도 있다. 투덜거리거나 불평하지 않고 순종한다.

• 4단계 : 까다로운 사람들을 인내하고 받아 준다.

우리 삶은 수많은 사람들과의 관계로 이루어져 있다. 그중에서 특히 서로 부대끼며 사는 것은 매우 짜증스러운 일이 될 수 있다. 그러려면 상대방이 적절한 시간에 그들만의 방법으로 자신의 연약함을 알아차릴 수 있도록 기회를 주어야 한다.

• 5단계 : 자신의 약함이나 결점을 아주 솔직하게 말한다.

겉으로 안 그런 것처럼 보이려는 태도를 버린다. 친구나 배우자, 부모님, 또는 우리의 성장을 도와주는 사람들에게 자신의 연약함이나 한계에 대해 말한다.

• 6단계 : 자신이 죄인 중의 괴수라는 사실을 통감한다.

자신이 다른 누구보다 더 많은 죄성을 가졌고 약한 존재라는 것을 안다. 우리는 죄인 중의 괴수다. 그렇다고 해서 자신을 미워하거나 학대하지 않는다. 더 친절해지고 부드러워진다.

• 7단계 : 말을 아낀다(자제력도 강해진다).

사다리의 꼭대기에 거의 다 온 것 같다. 말의 절제는 하나님을 추구하는 삶, 지혜로 가득한 삶에서만 나올 수 있는 열매이다. '베네딕트의 규칙서'에도 나오듯이 "지혜로운 사람은 말이 적은 사람"이다.

• 8단계 : 하나님의 사랑이 흘러나온다.

이 단계에 이르면 건방지거나 교만하지 않고 다른 사람을 무시하거나 비꼬지도 않으며, 자신이 중요한 사람이라는 분위기도 전혀 풍기지 않는다. 그리고 자신과 다른 사람의 한계를 기꺼이 받아들인다. 우리가 얼마나 쉽게 깨질 수 있는지, 그리고 얼마나 큰 착각 가운데 살아가는지 깊이 인식한다. 하나님의 은혜를 의지하는 데서 만족을 찾고, 늘 참된 자신과 함께 머문다. 모든 것을 선물이라고 받아들인다.

과거를 통해 새로운 미래를 창조하라

슬픔을 잘 다룬다는 것은 단지 잊어버리는 것이 아니라 그 슬픔을 축복으로 승화시키는 것이다. 욥은 정확히 그렇게 했다. 그의 옛 삶은 완전히 막을 내렸다. 그것이야말로 상실에 대한 위대한 애도이다. 무엇이든 끝내야 할 때가 있다. 우리는 과거로 다시 돌아갈 수 없다. 우리도 욥이 걸었던 길을 따라 … 주의를 집중하고, 혼란의 소용돌이 속에서도 기다리며, 자신의 한계를 받아들이고 겸손의 사다리를 오르자. 그리고 마지막으로 과거를 통해 새로운 미래를 창조하자. 하나님의 때에. 그러면 복된 삶을 살게 될 것이다.

이것이 우리가 욥에게서 배워야 할 교훈이다. 욥은 고난과 상실이라는 험난한 길을 통해 하나님에 대한 이해의 폭을 넓혔다. 하나님은 그런 그에게 과할 정도의 축복을 주셨다. 영적으로뿐 아니라 물질적으로도 엄청난 축복을 주신 것이다. "욥의 곤경을 돌이키시고 여호와께서 욥에게 이전 모든 소유보다 갑절이나 주신지라. … 욥의 말년에 욥에게 처음보다 더 복을 주시니"(욥 42:10, 12). 하나님은 그에게 열 명의 자녀들을 다시 허락하셨고, 아주 오래도록 장수하게 하셨다.

우리는 살아가면서 크고 작은 죽음의 경험들을 한다. 그럴 때마다 우리는 욥의 이야기를 통해 살아계신 하나님을 신뢰하도록 용기를 얻는다. 그리스도가 우리에게 주시는 메시지도 동일하다. 고난과 죽음이 부활과 변화를 가져온다. 예수님의 삶과 말씀처럼 말이다. "내가 진실로 진실로 너희에게 이르노니 한 알의 밀이 땅에 떨어져 죽지 아니하면 한 알 그대로 있고 죽으면 많은 열매를 맺느니라"(요 12:24).

부활은 죽음을 통해서, 그것도 진짜 죽음을 통해서만 온다는 것을 반드시 기억하라. 우리가 겪는 죽음과 상실은 실제 사건이다.

살아 계신 우리의 하나님도 실제이시다.

하나님과 새로운 관계에 들어서다

우리가 상실을 껴안고 받아들인 결과는 참 풍성하다. 우선 우리 삶에 아름다운 열매가 주렁주렁 맺힌다. 그리고 무엇보다 가장 큰 열매는 하나님과의 관계가 새로워진다는 것이다. 우리는 "주세요, 주세요, 주세요"의 기도에서 벗어나 하나님과 사랑으로 하나 되는 친밀하고 애정 넘치는 기도를 할 수 있다.[9] 하나님의 방식대로 슬퍼할 때 우리의 삶은 영원히 변화된다.

다음 장에서는 '매일 기도와 안식'이라는 두 가지 영적 훈련에 대해 보다 심도 있게 살펴보려고 한다. 보다 성숙한 기도 생활과 정서적으로 건강한 영성에 왜 필요한지 알아보도록 하자.

PRAYER

주 예수님, 제 고통과 상실감을 떠올리면 마치 제 자신을 보호해 줄 피부가 없는 것처럼 느껴집니다. 살가죽은 물론이고 뼛속까지 그 아픔이 전해집니다. 왜 이런 고통을 제게 허락하시는지 잘 모르겠습니다. 욥을 보면서 위로를 얻지만 과거에서 벗어나 미래로 나아가는 길은 여전히 버겁고 힘이 듭니다. 주님, 그 고통에 주의를 기울이고 그것을 받아들일 용기와 주님을 기다릴 인내를 주십시오. 주님도 아시겠지만 저는 온몸으로 제 자신의 한계와 겸손함, 십자가에 저항하고 있습니다. 성부, 성자, 성령 하나님, 제 안에 들어와 거하시고 자유롭게 운행하시며 저의 모든 찢겨진 틈들을 메워 주십시오. 그래서 마침내 욥의 기도가 저의 고백이 되게 해 주십시오. "내가 주께 대하여 귀로 듣기만 하였사오나 이제는 눈으로 주를 뵈옵나이다"(욥 42:5). 예수님의 이름으로 기도합니다. 아멘.

Chapter 8

5단계:
안식하고 날마다 기도하라

- 숨을 고르고 영원의 공기를 마시다

우리는 세상의 눈보라 속에서 살고 있다. 생명의 로프를 가지고 있는 이들은 소수이다.

파커 팔머는 《다시 집으로 가는 길》(A Hidden Wholeness)에서 미 중서부 지역에 사는 농부들의 이야기를 언급하고 있다. 그들은 눈보라가 몰아칠 때 안전하게 집에 돌아올 수 있도록 집 뒷문에서 헛간까지 로프를 매어 두는 풍습이 있다. 이 지역의 눈보라는 매섭고 사나우며 매우 위험하기로 유명하다. 눈보라가 강하게 불어닥칠 때는 자기 손끝도 보이지 않는다. 그래서 많은 사람들이 길을 잃고 헤매다 이 눈보라 속에서 얼어 죽는다. 그들은 빙빙 돌면서 헤매기도 하고 어떨 때는 자기 집 뒷마당에서 길을 잃기도 한다. 잡고 있던 로프를 놓치는 순간 집으로 가는 길을 찾을 수 없게 되고 만다. 어떤 사람들은 몇 발자국만 더 내디디면 현관인데도 자신이 어디에 있는지 모른 채 그냥 얼어 죽고 만다.

오늘날에도 기상학자들은 캐나다와 대초원 지역의 일부 주민들에게 폭설 속에서 길을 잃지 않으려면 집으로 연결되는 긴 로프를 단단히 붙잡으라고 조언한다.[1]

우리 역시 자신을 감싸고 휘몰아치는 눈보라 때문에 영적인 길을 잃을 수 있다. 영적인 눈보라는 보통 너무 많은 일을 떠맡을 때 발생한다. 일에 대한 부담과 가족들의 요구 사이에서 머뭇거리다 보면 삶은 어느새 자신의 용량을 넘어 나락으로 떨어지고 만다. 다중 작업을 하다 보면 자신이 세 가지 일을 동시에 하고 있다는 사실조차 잊어버린다. 그래서 적은 시간 안에 많은 일을 해내는 사람들을 보면 존경스러울 뿐이다. 그들은 우리의 롤 모델이기도 하다.

이와 동시에 대부분의 사람들은 지나치게 많은 일들을 해내느라 항상 긴장 상태이다. 정신없고, 서두르며, 넋이 나간 듯 피곤에 절어 있으며, 늘 시간에 쫓들린다. 휴대폰은 수없이 많은 일정들로 채워져 있고 수첩에는 해야 할 목록들로 빼곡히 채워져 있다. 허투루 버려지는 시간 없이 일분일초라도 아끼기 위해 힘겹게 살아가고 있다.

그럼에도 큰 변화는 없다. 과도한 활동은 오히려 비생산적이다. 우리는 일을 하고 아이들을 키우느라 완전히 탈진된 상태로 하루를 마감한다. 그나마 자유로운 주말에는 미처 끝내지 못한 일들을 하느라 짬을 내지 못한다.

설교를 듣거나 책을 읽으면 삶의 속도를 늦추고 여유를 만들어 보라는 조언을 듣곤 한다.[2] 재충전을 위해 휴식이 필요하다는 소리도 많이 듣는다. 직장에서도 세미나를 통해 충분히 휴식하며 자신을 보충해 줄 때 생산성이 높아진다는 것을 배운다.

하지만 우리는 멈출 수 없다. 바쁘게 살지 않으면 시간을 낭비한 것 같고 게으른 것 같은 죄책감을 느끼는 것이다.

마치 우리 삶을 충전할 다른 길은 없는 것처럼 많은 일을 하면서 분주하게 산다. 이는 일종의 중독이다. 마약이나 알코올이 아닐 뿐 업무와 일, 행동에 대한 중독이다. 이처럼 매일, 매주, 매년 반복되는 이 삶의 리듬은 서서히 우리 삶을 눈보라 속으로 집어삼키고 있다.

여기에 더해 우리 삶의 허를 찌르는 예상치 못한 삶의 폭풍과 시련들도 불어온다. 왜 이렇게 많은 사람들이 갈피를 못 잡고 허둥대는지 짐작할 수 있는 대목이다.

우리에겐 우리를 집까지 인도해 줄 로프가 절실하다.

하나님은 우리가 길을 잃지 않도록 로프를 제공해 주신다. 우리를 집에 데려다주는 로프이면서, 삶의 중심이자 뿌리로 우리를 안내해 주는 끈이다. 바로 수천 년 전으로 거슬러 올라가 발견할 수 있는 두 가지 영적 훈련인데 곧 매일 기도와 안식이다. 현대 기독교 안에서 봤을 때 이 두 가지는 서구 문화에 대항하여 지축을 흔드는 반문화적인 행동들이다. 그리고 하나님과 우리 자신, 우리의 관계 및 믿음, 가치에 대한 강력한 선언이기도 하다.

일상의 걸음을 멈추고 '매일 기도'와 안식에 시간을 내는 것은 빡빡한 일정에 또 하나의 활동을 추가하는 것을 의미하지 않는다. 우리의 삶을 하나님이라는 새 종착역을 향해 재조정하는 것이다. 이는 이 세상에서 전적으로 새롭게 살아가는 방법이다.

매일 기도와 안식은 삶의 눈보라 속에서도 하나님께로 돌아갈 길을 안내해 주는 로프와 같다. 그리고 처리해야 할 일들이 태풍처럼 밀려들 때 우리의 삶을 흔들리지 않게 붙잡아 주는 닻이기도 하다. 이 두 가지 영적 훈련들은 '해야 할 일'이 아니라 '하고 싶은 일'이 되어야 한다. 그때 비로소 삶의 리듬이 회복되어 살아 계신 하나님과 참된 관계를 맺을 수 있다.

이는 현대 그리스도인들에게는 가히 혁명적인 영적 훈련이 아닐 수 없다.

지금 잡고 있는 로프로는 불충분하다

요즘 우리는 젊은 그리스도인들에게 경건의 시간과 기도 시간을 통해 하나님과의 관계를 발전시키라고 가르친다. 경건의 시간이라 함은 대개 10-30분 정도의 시간 동안 성경을 읽고 개인적인 기도를 하며 기도 수첩에 적힌 여러 가지 제목을 따라 하나님께 아뢰는 것을 말한다. 매주일 교회에 나가고, 소그룹 모임에도 참석하면서 우리는 우리가 배운 것들로 휘몰아치는 인생의 눈보라 속에서 버틸 수 있기를 소망한다.

하지만 소망대로 되지 않는다.

아침에 하나님을 묵상한 지 두 시간도 채 못 되어 매일의 일과 속에 역사하시는 하나님을 쉽게 잊어버린다. 점심때쯤 되면 사람들에게 짜증을 부리고 있다. 늦은 오후쯤 되면 하나님의 임재는 벌써 의식에서 사라진 지 오래다. 저녁 식사를 마칠 때가 되면 하나님이 정말 멀리 계신 것처럼 느껴진다. 아내와 아이들은 이런 내 모습을 지켜보며 궁금해한다. "아빠한테 무슨 일이 일이 일어난 거지?" 저녁 9시가 되면 나도 스스로에게 똑같이 묻고 있다.

나는 하루 온종일 하나님을 의식하며 살고 싶었다. 로렌스 형제(Brother Lawrence)가 《하나님의 임재 연습》에서 말한 대로 그분의 임재 안에서 살기를 누구보다 원한다. 아내와 내가 수년 동안 주의를 기울였던 건강한 정서와의 통합은 사람들의 삶을 극적으로 변화시켰다. 하지만 뭔가 명확해지지 않는 것이 있었다. 나는 삶의 속도를 늦추고 활동과 관상의 균형을 잡아야 함을 깨달았다. 우리의 한계를 받아들이는 것도 많은 도움이 되었지만 여전히 뭔가 빠져 있었다.

영성을 훈련하는 방법은 무척이나 다양하다. 성찰의 기도, 수련회, 영성 수업, 예배, 소그룹에서의 교제, 찬양, 구제, 성경 공부, 기도문 읽기, 향심 기도(centering prayer), 금식, 성경 암송, 렉시오 디비나(lectio divina, 거룩한 독서라는 뜻으로 말씀 묵상), 회개, 신앙 일기, 중보기도 등등이다.[3] 이처럼 우리에게는 예수님을 따르기 위한 놀라운 선물과 방법들이 있다. 이것들은 각각 한 가닥의 끈이 되어 우리를 집으로 안내해 주는 강한 로프로 엮어진다.

하지만 무엇보다 매일 기도와 안식은 우리 삶의 리듬을 잡아 줌으로써 눈보라가 아무리 거세게 몰아치더라도 손끝으로 로프를 느끼며 집으로 돌아갈 수 있게 해 준다. 이 로프는 하나님 자신이다.

하나님께 굴복하다

매일 기도와 안식의 핵심은 일상의 흐름을 끊고 하나님을 신뢰하며 그분의 뜻에 나를 복종시키는 것이다. 에덴동산에서 아담과 하와가 하지 못했던 것 또한 바로 이 일이다. 그들은 동산에서 적법하게 일했고 자신들의 성취를 누렸다. 만약 그들이 자신들의 한계를 수용했다면 선악을 알게 하는 나무의 열매를 먹지 않았을 것이다. 그리고 하나님처럼 되려고 하지 않았다면 전능하신 하나님께 속한 것을 알게 되었을 것이다.

하나님이 그들에게 가르치고 싶었던 것은 이런 것이었다. "그들의 활동과 업적이 활짝 꽃 피운 뒤에 … 뭔가를 더 성취하려고 애쓰지 말라는, 대신 신뢰하며 복종하라는 … 초대를 받는다. … 행동하고 나서 수동적으로 되고, 최선을 다한 뒤 다 잊어버리고, 할 수 있는 것을 다 하고서 잠잠히 있는 것 … 이런 리듬 속에서만 우리의 영이 깨어난다."[4]

신학자 로버트 배런(Robert Barron)의 주장대로 원죄의 핵심은 하나님이 정하신 인간의 리듬을 거부한 것이다.[5] 하나님의 형상으로 지어진 우리는 본질적으로 멈출 줄 아는 능력을 가지고 있다. 우리가 일을 멈추고 쉴 수 있을 때 하나님을 닮아 가게 된다. 일주일에 하루를 쉬거나 매일 작은 안식(매일 기도를 통해)을 경험한다면 내면 깊숙이 품고 있던 하나님의 형상을 빚는 것이나 다름없다. 우리의 뇌와 몸, 정신, 그리고 감정은 일과 휴식의 리듬을 잘 따를 때 비로소 하나님과 연결된다.[6]

매일 기도와 안식은 눈보라 속에서도 삶의 리듬과 기쁨을 잃지 않게 하는 생명의 로프와도 같다.

과거의 유산에서 보물을 깨다 : 매일 기도

매일 기도(Daily Office)는 우리가 흔히 이야기하는 경건의 시간(QT)이나 기도 시간과는 조금 다른 개념이다. 대개 사람들이 경건의 삶에 대해 말하는 것을 보면 '하루를 위한 충전' 또는 '주변의 필요에 대해 기도하는 것'에 강조점을 두는 경향이 있다. 매일 기도의 근본은 하나님께 무엇인가를 구하는 것이 아니라 그분과 함께 있는 것이다.

오피스(Office)는 '일'을 뜻하는 라틴어 '오푸스(opus)'에서 나온 말이다. 초기 교회에서는 매일 기도가 '하나님의 일'이었다. 곧 어떤 것도 끼어들 수 없는 최우선순위의 일정이었다. 이것은 "피조물이 창조주께 … 왕 되신 하나님 앞에서 … 감사와 믿음의 제사, 곧 하나님께 달콤한 향기가 되는 찬양의 기도를 올려 드리는 행동이다."[7]

매사추세츠에 있는 트라피스트 수도원을 일주일 동안 방문했을 때 처음으로 매일 기도를 접했다. 트라피스트의 일과는 기도와 일, 공부, 그리고 휴식이라는 네 가지 활동으로 구성되어 있다. 나는 그중에서도 매일 기도에 마음이 끌렸다. 이는 그들이 일을 하면서도 하나님의 임재를 경험할 수 있도록 하는 수단이자 삶을 건강하게 균형을 유지할 수 있었던 힘이었다.

수도사들과 함께 시간을 보내는 동안 우리는 하루에 일곱 차례씩 서로 만나서 성경을 읽고 노래하며 하나님을 기억했다. 특히 시편의 기도를 많이 사용했다. 하루 일과는 다음과 같다.

- 철야기도 : 오전 3:45(한밤중)
- 찬미기도 : 오전 6:00(동 트기 전)
- 아침기도 : 오전 6:25(제1시- 여기서는 미사를 드렸다.)
- 정오기도 : 오후 12:15(제6시)
- 오후기도 : 오후 2:00(제9시)
- 저녁기도 : 오후 5:40(저녁 시간)
- 마침기도 : 오후 7:40(자러 가기 전)

우리는 많은 시편을 낭송하고(그들은 매주 150편을 모두 낭송했다), 상당량의 성경을 읽었으며 긴 시간 동안 침묵했다. 나는 처음 3일간 마치 딴 세상에 떨어진 것 같았다. 이런 영적 훈련을 365일 동안, 매년, 몇 십 년 계속한다면 어떤 일이 벌어질지 상상조차 안 되었다.

　수도사들은 하루 6시간씩 일을 했지만 거기에는 함께 참여하지 못했다. 육체적으로 너무 힘들어서 낮잠을 자야 했기 때문이다(습관이 붙지 않아서 새벽 3시 15분에 일어나는 것이 너무 힘들었다). 그럼에도 이것 하나만은 분명히 느낄 수 있었다. 곧 활동을 멈추고 매일 기도를 실천하는 것이 하나님께 집중하며 하루 종일 그분의 임재를 경험할 수 있는 열쇠라는 것이다. 지난 30년 동안 한 번도 느껴보지 못했던 새로운 경험이었다.

　내가 가장 놀랐던 것은 함께 대화를 나누면서 그리스도를 사랑하는 마음과 그분의 사랑을 통해 변화되려는 갈망들이 무척이나 서로 닮았다는 점이었다. 그들도 우리와 동일하게 마르다와 마리아 사이에서, 그리고 활동과 관상 사이에서 균형을 맞추려고 애쓰고 있었다.

　트라피스트 수도원에서의 경험을 계기로 그 후 2년간 나는 다양한 곳을 다니며 로마 가톨릭과 프로테스탄트, 그리스 정교회에 대해 더 많은 것들을 배워 보기로 마음먹었다. 프랑스 떼제 공동체에서부터 잉글랜드의 노섬브리안 공동체와 뉴욕 북부의 뉴스케트 수도원에 이르기까지 제리와 나는 다양한 종류의 매일 기도에 참여했다. 그리고 보통의 신자들에게 어떻게 적용할 수 있을지 고민하며 교회사와 관련된 많은 양의 책을 탐독했다. 뉴욕시 같은 곳에서 예수님을 제대로 믿기 원하는 교사나 경찰관, 변호사나 사회사업가, 업자들이나 투자 상담가, 학생 및 집에 있는 주부들이 쉽게 따라할 매뉴얼이 필요했다.

　더 중요하게는 먼저 나 자신에게 적용할 방법을 강구했다. 나는 남편이자 네 딸들의 아버지요, 엄청난 필요들을 가진 매우 활동적인 교회를 맡고 있는 담임 목사이지 않는가. 나는 매일 기도를 우리의 삶, 곧 축구

시합과 교사 모임, 과외 수업, 자녀 양육 문제, 이웃과의 관계, 고장 난 배수관 같은 문제들과 어떻게 접목시켜야 할지 진지하게 고민했다.

다윗은 하루에 일곱 번씩 기도하는 시간을 가졌다(시 119:164 참조). 다니엘은 하루 세 번 기도했다(단 6:10 참조). 예수님 시대의 독실한 유대인들도 하루에 두세 번씩 기도했다. 예수님도 아마 유대인의 관습을 따라 규칙적으로 기도하셨을 것이다. 예수님이 부활하신 후 그의 제자들도 시간을 정해 놓고 기도 생활을 계속했다(행 3:1 ; 10:9 이하 참조).

525년 경 수도사 베네딕트는 하루 여덟 번 매일 기도를 통해 기도 시간을 만들었다. 그중에는 수도사들을 위한 철야기도도 있었다. 베네딕트 규칙서는 서구 문명 형성에 지대한 영향을 미친 문서 가운데 하나다. 규칙서에는 이런 말이 있다. "매일 기도를 알리는 신호를 듣는 순간 모든 수도사들은 즉시 하던 일을 멈추고 최대한 빨리 달려와 … 하나님의 일(매일 기도)보다 더 중요한 것은 없다."[8]

이 사람들은 매일 기도를 통해 하나님과 함께하는 시간을 확보하는 것이 나머지 시간 동안 지속적으로 하나님의 임재를 경험할 수 있는 비결임을 깨닫고 있었다. 이것이야말로 로렌스 형제가 말한 하나님의 임재를 실제적으로 연습할 수 있는 멈춤의 기술이다.

내 삶에도 큰 효과가 있었다. 하루를 아침, 점심, 저녁으로 나누어 하나님과 함께하는 시간을 가지자 나머지 하루의 활동들에서 하나님에 대한 깊은 수준의 신성한 의식을 유지할 수 있었다. 모든 시간은 그분의 것이다. 매일 기도를 지속적으로 실천하면 실제로 세속적인 것과 거룩한 것의 구분이 없어지면서 전 삶이 그분의 것임을 더 분명히 깨닫게 된다.

매일 기도의 네 가지 요소들

하나님은 각 사람을 모두 다르게 만드셨다. 그래서 어떤 사람에게는 통했던 방법이 다른 사람에게는 전혀 효과가 없을 수도 있다. 제리와 나 역시 매일 기도를 아주 다른 방식으로 접근했다. 나는 체계적인 것을 좋아하는 편이라서 대개 기도서나 시편을 이용해서 기도했다. 하루 네 번이라는 규칙적인 리듬도 매우 마음에 들었다.

반면 제리는 책을 포함한 다양한 방법들을 사용하여 매일 기도 시간을 가졌다. 때로는 별 죄책감 없이 이 시간을 건너뛰기도 했다. 아내는 하루 세 번을 목표로 하여 융통성 있게 하나님과 교제하는 시간을 가졌다.. 예를 들어 밖으로 나가 자연 속에서 하나님의 임재를 호흡하는 식이었다.

시간의 양은 자신이 직접 정하면 된다. 시간의 길이가 아니라 규칙적으로 하나님을 기억하는 것이 핵심임을 잊지 말아야 한다. 어디가 되었든 상관없이, 잠시 하던 일을 멈추고 10분이든, 20분이든, 아니면 45분이든 하나님의 임재를 의식하면 된다. 전적으로 자신에게 달린 문제다.

이 시간을 어떻게 채울지도 각자가 알아서 결정하라. 사용 가능한 자료들이 이미 많이 있기 때문에 원하는 대로 고르면 된다. 필리스 티클의 《신성한 시간》(*The Divine Hours*), 노섬브리아 공동체의 《켈트 매일 기도》(*Celtic Daily Prayer*), 노만 샤우척과 루벤 잡의 《하나님을 찾는 이들을 위한 기도 안내서》(*A Guide to Prayer for All Who Seek God*)가 큰 도움이 될 것이다.[9] 이미 많은 사람이 사용하고 있는 이그나티우스의 마침기도도 있다(부록1 참조). 잠자리에 들기 전 하루를 마무리하며 기도할 때 유용하다.

최종적으로 어떤 것을 선택할지는 모르겠지만 매일 기도에는 다음의 네 가지 요소가 반드시 있어야 한다. 한 번에 다 포함시킬 수도 있고 각각 나누어서 해도 무방하다.

1. 멈춤

매일 기도의 본질은 멈춤이다. 하루에 몇 번 실천하느냐보다 하나님과 함께하는 이 시간을 서두르지 않고 느긋하게 보낼 수 있어야 한다는 게 중요하다. 그래야 우리가 읽고 기도하는 것들이 영혼 깊숙이 내려갈 수 있다. 하던 일을 멈추고 살아계신 하나님과 단 둘이 조용한 시간을 가지라. 가령 일과 중에 시간을 내어 하나님께 집중한다는 것은 그분이 우리를 다스리는 왕이심을 신뢰한다는 것이다. 나는 이 시간을 가지면서 무엇인가를 통제하고 싶은 마음을 내려놓고 오직 하나님만이(내가 아니더라도) 이 세상을 다스리신다는 것을 묵상한다.

2. 집중

성경은 우리에게 "여호와 앞에 잠잠하고 참고 기다리라"(시 37:7)고 명령한다. 또한 "너희는 가만히 있어 내가 하나님 됨을 알지어다"(시 46:10)라고 말한다. 우리는 하나님의 임재 안에서 쉬어야 한다. 그것만으로도 상당한 효과를 얻을 수 있다. 그 때문에 나는 종종 5분 정도 마음을 가라앉히고 하나님께 집중하는 시간을 가진다. 그러면 긴장과 흥분, 잡다한 생각들이 사라지면서 하나님의 사랑 안에서 휴식할 수 있다. 이때는 주로 제임스 핀리(James Finley)의 지침을 따른다.[10]

- 마음을 열고 주의를 집중한다.

- 앉아서 마음을 가라앉힌다.
- 자세를 바로 한다.
- 천천히 자연스럽게 깊은 호흡을 한다.
- 눈을 감거나, 시선을 바닥에 둔다.

마음이 산만해서 집중이 잘 안 된다면 숨을 깊이 들이마셔 보라. 숨을 들이쉬면서 성령으로 충만해지길 구하고, 내쉬면서는 거짓과 죄와 주님께 속하지 않은 모든 것을 내보낸다고 생각하라.

산만하고 집중이 안 될 때 유용한 또 하나의 방법은 예수 기도를 외는 것이다. "주 예수 그리스도, 하나님의 아들이시여, 이 죄인을 불쌍히 여기소서." 매일 기도를 하는 동안 아무런 일도 일어나지 않는다면 더욱 마음을 집중하라는 부르심이며, 이 땅에서의 짧은 인생에 대해 상고하라는 초대일 것이다.

3. 침묵

달라스 윌라드(Dallas Willard)는 그리스도인의 삶에서 가장 기본적인 훈련이 침묵과 고독이라고 말한다. 고독은 사람들과 일에서 벗어나 혼자 있으면서 하나님께 집중하는 것이며 침묵은 우리 내면과 외면의 모든 소리들을 잠재우고 하나님께 집중하는 연습이다. 헨리 나우웬(Henri Nouwen)은 "고독 없이 영적인 삶을 산다는 것은 불가능하다"고 말했다.[11]

침묵과 고독은 오늘날 그리스도인들이 가장 어려워하는 부분이면서 가장 소홀히 하는 훈련일 것이다. 우리가 사는 세상은 시끄럽고 소란스럽다. 그리고 우리들 대부분은 침묵을 두려워한다. 연구에 따르면 평균적인 그룹이 침묵을 유지할 수 있는 시간은 15분 내외라고 한다. 대부분 교회의 예배 순서를 보더라도 이 말이 맞는 것 같다.

엘리야가 이세벨을 피해 도망치다가 절망감으로 죽기를 구했을 때 하나님은 엘리야에게 산에 서서 기다리며, 당신이 지나가는 것을 보라고 말씀하셨다. 하나님은 과거와는 다른 방식으로 그에게 나타나셨다. 하나님은 바람 속에도(욥의 경우처럼), 지진 가운데도(시내산에서 십계명을 주셨을 때), 불 가운데에도(불타는 떨기나무 속에서 모세에게 나타나셨던 것처럼) 계시지 않았다. 하나님은 "세미한 소리"(왕상 19:12) 가운데 당신을 드러내셨다. 사실 '세미한 소리'라고 번역된 이 말의 원 뜻은 '부드러운 속삭임'에 가깝다. 이것은 침묵을 듣는다고 표현할 수 없어서 사용한 표현이다.

혼돈 후의 침묵은 엘리야에게나 우리에게나 충만한 하나님의 임재를 느끼게 한다. 하나님은 엘리야에게 침묵으로 말씀하셨고 우리에게도 그리하신다. 매일 기도를 하다 보면 자연스럽게 침묵에 이를 수 있다.

4. 성경 읽기

시편은 거의 대부분의 매일 기도 교재에 등장하는 기초이다. 그리고 수세기를 거쳐 교회가 기도문으로 애용했던 성경 본문이기도 했다. 예수님도 이사야를 제외하곤 어떤 성경보다 자주 시편을 인용하셨다. 시편의 기도들은, 화에서 격분까지, 신뢰나 찬양에 이르기까지 우리 삶의 모든 범주를 포함하고 있다. 훌륭한 매일 기도 안내서들은 신약뿐 아니라 구약에 이르기까지 다방면에 걸쳐 교회력과 함께 균형을 맞춘 영적 양식을 골고루 제공해 줄 것이다. 나는 종종 이 일정 속에 주기도문을 천천히 깊이 있게 묵상하는 것을 포함시킨다.

매일 기도 속에 말씀 묵상(렉시오 디바나), 향심 기도(centering prayer), CD를 이용한 경배와 찬양, 일 년에 한 번 성경 통독하기, 고전적인 기도문 읽기 같은 것을 포함시키면 보다 풍성한 영적 훈련이 이루어질 것이다.[12]

활용할 수 있는 여러 가지 도구와 기술들이 있지만 개인적으로 도움이 되지 않는다면 사용하지 않아도 된다. 매일 기도도 마찬가지다. 시편 읽기가 도움이 된다면 더할 나위 없이 좋다. 하지만 시편을 읽는 것이 식상해지고 힘들다면 하지 않아도 된다. 아니면 한 구절만 가지고 묵상해도 좋다. "주께서 나의 앞뒤를 둘러싸시고 내게 안수하셨나이다"(시 139:5) 같은 말씀을 생각하며 조용히 앉아 있기만 해도 된다. 하나님이 우리 안에서 어떤 일을 하고 계시는지, 마음에서 들려오는 소리에 주의를 기울이라. 그리고 다른 사람들에게서도 배우라. 누구든 사계절을 지나듯 다양한 기복을 경험할 것이다. 무엇보다 중요한 것은 하나님의 인도하심에 자신을 맡기는 것이다.

매일 기도는 하루 온종일 하나님을 기억하며 그분과 교제하는 것이 목적이다. 이를 염두에 두고 자신에게 맞는 방법이나 습관을 발전시켜 나가면 된다. 우리는 항상 '내가 더 많이 기도하고, 매일 기도도 잘하고, 안식까지 잘하게 되면 하나님이 더 많이 사랑해 주실 거야'라는 착각에 빠지곤 한다. 하지만 하나님의 은혜는 우리의 행함과 아무런 상관이 없음을 기억하라. 지금보다 하나님의 사랑을 더 많이 받기 위해 우리가 할 수 있는 일은 없다.

우리 교회는 뉴욕시에 자리한 활동적인 지역 교회라는 정체성 안에서 어떻게 하면 매일 기도와 우리의 삶을 통합할 수 있을지에 대해 많은 일을 시도해 왔다. 부록 2는 우리가 개인의 삶과 소그룹 모임에서 이 매

일 기도를 어떻게 적용하고 있는지 보여 주는 예다.[13]

과거의 유산에서 보물을 캐다 : 안식

'안식일'을 뜻하는 '사바스(Sabbath)'는 '그치다, 일을 멈추다'를 의미하는 히브리어에서 왔다. 안식일은 일주일에 한 번 24시간 동안 아무 일도 하지 않는 것이다. 이 날은 하나님이 6일 동안 천지를 창조하시고 제7일에 쉬심으로 창조 사역을 완성하셨고 또 그날을 '거룩하게' 구별하셨음을 의미한다(창 2:2-3 참조).[14] 안식일은 살아 계신 하나님을 중심으로 우리의 전 삶이 돌아가도록 하나의 리듬을 제공해 준다. 일곱째 날 쉬셨던 하나님을 따라 우리도 일을 멈추고 휴식하는 것이다.

의심할 바 없이, 안식일의 명령을 지키는 것은 오늘을 사는 우리들에게 매우 어렵고 급진적이기까지 한 일이다. 이는 우리 영성과 확신과 믿음과 삶의 핵심이다.

현대인들은 하루를 온전히 떼어 하나님 안에서 휴식하며 기뻐하는 것에 대해 전혀 알지 못한다. 나도 한때는 안식이 영적 훈련에 절대적으로 중요한 것이라기보다는 일종의 선택 사항이라고 생각했었다. 하지만 앞에서 논의한 대로 타락한 세상에서 사는 것은 눈보라 속에 있는 것과 같다. 안식일이 없다면 우리는 너무나 쉽게 길을 잃거나 하나님과 자신에 대한 보다 큰 그림을 이해할 수 없을 것이다. 안식일에 대한 이해는 놀라운 초대이자 하나님의 명령이다. 이를 통해 우리는 하나님이 제공하시는 로프를 잡을 수 있다.

삶의 리듬을 위한 하나님의 명령

성경에 나온 대로 안식일을 지키는 것은 하나님의 명령이었다. '거짓 증언하지 말라, 살인하지 말라, 간음하지 말라'와 나란히 붙어 있는 십계명 가운데 하나였다. 그리고 우리를 유익하게 하는 하나님의 선물이었다.

이스라엘 백성은 애굽에서 4백 년이 넘게 노예로 살아왔다. 그들은 단 하루도 쉬지 못하고 일을 해야 했다. 피라미드를 만들기 위한 일종의 생산 도구요, 쉼 없이 일하는 기계나 다름없었다. 그들은 일 년 내내 매주 칠일 동안 일을 했다. 아침부터 저녁까지 힘든 노동에 치이다 보니 몸은 항상 피곤하고 과로 상태였다. 그들에게는 일과 휴식이라는 삶의 리듬을 찾아볼 수도 경험할 수도 없었다. 쉰다는 것은 그들이 선택할 수 없는 일일 뿐 아니라, 허락되지도 않은 일이었다. 이 일을 끝내고 나면 곧 이어 밀려드는 다른 일을 해야 했다.

이런 이스라엘 백성을 애굽에서 불러내셨을 때 하나님은 그들이 하나님의 형상으로 지어진 존귀한 존재라는 사실을 확인시켜 줘야 했다. 그래서 그들이 하나님이 주신 모습을 따라 어떻게 살아갈지 보여 주셨다. 사실상 이렇게 말씀하신 것이다. "처음에는 거북하게 느껴질지 모르겠지만 물고기가 물에서 살도록 지어졌듯 너희도 그렇게 살아가도록 만들어진 존재란다."

십계명 가운데 두 번째 계명과 더불어 가장 길고 구체적인 계명은 네 번째 계명이다. 비교를 위해 십계명 전부를 살펴보면 다음과 같다.

- 제1 계명 - 너는 나 외에는 다른 신들을 네게 두지 말라.
- 제2 계명 - 너를 위하여 새긴 우상을 만들지 말고 또 위로 하늘에 있는 것이나 아래로 땅에 있는 것이나 땅 아래 물속에 있는 것의 어떤 형상도 만들지 말며 그것들에게 절하지 말며 그것들을 섬기지 말라.
- 제3 계명 - 너는 네 하나님 여호와의 이름을 망령되게 부르지 말라.
- 제4 계명 - 안식일을 기억하여 거룩하게 지키라. 엿새 동안은 힘써 네 모든 일을 행할 것이나 일곱째 날은 네 하나님 여호와의 안식일인즉 너나 네 아들이나 네 딸이나 네 남종이나 네 여종이나 네 가축이나 네 문안에 머무는 객이라도 아무 일도 하지 말라. 이는 엿새 동안에 나 여호와가 하늘과 땅과 바다와 그 가운데 모든 것을 만들고 일곱째 날에 쉬었음이라. 그러므로 나 여호와가 안식일을 복되게 하여 그 날을 거룩하게 하였느니라.
- 제5 계명 - 네 부모를 공경하라.
- 제6 계명 - 살인하지 말라.
- 제7 계명 - 간음하지 말라.
- 제8 계명 - 도둑질하지 말라.
- 제9 계명 - 네 이웃에 대하여 거짓 증거하지 말라.
- 제10 계명 - 네 이웃의 집을 탐내지 말라.

(출 20:1-17 참조)

하나님은 일하셨다. 우리도 일해야 한다. 하나님은 쉬셨다. 우리도 쉬어야 한다. 하나님은 하늘과 땅, 그 안의 모든 것들을 창조하신 후 마지막 일곱째 날 안식하셨다. 이 안식은 일주일 동안의 천지창조 사역(창 1:1-2:4) 가운데 클라이맥스였다. 이처럼 우리도 안식일을 정점으로 삼아야 한다.

이스라엘 백성들이 약속의 땅에 들어가기 전, 모세는 다시 한 번 하나님의 계명을 선포한다. 그는 이스라엘이 주변의 이방 나라들 사이에서 일을 멈추고 안식하는 그 행동이야말로 하나님이 주신 자유를 드러내는 표지가 될 것이라고 말한다(신 5:13 이하 참조). 우리도 서구 문화의 거대한 압박에 굴복하지 않고 자유로운 백성으로서의 표지를 보여 주어야 한다. 세상은 일과 소유를 통해 사람들을 평가하고 가치를 측정하지만 우리는 그것과 구별되는 삶을 살도록 부름받았다. 우리는 자신의 행위가 아닌 존재 자체로 하나님의 깊은 사랑을 받는 사람들이다.

안식일은 일주일에 하루 아무 일도 하지 않고 쉴 수 있는 시간이다. 뭔가 해결해야 할 일도 이루어 내야 할 성과들도 없다. 세상적인 표준에서 보자면 안식일은 비효율적이고 비생산적이며 무용한 날이다. 하지만 어떤 신학자가 말했듯이 "아무것도 하지 않고 다만 하나님과 함께 있는 것의 가치를 모른다면 기독교의 핵심을 놓치는 것이다."[15]

안식일은 역사적으로 항상 유대인의 특징이었다. 그들은 강력한 시대 문화에 동화되고자 하는 유혹을 받아 왔지만 안식일을 지킴으로써 자신들의 신앙과 전통을 지켜 냈다. 이런 점에서 지난 3천 5백 년 동안 유대인들이 안식일을 지켰다기보다 안식일이 유대인들을 지켰다고 말하기도 한다. 하지만 21세기를 사는 그리스도인들에게는 전혀 해당되지 않는 이야기이다.

안식일은 우리가 하나님의 사람들로서 살아갈 때 하나님 안에서 삶을 이해하는 방식이자 삶의 리듬이며, 우리에게 주어진 선물이자 의미, 그리고 삶의 궁극적인 목적을 지지해 주는 수단이다. 안식일을 지키며 우리는 다음의 사실을 더욱 확신한다. "하나님이 우리 삶의 중심이시다. 그분은 우리 실존의 처음과 중간, 마지막이시다." 우리는 안식일을 통해 우리를 돌보시고 우리에게 필요한 것들을 제공해 주시는 하나님을 신뢰할 수 있다.

유진 피터슨(Eugene Peterson)은 안식일이 그리스도인의 삶에서 가장 왜곡되고 남용되는 것 중 하나이긴 하지만 우리에게 없어서는 안 될 것이라고 지적한다. "안식일은 우선적으로 우리에 관한 것이 아니며 우리의 유익을 위한 것이 아니다. 안식일은 하나님에 관한 것이며 하나님이 우리 삶을 완성해 나가시는 방법이다. … 안식일 외에 다른 방법은 없다. 창조 세계에 적합하게 살아가려면 우리는 반드시 안식일을 지켜야 한다."[16]

성경적 안식의 네 가지 원리

안식일을 지킬 때 가장 위험한 것은 기계적인 열심으로 임하는 율법주의이다. 목회자나 간호사, 의사, 경찰관, 그리고 주일에 일을 해야 하는 사람들은 어쩌란 말인가? 예수님은 안식일을 지키면서도 병자들을 고치셨고 사람들에게 설교도 하셨다. 사람들마다 요구되는 일이 다 다르기 때문에 어떤 사람들은 선택의 여지없이 토요일과 일요일에 반드시 일을 해야 한다. 이런 경우 일을 하지 않는 다른 날을 안식일로 지키면 된다.

일주일에 하루(24시간)를 안식일로 삼는 삶의 리듬을 규칙적으로 유지하는 것이 중요하다. 유대인들의 안식일은 전통적으로 금요일 저녁부터 토요일 저녁까지다. 대부분의 그리스도인들은 토요일 저녁 6시나 7시부터 다음날 같은 시각까지를 안식일로 지킨다. 또 다른 사람들은 나처럼 주중에 다른 날을 택하기도 한다. 사도 바울은 어느 한 날이 다른 날보다 중요한 것이 아니라 모든 날이 다 똑같다고 생각했던 것 같다(롬 14:1-17 참조). 중요한 것은 시간을 정했으면 그대로 지켜나가는 것이다.

다음은 성경적 안식의 네 가지 기본적인 요소들이다. 이는 그냥 쉬는 것과 성경이 말하는 안식이 어떻게 다른지 구별할 수 있도록 도와준다. 사실 단순히 휴식하는 것만으로도 엿새 동안 보다 효율적으로 살 수 있도록 삶의 에너지를 충전시켜 준다. 휴일은 그야말로 긍정적인 결과물을 만들어 낸다. 하지만 유진 피터슨이 말한 대로 '유사 안식일'일 뿐이다.[17] 각자의 독특한 삶의 상황과 기질, 부르심, 성격에 맞는 성경적 틀을 발전시켜서 실천하기를 바란다.

1. 멈춤

안식일은 그 무엇보다도 '멈추는' 날이다. 히브리어 '사바스'(Sabbath)는 문자적으로 '일을 멈춘다'는 뜻을 가지고 있다. 하지만 우리는 대부분 해야 할 일을 다 끝내기 전에는 일을 멈출 수가 없다. 프로젝트나 분기별 보고서 작성, 이메일에 답장 보내기, 전화 메시지에 답변하기, 지불해야 할 카드 값과 통장 잔고 대조하기, 집안 청소 등 끝마쳐야 할 일들이 너무나 많다. 멈추려고 해도 해야 할 일이 끊임없이 나온다.

안식일이 되면 나는 자신의 한계를 받아들인다. 하나님은 하나님이

시고 나는 피조물일 뿐이다. 그분은 없어서는 안 될 분이지만 나는 뭔가를 하지 않는다고 해서 세상이 멈추지는 않는다.

이전의 삶을 되돌아볼 때 나는 뭔가 중지하는 것을 아주 싫어하는 사람이었다. 대학 때나 신학교에 다녔을 때는 숙제가 너무 많아서 24시간을 따로 떼어 낸다는 것이 불가능했다. 고등학교에서 영어를 가르쳤을 때도 숙제를 검토하고 점수를 매기느라 안식할 여유를 가질 수 없었다. 코스타리카에서 스페인어를 배울 때도 언어를 배우는 사람으로서 쉬면 안 된다고 생각했다. 교회에서 사역할 때도 사람들의 필요에 대응하고 기도와 성경 연구할 시간까지 있어야 했기 때문에 최소한 절반의 안식일이라도 있어야 했는데 그러지 못했다.

우리는 '아이들이 자라 성인이 되고 자기 길을 스스로 헤쳐 나가면, 집을 장만할 만큼 적당한 돈이 모이고 나면, 은퇴하고 나면 … 그때 쉬어야지'라고 생각한다. 그 항목들은 점점 늘어난다.

우리가 안식일에 일을 멈추어야 하는 이유는 하나님이 우리의 왕이시기 때문이다. 우리가 활동을 멈춘다고 해도 세상은 절대 무너지지 않는다. 하늘 편에서 보자면 이곳에서의 삶은 미완성 교향곡과 같다. 하나의 목표를 이루고 나면 곧 이어 새로운 기회와 도전에 직면한다. 하지만 궁극적으로 볼 때는 셀 수 없이 많은 계획과 목표들을 다 이루지 못한 채 죽을 것이다. 그래도 괜찮다. 하나님이 이 우주를 돌보고 계시기 때문이다. 하나님은 우리가 애쓰지 않아도 이 만물을 정말 잘 운영하고 계신다. 우리가 자고 있을 때도 여전히 일하신다. 그래서 우리에게 긴장을 풀라고 명하신다. 그리고 이 세상이 우리 책임 하에 있지 않다는 사실에 기뻐하라고 말씀하신다. 비록 우리가 죽더라도 이 세상은 우리 없이도 아주 잘 돌아갈 것이다. 안식일마다 우리는 "너희는 가만히 있어 내가 하나님 됨을 알지어다"(시 46:10)는 말씀과 "내일 일을 위하여 염려하지 말라"(마 6:25-34 참조)는 말씀을 기억해야 한다.

멈춤에 있어서 가장 핵심적인 영적 가치는 신뢰와 관련되어 있다. 우리가 순종하는 마음으로 일을 멈추고 안식일을 지킨다면 과연 하나님이 우리와 우리의 염려들을 책임져 주실까?

마차를 타고 세인트루이스에서 오리건을 향해 이동하던 한 무리의 그리스도인들이 있었다. 그들은 가을을 보내는 동안 성실하게 안식일을 지켰다. 하지만 겨울이 다가오자 두려움이 엄습하기 시작했다. 매 주일마다 이동하지 못하면 눈이 내리기 전에 목적지에 도착하지 못할까 봐 두려웠다. 무리 중의 몇몇 사람들이 안식일 지키는 것을 그만두고 일주일 내내 이동을 하자고 제안했다. 그러자 사람들 사이에서 분쟁이 일어났다. 결국 그들은 두 그룹으로 나뉘어 한쪽은 이전처럼 안식일을 지키며 이동하기로 했고 다른 한쪽은 쉬지 않고 이동하기로 결정했다.

이 두 그룹 가운데 어느 쪽이 먼저 오리건에 도착했을까? 당연히 안식일을 지켰던 쪽이었다. 사람들과 마차를 끄는 말들이 휴식을 통해 엿새 동안 훨씬 효과적으로 이동할 수 있었기 때문이다.[18]

하나님을 신뢰하고 그 명령을 지키면, 그분이 모든 것을 공급해 주신다. 우리가 가진 약간의 떡과 물고기를 예수님께 드리면, 비록 대다수를 먹일 만큼 충분하지 못하다 할지라도, 예수님은 그것을 취해 기적적으로 많은 이들을 먹이신다. 우리는 모두 일을 멈추어도 될 만큼 충분히 하나님을 신뢰할 수 있다.

2. 쉼

일단 멈추었다면 그 다음은 쉬어야 한다. 하나님은 일을 마치시고 안식하셨다. 우리도 마찬가지로 일주일에 한 번은 안식해야 한다(창 2:1-4 참조). 안식일에 일을 멈추었다면 그 시간을 어떻게 보내야 하는 것일까? 대답은 간단하다. 기쁨을 주는 일이나 자신을 충전시켜 주는 활동이면 무엇이든 된다.

예를 들어 나는 일과 관련되어 뉴 라이프 펠로십 교회의 목회자로 사역하면서 글도 쓰고 강의도 한다. 이 때문에 주일이 아닌 토요일을 안식일로 삼고 있다. 이날에는 주로 평소 일과는 전혀 상관없는 활동이나 생각을 하고 지낸다. 낮잠을 자거나, 운동을 하거나, 산책을 하거나, 소설을 읽거나, 좋은 영화를 보거나, 외식을 한다. 대신 컴퓨터와 휴대전화는 멀리한다.

하지만 토요일에 제대로 안식하기 위해서는 일주일에 하루를 더 할애하여 신경 쓰이는 일이나 내 에너지를 소진시키는 잡무들을 처리해야 한다. 그래서 나는 하루를 정해서 한 주간을 계획하고, 청구서를 처리하고, 은행 업무를 보고, 집을 청소하고, 교통 체증과 인파를 뚫고 쇼핑을 하고, 빨래를 하는 등의 일을 처리한다.

다음은 휴식을 방해할 수 있는 아홉 가지 항목들이다. 안식일에 가장 우선적으로 해야 할 일은 당연히 쉬는 것이다. 하지만 안식일을 제대로 지키기로 마음먹은 후 몇 달 동안은 다음과 같은 일들에 마음을 뺏길 수 있다. 여기서 벗어나 쉴 수 있어야 제대로 안식하는 것이다.

- 일

- 육체적 피로
- 서두르거나 허둥댐
- 여러 가지 일을 동시에 함
- 경쟁
- 걱정
- 어떤 일에 대한 결정
- 심부름
- 잡담
- 전자기기(휴대전화, 텔레비전, 컴퓨터, 전자수첩 등)

일을 멈추고 쉰다는 것은 우리의 인간 됨과 우리 안에 있는 하나님의 형상을 존중한다는 것이다. 우리는 쉼 없이 일하는 기계들이 아니다. 안타깝게도 이렇게 일만 하다가 암이나 심장마비, 독감이나 심각한 우울증 같은 육신의 질병을 얻어 어쩔 수 없이 쉬는 경우가 종종 발생한다. 우리가 안식일을 섬기는 것이 아니다. 안식일이 우리를 섬기는 것이다.

3. 기쁨

성경적 안식의 세 번째 요소는 하나님이 우리에게 주신 기쁨에 관한 것이다. 하나님은 천지를 창조하신 후에 "심히 좋았더라"(창 1:31)고 말씀하셨다. 하나님은 당신이 지으신 창조 세계를 기뻐하셨다. 히브리 원어에는 기쁨과 만족, 경이, 놀이와 같은 느낌이 담겨 있다. 이는 세속적인 면에서나 기독교적인 면에서나 '기쁨이 결여된' 현대 문화와는 맞지 않는 약간 급진적인 표현이다. 즐거움과 기쁨이라는 표현이 우리 문화에서 워낙 왜곡되어 있기 때문에 우리 그리스도인들 가운데 상당수는 기쁨과 즐거움을 받아들이는 데 애를 먹는다.

안식일에 우리는 창조된 자연 속에서 기뻐하며 그 선물을 즐길 수 있어야 한다. 음식을 먹을 때도 그 맛과 풍미를 천천히 음미하면서 먹을 줄 알아야 한다. 여유를 가지고 나무와 꽃, 하늘의 아름다움을 바라보고 만물을 만드시고 돌보시는 하나님을 생각할 수 있어야 한다. 하나님은 우리에게 보고, 듣고, 맛보고, 냄새 맡고, 만질 수 있는 감각을 허락하셔서 우리가 삶의 기적들을 느끼고 맘껏 향유할 수 있도록 하셨다. 우리는 윌리엄 블레이크(William Blake)의 표현처럼 "한 알의 모래알에서 세계를 보고 한 송이 들꽃에서 천국을 본다."[19]

어느 안식일, 맥도날드 화장실 수도꼭지에서 흘러나오던 따뜻한 물의 감촉을 아직도 잊을 수 없다. 내 손을 감싸던 그 부드럽고 따사로운 느낌이란! 나는 건조기에서 천천히 손을 비비며 물기가 다 마를 때까지 그 시간을 즐겼다. 평소처럼 화장실에서 뛰어나와 바지에 대충 물기를 닦고 차로 향하지 않았다. 예전과 달리 비누칠도 꼼꼼히 했다. 손을 씻는 그 단순한 행동을 통해 안식일이 주는 현재의 기쁨과 여유를 음미했다.

안식일은 삶의 속도를 늦추고 사람들에게 주의를 집중하며 그들 안에서 기쁨을 발견하는 날이다. 복음서에는 늘 같이한 사람들에게 관심을 쏟으셨던 예수님의 모습이 나온다. 사마리아 여인, 나인 성의 과부, 부자 청년, 니고데모 같은 사람들이었다. 예수님은 하나님의 형상으로 빚어진 사람들 '속으로' 들어가셨다. 나는 예수님의 태도를 따라 살기로 결심했다. 예를 들어, 안식일에 이웃이나 가족, 또는 가게 주인들과 격이 없는 대화를 하기 위해 시간적으로나 심적으로 여유를 가지려고 애쓴다. 그래서 분주한 일들에 마음을 뺏기지 않고 주변 사람들에게 깊은 관심을 기울일 수 있도록 은혜를 구한다.

끝으로, 건전한 놀이를 통해 기쁜 안식일을 보낼 수 있다. 헬라 교부들은 삼위일체 하나님의 완벽한 상호 내재를 표현하는 말로 '페리코에리스(perichoerisis)'라는 단어를 사용했다. 이 말은 문자적으로 '빙빙 돌며 춤추다(dancing around)'라는 뜻이다.[20] 창조 세계와 생명은 어떤 면에서 하나님이 우리에게 선물로 주신 놀이터와 같다. 운동이나 춤, 게임을 하거나, 가족 사진을 들춰보거나, 아니면 박물관을 방문하며 하나님 안에서 순수한 기쁨을 고양시킬 수 있다면 그것 역시 안식일의 한 부분일 것이다.

4. 관상

성경적 안식의 마지막 요소는 하나님께 오로지 마음을 기울이는 관상이다. 안식일은 언제나 "여호와께 거룩한 것"(출 31:15)이었다. 그리고 그 초점은 하나님의 사랑을 묵상하는 것이다. 유대교와 기독교 역사를 돌아보면 안식일에는 하나님의 사람들이 함께 모여 예배하며 그분의 임재를 즐거워하고 성경을 읽고 공부하며, 침묵하는 일련의 활동들이 모두 포함되어 있었다. 토요일이나 주일이 안식일로 가장 이상적인 시간인 이유가 여기에 있다.

안식일은 또한 우리가 장차 하나님을 대면할 때 누릴, 영광스럽고 영원한 만찬과 찬양, 우리가 기다리던 하늘의 아름다움을 맛보게 한다(계 22:4 참조). 매 안식일마다 우리를 기다리는 멋진 하늘의 것들을 조금이나마 경험하는 것이다. 우리는 하나님 나라의 온전한 성취와 하나님의 임재 안에서 영원한 안식에 들어갈 것을 고대하는 마음으로 이 땅에서의 짧은 삶을 바라볼 수 있게 된다. 이제껏 경험하고 꿈꾸어 왔던 것을 훨씬 뛰어넘는 그분의 웅장함과 위대하심, 아름다움, 탁월함, 그리고 영광을 장차 맛볼 것이다.

멈춤과 쉼, 기쁨이라는 안식의 세 가지 요소처럼 관상 역시 사전 준비가 필요하다. 유대인은 전통적으로 안식일 위한 예비일을 가졌다. 예비일엔 다음날 먹을 음식을 사고, 아이들이 입을 옷을 준비하고, 안식일에 필요한 것들을 마지막으로 준비했다.

'예배를 위해, 하나님의 말씀을 받기 위해 무엇을 준비할까? 안식일을 위해 전날 몇 시쯤 잠들어야 할까? 안식일을 보내는 동안 침묵과 고독, 기도의 시간을 언제쯤 가질까? 안식일을 산만하게 보내지 않기 위해 점검해야 할 사항은 무엇인가?' 등을 체크해 보는 시간을 가져야 한다는 의미다.

오늘날의 경건한 유대인들은 금요일 저녁 가족 만찬과 관련된 수많은 관습들을 지킨다. 그들은 촛불을 켜는 데서부터 시편을 낭송하고 자녀들을 축복하고 음식을 먹고, 하나님께 감사를 드리는 데까지 여러 가지 전통을 유지하고 있다. 모두 하나님을 안식일의 중심으로 삼는 데 초점을 맞춘 것들이다.[21]

안식일을 지키는 방법들은 이루 셀 수 없이 다양하다. 지금까지 살펴보았던 네 가지 원리만 염두에 둔다면 상황에 맞게 각자의 방법에 따라 안식일을 지킬 수 있을 것이다. 일단 실천해 보라. 먼저 계획을 세우고 한 달에서 두 달 정도 지켜보라. 그런 다음 변화가 필요한 부분이 있으면 수정하고 보완해 가라. 모든 사람들에게 딱 들어맞는 정해진 방법은 없다.

안식일은 매주 한 번씩 폭설이라는 하늘의 선물이 내리는 것과 비슷하다. 폭설이 내리면 모든 상점들이 문을 닫고 도로도 맘대로 다닐 수 없다. 그러면 돌연 자기가 하고 싶었던 일을 맘껏 할 수 있는 여가를 얻는다. 어떤 의무감이나 정신적 압박감, 책임감도 느낄 필요가 없다. 친구들과 함께 놀거나 낮잠을 자거나, 좋은 책을 읽을 수 있는 자유가 주어진다. 우리들 대부분은 자기 자신에게 이런 '해방의 날'을 좀체 주려고 하지 않는다.

하지만 하나님은 우리에게 이런 일곱 번째 날을 허락하셨다.

잘 생각해 보라. 하나님은 이런 날을 일 년에 52일이나 우리에게 선사해 주셨다. 우리가 일주일에 하루 24시간 동안 멈추고, 쉬고, 기뻐하고, 하나님께 마음을 기울이는 일을 실천하기 시작한다면, 나머지 6일의 삶이 안식일과 같은 날로 변화되는 것을 경험할 것이다. 이것이야말로 하나님이 의도하셨던 바라고 믿는다.[22]

안식년의 원리

하나님은 이스라엘이 주어진 소명과 목적에 충실하려면 일주일에 한 번 가지는 안식일 이상의 시간이 필요하다는 것을 아셨다. 일을 멈추고, 쉬고, 기뻐하고, 하나님께 마음을 기울이기 위해서는 보다 긴 시간이 필요했다. 이런 이유로 하나님은 정치와 경제를 비롯하여 국가적인 차원에서 안식년 제도를 마련하셨다. 하나님은 모든 이스라엘 백성들에게 명하여 7년에 한 번씩 땅이 안식할 수 있도록 하셨다(레 25:1-7 참조). 그러기 위해서는 큰 믿음이 필요하다는 것을 아시고 6년째에는 2년 간 먹을 만큼 충분한 소출을 거두게 하겠다고 약속하셨다. 그들은 하나님이 공급해 주

실 것을 믿고 신뢰해야 했다.[23]

　안식년도 삶의 눈보라 속에서 우리를 안전한 집까지 인도하는 로프와 같다. 안식년의 원리를 오늘의 삶에 접목시킬 수 있는 몇 가지 방법을 소개하면 다음과 같다. 첫 번째, 우리는 매년 한 주나 두 주, 또는 그 이상의 시간을 휴가로 보낸다. 그 시간의 일부나 전부를 안식년처럼 보내겠다고 한다면 무엇을 할지, 어디로 갈지 다시 한 번 고려해 볼 수 있다. 일에서 벗어나 하나님께 집중할 수 있는 여유를 가지려면 어떻게 해야 할지 고민해 볼 수도 있다. 보통은 이런 시간을 가지기 위해 따로 휴가를 내지는 않는다.

　두 번째, 며칠 시간을 내어 신앙 수련회나 컨퍼런스에 참석하는 것으로 안식년을 삼는다. 넉 달에서 여섯 달을 주기로 교외로 나가 철야 시간을 갖거나 하나님과의 개인적인 수련회를 가질 수도 있다. 교회 내 성도들과 그룹으로 선교 여행을 떠나는 것도 하나의 방법이다.

　세 번째, 교회에서 봉사를 하고 있다면(소그룹 리더, 어린이 사역자, 찬양팀, 안내 등으로) 6년 내지 7년에 한 번씩 휴식의 시간을 가지는 것도 좋다. 봉사하는 일이 좋다면 계속해도 된다. 교회 일을 하지 않는 것보다 하나님과 안식년을 가지는 것이 더 중요하다. 매 안식일에 적용되는 성경적 안식의 기본 원리들을 그대로 안식년에 적용하면 된다. 준비하고 계획을 세운 뒤 목회자나 친구들과 함께 의논해 보라. 다른 사람들에게도 좋은 본이 될 수 있다.

　마지막으로, 당신이 목회자나 기독교 지도자라면 7년이나 8년에 한 번씩 안식년을 가질 것을 추천한다. 하나님의 교회를 인도하는 일은 많은 일을 요구한다. 땅도 경작을 쉬고 묵혀 두는 재충전의 시간이 필요하듯이 목회자들도 마찬가지다. 나는 8년에 한 번씩 2개월에서 4개월 정도 안식년을 가진다. 그 시간은 나의 삶과 결혼생활은 물론이고 우리 교회에도 많은 변화를 가져다준다. 안식년을 통해 더욱 풍성한 열매들을 나누며 살고 있다.

제리는 가끔 이런 농담을 한다. "지난 20년 동안 피터 스카지로로 불리는 네 명의 다른 남자와 살았던 것 같아요. 뉴 라이프 펠로십 교회도 피터 스카지로라는 네 명의 목사님과 함께 지내온 것 같고요."

눈보라가 몰아칠 때는 로프를 잡자

인생의 눈보라가 몰아칠 때는 로프를 잡아야 한다. 하나님은 우리가 그분이 계신 집으로 돌아오기를 바라신다. 안식일과 매일 기도는 하나님의 리듬에 맞춰 우리 삶의 속도를 늦춰 준다. 하나님이 원하시는 것보다 더 바빠 살아가고 있다면 우리 자신에게 폭력을 행사하는 것과 같다. 토마스 머튼의 말처럼 말이다.

> 오늘날 만연해 있는 폭력의 형태는 … 행동주의와 과로이다. 현대적인 삶에서 가장 두드러지게 나타나는 폭력은 서두름과 긴장일 것이다. 수많은 갈등들을 처리하고, 너무 많은 요구들을 따르고, 너무 많은 프로젝트를 수행하고, 모든 일에서 모든 사람들을 도우려 하다 보면 폭력에 휘둘릴 수밖에 없다. … 그런 태도는 풍성한 열매를 맺게 하는 내적 지혜의 뿌리를 죽이고 만다.[24]

자기 자신을 폭력적으로 대하면 그리스도의 사랑 안에서 다른 사람을 사랑할 수 없다. 다음 장에서는 사람들을 잘 사랑하기 위해 성숙한 정서를 지닌 사람이 되는 방법에 대해 알아보도록 하자.

PRAYER

주님, 삶의 눈보라가 몰아칠 때 당신을 붙잡도록 도와주십시오. 저는 주님이 필요합니다. 하루에 두세 번씩, 하던 일을 멈추고 주님과 시간을 보낸다는 것이 감당할 수 없을 것 같지만 제게 꼭 필요한 시간이라는 것도 잘 압니다. 제게 실천할 수 있는 길을 보여 주십시오. 주님께 항상 집중하는 방법을 가르쳐 주십시오. 안식일을 지키려면 제 기존의 삶을 많이 변화시켜야 합니다. 저를 인도하셔서 이 원리 안에서 다음 발걸음을 뗄 수 있도록 도와주십시오. 주님으로부터 도망치지 않고 부족한 모습대로 주님을 신뢰하게 도와주십시오. 저를 자유롭게 하셔서 오직 주님 중심으로 제 삶을 재정비하게 해 주십시오. 예수님의 이름으로 기도합니다. 아멘.

Chapter 9

6단계:
제대로 사랑하는 법을 배우라

- 평화로운 척 하는 것으로 갈등의 상황을 피하지 말라

도스토예프스키의 소설 《카라마조프 가의 형제들》에 보면 돈 많은 여인이 한 수도사에게 하나님의 존재를 어떻게 알 수 있느냐고 묻는 장면이 나온다. 그는 어떠한 설명이나 논쟁도 답을 줄 수 없고 오직 '능동적인 사랑'을 실천할 때 하나님의 존재를 알 수 있다고 대답한다.

그러자 여인은 가끔씩 다른 사람들에게 사랑을 베푸는 삶을 꿈꾸어 왔다고 고백한다. 어떤 때는 자비의 성모회에 들어가 수녀로서 청빈한 삶을 살면서 가난한 사람들을 섬길까 생각하다가도 그 사람들이 전혀 감사할 줄 모르면 견딜 수 없을 것 같다고 말한다. 수프가 미지근하다거나 빵이 신선하지 않다거나 잠자리가 불편하다고 불평할 수 있지 않은가?

그렇게 은혜를 모르는 사람들을 보면 꿈은 어느새 사라지고 다시 한 번 하나님이 과연 계신지 의구심이 든다고 고백한다.

현명한 수도사는 이에 대해 "현실에서 사랑을 베푸는 일은 우리의 꿈과는 달리 냉혹하고 끔찍한 일입니다"라고 대답한다.[1]

제대로 사랑하는 것은 신앙생활의 목표이다. 실제로 사랑을 행하는 일은 이상적으로 생각하는 것보다 훨씬 어렵다. 사랑을 실천하려면 그리스도 안에서 정서적으로 성숙한 어른이 되어야 한다. 성숙한 사랑이 가져다주는 보상은 측정할 수 없을 정도로 풍성하다.

감정이 미성숙할 때 일어나는 문제들

성경의 진리를 비교적 잘 알고 있는 사람들이 많다. 십계명을 줄줄 외울 줄도 알고 신앙생활의 핵심 원리를 제대로 설명할 줄도 안다. 그들은 정말 그렇게 살아야 한다고 전심으로 믿는다. 그런데 그 방법을 잘 모른다는 게 문제다.

다음의 예는 흔히 접하게 되는 상황이다.

제시카는 회사에서 유능한 매니저다. 신앙생활을 시작한 지 15년이 된 크리스천으로 기쁘게 하나님과 교제의 시간을 가지고 있다. 회사의 부사장이 매니저들과 시골의 고객들을 만날 약속을 잡으면서 제시카에게 다음 석 달 중에서 편리한 한 주를 고르라고 말했다. 제시카는 그 주에 이메일을 보낸 후 그의 승낙을 기다렸다. 하지만 답변이 없었다. 제시카는 다음 주에 그의 사무실로 전화를 걸었다.

부사장의 비서는 "글쎄요, 부사장님 스케줄 표를 보니까 다음 세 달 동안 일정이 꽉 차 있는데요. 지금 당장은 매니저님이 필요하지 않을 것 같네요. 아무튼 전화 주셔서 감사합니다"라고 대답했다.

제시카는 정신이 멍해진 채 겨우 "네, 알겠습니다"라고 답한 뒤 수화기를 내려놓았다.

이어지는 2주 동안 제시카는 하나님과 씨름하며 시간을 보냈다. 마음속에서 일어나는 분노를 아뢰며 하나님께 용서를 구했다. 왜 부사장이 돌연 마음을 바꿨는지 알아보려고도 무지 애썼다. 하나님 앞에서 겸손한 마음으로 동료들을 사랑하게 해 달라고 울부짖기도 했다. 그녀는 밤잠을 이룰 수 없었다.

마침내 제시카는 하나님이 자신의 완고한 마음을 다루고 계신다는 결론을 내렸다.

한동안 제시카는 부사장은 물론 다른 매니저들과 거리를 두었고, 그들을 피해 다녔다. 그 후 2년 동안 열심히 일했지만 이 회사와 더 이상은 같이 갈 수 없을 정도로 화가 머리끝까지 났다. 결국 그녀는 다른 회사로 자리를 옮겼다.

제시카는 예수 그리스도를 인격적으로 알아 가려고 애썼던 사람이다. 영적 훈련도 열심히 했다. 하지만 예수 그리스도에 대한 헌신이 다른 사람들에게 감정적으로 성숙하게 대하는 것에는 아무런 영향을 미치지 못했다. 그녀는 성경적 진리를 잘못 적용했고 자라면서 무의식적으로 가족 안에서 익힌 관계의 기술을 그대로 따랐다.

그렇다면 제시카는 부사장에 대해 어떻게 주장해야 했을까? 비서한테는 또 어떻게 말해야 했을까? 상처받지 않으려면 어떻게 대처해야 했을까? 직장 동료들과 지속적인 관계를 유지하기 위해서는?

이 부분에서 자신을 준비시키지 못한다면 제시카는 비슷한 상황이 올 때 똑같은 패턴을 반복할 수밖에 없다.

우리는 학교나 직장에서 실력을 갖추기 위해 다양한 기술들을 습득한다. 하지만 제대로 사랑할 줄 아는, 정서적으로 성숙한 성인으로 자라는 데 필요한 기술들은 배우지 못한다. 그 방법은 성경에 명확하게 나와 있다. 정서적으로 성숙한 그리스도인이 되기 위해서는 진리를 어떻게 실제적이고 효과적으로 적용할지 배워야 한다. 예를 들면 다음과 같다.

- 듣기는 속히 하고 말하기는 더디 하는가?

- 분은 품되 죄는 짓지 않도록 하는가?
- 다른 무엇보다도 생명의 근원인 내 마음을 들여다보는가?
- 사랑 안에서 진리를 말하는가?
- 화평케 하는 자가 되는가?
- 슬픔을 표현하는가?
- 이웃에게 거짓 증언을 하지 않는가?
- 쓰라린 마음과 분노, 질투심을 제거하는가?

잘못된 믿음을 바꾸지 못하면 교회와 교회 내의 관계들이 질적으로 세상과 전혀 구별되지 않을 것이다.

정서의 발달 단계

예수님은 군중들에게 위대한 말씀을 전하셨다. 하지만 군중들이 말씀을 자신의 것으로 충분히 받아들이지 못할 것도 잘 아셨다. 그래서 열두 제자들을 불러서 3년 동안 낮밤으로 함께 생활하셨다. 예수님은 자신의 가르침을 몸소 실천해 보이셨다. 제자들도 그렇게 살 수 있도록 훈련시키고, 그럴 능력도 부여해 주셨다.

예수님은 영감만으로는 충분히 않다는 것을 잘 알고 계셨다.[2]

나는 그동안 설교를 통해 우리가 서로 사랑하는 것이야말로 하나님이 가장 원하시는 것임을 누누이 강조해 왔다. 예수님이 우리 각 사람을 무한히 보배롭고 존귀한 존재로 보신다는 설교도 많이 했다. 캘커타의 마더 테레사가 말했던 "한 번에 한 사람씩 사랑하자"와 토마스 머튼의 "사람들이 해처럼 빛을 내며 주위를 걷고 있다"[3]는 표현도 인용했다. 하지만 사람들에게 더 많이 사랑하라고 말하는 것만으로는 부족하다는 것을 깨달았다. 정서 발달의 유아 단계에서 어른으로 자라기 위해서는 실제적인 방법이 필요하다. 신체적으로 어른이 되는 것은 아주 쉽다. 하지만 정서적으로 성인이 되는 것은 전혀 다른 문제다. 많은 사람들이 신체적으로는 마흔이 넘었는데 정서적으로는 여전히 갓난아이나 어린아이, 청소년 수준에 머물러 있다.

그렇다면 정서적 단계를 어떤 식으로 구별할 수 있을까? 각각의 특징들을 간단하게 요약하면 다음과 같다.[4]

정서적 유아기

- 자신을 돌봐줄 사람을 찾는다.
- 다른 사람들의 세계에 들어가는 것을 굉장히 어려워한다.
- 즉각적인 만족을 주는 욕구들에 이끌린다.
- 자신의 필요를 충족시키기 위해 다른 사람들을 이용한다.

정서적 아동기

- 자신이 원하는 것을 받을 때만 만족하고 행복해한다.
- 스트레스나 실망, 시련을 재빨리 해결하려고 한다.
- 의견 충돌을 개인에 대한 공격이라고 해석한다.
- 쉽게 상처받는다.
- 자신의 뜻대로 안 되면 불평하거나, 움츠러들거나, 조종하거나,

복수하거나, 냉소적으로 된다.
- 자신의 필요나 요구 사항을 성숙하고 부드러운 방법으로 논의하는 데 큰 어려움을 겪는다.

정서적 청년기
- 종종 방어적인 성향을 보인다.
- 비난을 받으면 위협을 느끼면서 불안해진다.
- 나중에 돌려받을 수 있을 만큼만 준다.
- 갈등 상황을 잘 처리하지 못한다. 종종 상대방을 무조건 달래거나 다른 사람의 탓으로 돌린다. 제3자에게 가서 불만을 쏟아놓기도 한다. 또는 문제를 아예 무시해 버린다.
- 스스로에게 너무 집착한다.
- 타인의 고통이나 실망, 필요에 진심으로 귀 기울이지 못한다.
- 비판하고 판단한다.

정서적 성인기
- 자신의 요구나 바람, 좋아하는 것을 분명하고, 직접적으로, 솔직하게 요구할 수 있다.
- 자신의 생각과 감정을 제대로 인식하고, 다루며, 책임질 줄 안다.
- 스트레스 상황에서도 공격적으로 되지 않고 신념과 가치를 이야기할 수 있다.
- 사람들을 변화시키려 하지 않고 있는 모습 그대로 존중한다.
- 사람들의 실수를 받아 줄 여유가 있고 완벽한 사람이란 없다는 것

을 안다.
- 사람들이 선하든, 나쁘든, 추하든 상관없이 대가를 바라지 않고 있는 모습 그대로 인정해 주고 고마워한다.
- 자신의 한계와 장단점을 정확하게 평가하고 다른 사람들과 이에 대해 자유롭게 이야기할 수 있다.
- 자신의 감정 세계에 깊이 심취하면서도 자신의 것을 잃지 않고 다른 사람들의 감정과 필요, 관심사 속으로 들어갈 수 있다.
- 갈등을 성숙하게 풀어 나갈 수 있는 역량이 있고, 상대방의 관점을 고려하여 협상을 이끌어 낸다.

다른 사람들의 존재를 인식하는 영적 훈련

정서적으로 성숙한 그리스도인들은 제대로 사랑하는 것이야말로 진정한 영성의 본질이라는 것을 잘 알고 있다. 그러려면 하나님과의 관계, 자신과의 관계, 다른 사람과의 관계를 잘 맺어야 한다. 하나님은 우리가 매일의 삶에서 그분의 임재를 경험하기 원하신다. 이와 동시에 하나님의 임재 안에서 '다른 사람들의 존재를 인식하며' 살아가기를 원하신다.[5] 하지만 이 두 가지는 서로 합쳐지기가 쉽지 않다.

예수님은 아버지를 깊이 인식하는 관상 기도를 통해 다른 사람들에게도 주의를 기울이셨다. "사랑이란 다른 사람의 아름다움을 그들 자신에게 드러내 보여 주는 것이다"라는 장 바니에(Jean Vanier)의 말처럼 말이다.[6] 예수님은 만나는 모든 사람을 그렇게 대하셨다. 진심으로 들어 주고 관심을 기울이는 이 솜씨야말로 주님의 사역에서 가장 핵심이었다. 주님은 측은한 마음으로 그들에게 다가가실 수밖에 없었다. 이와 같이 우리도 하나님께만 마음을 기울이다 보면 사람들의 존재를 인식하고 그들이 가진 아름다움을 일깨워 줄 수 있다.

예수님 시대의 종교 지도자들은 그런 관계를 전혀 맺지 못했다. 그들은 부지런하고 열정적이며 하나님이 삶의 주인 되심을 믿고 전적으로 그분께 헌신했다. 그들은 창세기와 출애굽기, 레위기, 민수기, 신명기를 통째로 외웠다. 매일 다섯 번씩 기도했으며 모든 수입의 십일조를 냈으며 가난한 사람들에게 자선을 베풀었다. 전도도 했다. 하지만 사람들과 함께 기뻐하지는 않았다. 그들은 사람들 안에서 기쁨을 누리고 그들을 더 열정적으로 사랑함으로써 하나님을 더 많이 사랑할 수 있다는 것을 연결 짓지 못했다. 이런 이유로 계속해서 예수님을 "먹기를 탐하고 포도주를 즐기는 사람이요 세리와 죄인의 친구"(마 11:19)라고 비난했다. 예수님은 그야말로 인생을 너무 많이 즐기셨고 사람들을 즐거워하셨다.

예수님은 하나님의 임재와 사람들의 존재를 의식하는 삶을 분리시키지 않으셨다. 떨어질 수 없는 이 조합을 분리시키려는 압박을 받았음에도 그러지 않으셨다. 그리고 우리에게 모든 성경의 핵심을 이렇게 요약해 주셨다. "네 마음을 다하고 목숨을 다하고 뜻을 다하여 주 너의 하나님을 사랑하라 하셨으니 이것이 크고 첫째 되는 계명이요 둘째도 그와 같으니 네 이웃을 네 자신 같이 사랑하라 하셨으니 이 두 계명이 온 율법과 선지자의 강령이니라"(마 22:37-40).

우리의 가장 큰 문제

보통 우리는 자신을 우주의 중심에 두어야만 삶을 경험할 수 있다. 내 눈을 통해 세상을 바라보고, 내 귀를 통해 주변의 소리를 듣고, 내 감각을 통해 느껴지고 소망하고 경험하는 것만 내 것으로 경험할 수 있다. 본성적으로 우리는 주변 사람들이 자신들의 뜻을 내려놓고 내가 원하는 대로 되기를 바란다. 나와 가까운 사람들일수록 더욱 나와 똑같이 생각하고 느끼고 행동하기를 바란다. 우리는 정말 서로 다른 존재이지만 똑같아지면 얼마나 좋을까 하는 환상을 가지고 있다. 다른 사람들의 세계가 나의 세계와 비슷하면 좋겠다고 생각한다. 그런데 하나님과의 관계에서도 같은 방식으로 행동한다. 영적 여정을 가는 동안 마치 내가 우주의 중심인 양 생각한다.

이 때문에 M. 스캇 펙(Scott Peck)은 우리 모두가 나르시스트(자기 도취자)로 태어났으며 나르시시즘에서 벗어나 성장하는 법을 배우는 것이 영적 여정의 핵심이라고 말한다.[7]

제리와 나는 결혼할 때 이른바 '연합 촛불(unity candle)'에 불을 붙였다. 각자 들고 있던 두 개의 초는 서로 다른 삶을 나타냈다. 혼인 서약을 한 후 우리는 세 번째 초에 불을 밝히고 각자 들고 있던 촛불은 껐다. 우리가 한 몸이 되었음을 상징하는 것이었다.

"우리는 하나입니다." 가족들과 친구들에게 선포도 했다.

하지만 우리는 "어느 쪽으로 하나가 되지?"라는 질문에는 아직 답을 하지 않았다. 결혼 후 9년 동안 무의식적으로 이렇게 생각했다. "그래, 제리와 나는 하나야. 내 쪽으로!"

영적으로 성장하려면 사람들과 관계를 맺는 방식에서 코페르니쿠스적인 혁명이 일어나야 한다. 코페르니쿠스가 태양이 지구를 도는 것이 아니라 지구가 태양 주의를 돌고 있다고 말했을 때 사람들은 엄청난 충격을 받았다. 사람이 우주의 중심이 아니라는 것이 밝혀진 후 서구 문명은 일대 획기적인 사고의 전환을 경험했다. 배우자나 친구, 직장 상사, 아이, 동료와 같은 '타자들'의 존재를 발견하고, 그들을 나와 다른 독특한 한 인간으로서 바라보는 것(자신의 모습을 잃지 않고) 역시 정서적인 성숙에 있어서 코페르니쿠스적인 전환이라 할 수 있다.

나와 그것 관계

1923년 위대한 유대인 신학자 마르틴 부버는 《나와 너》라는 훌륭하지만 읽기에는 난해한 책을 집필했다.[8] 부버는 두 사람의 관계가 '나와 너'로서 존재할 때 가장 건강하고 성숙한 관계를 맺을 수 있다고 말한다. 이 관계에서는 나 자신뿐 아니라 지구상의 모든 사람들이 하나님의 형상으로 만들어진 존재임을 인식한다. 이는 그들이 나와 상관 있는 '당신(thou)'이 될 수 있는 근거이다. 그 사실 때문에 모든 사람은 존귀하게 여겨져야 하며 존엄과 가치를 지닌 존재로 대접받아야 한다. 우리는 다른 사람들을 비인간화시키거나 대상화시켜서는 안 된다. 나와는 다른 독특하고 독립된 인격체로 여겨야 한다.

그림10을 보면 '너' 또는 '당신'은 나와 다르지만 나는 너를 존중하고 사랑하고 귀하게 여긴다.

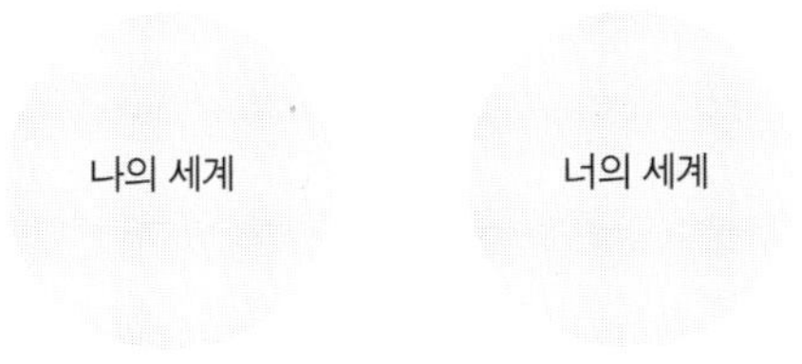

나의 세계   너의 세계

그림 10

　부버의 주장에 따르면, 우리는 대부분의 인간관계에서 상대방이 나와 독립된 존재라는 관점을 놓치고 상대방을 물건 다루듯 '그것'(부버의 표현처럼)으로 취급한다. 나와 그것의 관계에서는 마치 칫솔이나 자동차처럼 상대방이 목적을 이루는 수단이 되고 만다.
　예를 들자면 다음과 같다.

- 비서에게 다가가 아무 말도 없이 일거리만 툭 던진다.
- 직원 모임에서 마치 그들이 하등한 동물이나 물건인 것처럼 조직도에 따라 이리저리 이동시킨다.
- 권력자들을 언급할 때 마치 그들이 인격체가 아닌 것처럼 말한다.
- 아내나 아이들이 마치 자신만의 자유나 꿈, 자율성이 없는 존재인 것처럼 대한다. 그들이 내 머릿속에 있는 그림대로 살아 주기를 기대한다.
- 누군가가 나의 정치적 견해에 대해 반박하면 위협받는 것 같다.
- 상대방이 우리 교회 행사에 참석해 주기를 바라면서 그들의 이야

기를 들어주고 집안일을 돕는다. 그들이 오지 못한다고 하면 다른 사람에게로 간다.

사람을 '그것'으로 대하는 관계에서는 상대방이 나의 의도와 어긋나면 곧 좌절하고 만다. 내가 이해하고 판단하는 방식이 옳다고 생각하기 때문에 상대방이 나와 다르게 반응하면 그가 틀렸다고 생각하는 것이다.

정서적으로 성숙한 사람은 이 땅의 모든 사람들이 제각기 독특함과 독립성을 가지고 있으며 모두 소중하고 옳을 수 있다는 것을 인식한다. 그러나 우리는 대부분 사람들이 모두 나와 같은 방식으로 세상을 볼 것을 요구한다. 게다가 자신의 방식이 옳다고 믿고 있다.

어거스틴은 이처럼 '자기 자신에게 매몰된 상태'를 죄라고 정의했다. 우리는 하나님께 받은 능력으로, 다른 사람과 하나님께 관심을 기울이기보다 자기 자신에게만 초점을 맞춘다. 이 때문에 단테는 《신곡》 지옥편에서 지옥을 불구덩이가 아닌 얼음으로 장악된 곳이라고 묘사했다. 죽음은 차가운 것이며, 본질적으로 죄의 냉혹함을 나타낸다. 그곳에서 사탄은 얼음 속에 꽁꽁 얼어붙은 채 여섯 개의 눈에서 눈물을 흘리고 있었다.[9]

C. S. 루이스는 《천국과 지옥의 이혼》에서 지옥을 사람들이 서로 어울리지 못해서 수백만 마일이나 떨어진 채 고립되어 살아가는 곳이라고 묘사했다.[10]

나 - 너 관계

부버는 진정한 관계란 두 사람이 기꺼이 서로의 다름을 뛰어넘을 때

맺어질 수 있다고 말했다. 하나님은 나와 너 사이에 있는 공간을 거룩함으로 채우신다. 두 사람의 진정한 대화뿐 아니라 둘 사이에 비어 있는 공간 안에 당신의 모습을 드러내신다. 그림 11의 모습처럼 말이다.

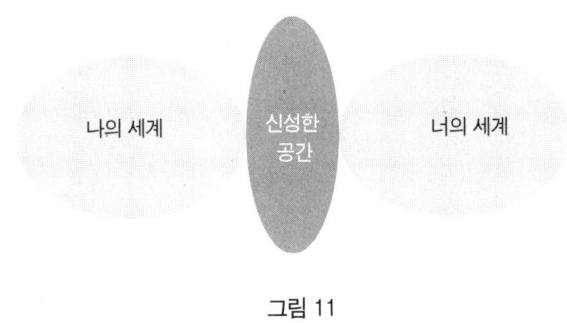

그림 11

사람들의 친밀한 관계에서 드러나는 '나 - 너 관계'가 하나님과 인간의 관계를 반영한다는 것이 부버가 말하고자 했던 핵심이다. 누군가와 맺는 참된 관계가 '영원한 당신'이신 하나님과의 관계를 보여 주는 흔적이 된다는 것이다.[11] 이런 이유 때문에 우리가 누군가를 정서적으로 성숙한 어른으로서 잘 사랑하고, 그들을 그것이 아닌 너로 대한다면, 아주 놀라운 일을 경험할 것이다. 관계 속에서 참된 사랑이 뿜어져 나올 때 하나님의 존재도 드러난다. 두 사람 사이의 공간도 신성한 공간으로 변한다.

제시카와 부사장의 관계는 부버가 설명한 '나-너 관계'가 아니었다. 제시카에게는 부사장과의 갈등을 풀어 낼 기술도, 갈등을 다룰 정서적인 성숙함도 없었다. 게다가 적대적인 생각 없이 자신의 감정이나 신념을 솔직하게 표현하지도 못했다. 그 결과 관계는 더 멀어지고 냉랭해져 천국보다는 지옥을 닮은꼴이 되고 말았다.

정서적 성숙과 갈등

우리가 맺고 있는 관계들 속에서 '나-너 관계'를 실천하면 성숙한 정서의 또 다른 측면으로 나아갈 수 있다. 갈등을 성숙하게 해결하고 상대방의 관점을 고려하여 타협점을 찾을 수 있는 능력을 말한다.

진정한 화해의 핵심은, 거듭 강조하지만 우리가 하나님의 형상으로 만들어진 존재임을 인식하는 것이다. 창조주를 닮았다는 것은, 그리스도가 본을 보이신 대로, 비록 갈등을 빚어낸다 할지라도 거짓으로 위장하지 않고 진리 안에서 살아가기를 갈망한다는 것이다. 하지만 내가 만나 본 대부분의 그리스도인들은 갈등을 해결하는 데 매우 서툴다. 여기에는 적어도 두 가지 이유가 있는데, 첫째는 화해에 대한 잘못된 믿음이고, 둘째는 이 부분에 필요한 훈련이 제대로 되어 있지 못하다는 것이다.

갈등을 무시하다 - 거짓 평화

신약 성경에 나오는 "화평하게 하는 자는 복이 있나니 그들이 하나님의 아들이라 일컬음을 받을 것임이요"(마 5:9)라는 예수님의 말씀은 애석하게도 잘못 해석될 때가 많다. 사람들은 이 말씀을 어느 한 사람도 불쾌하지 않도록 모두의 요구를 들어주고 달래야 하는 것으로 생각한다. 다루기 힘든 문제나 쟁점들은 무시한 채 조용하고 평온한 분위기만 유지하면 화평한 것이라고 여기는 것이다.

대립하는 것이 두려워서 갈등을 무시하고 사람들의 기분을 맞춰 주는 것은 '화평케 하는 자'와는 거리가 멀어도 한참 멀다. 몇 가지 구체적인 사례를 살펴보자. 칼은 아내가 늘 집에 늦게 들어오는 것 때문에 화가 났다. 하지만 아무 말도 하지 않았다. 아내에게 쌀쌀맞게 대하긴 했지만 입을 다무는 것이 그리스도인다운 모습이라고 생각했기 때문이다.

팸은 점심시간에 사장을 헐뜯는 동료들의 말에 수긍할 수 없지만 솔직하게 자기 의견을 말하기가 겁이 나서 그냥 그 분위기를 따라간다. '내가 이들과 반대되는 말을 말하면 분위기를 망치는 거겠지? 그러고 싶지는 않아.' 이런 태도는 '화평케 하는 것'이 아니다.

밥은 십여 명의 사람들과 같이 저녁을 먹으러 갔다. 모두들 전채요리와 스테이크, 와인, 디저트 등을 주문했는데 그는 경제적으로 넉넉하지 않아서 샐러드와 전채요리만 시켰다. 식사를 마치고 계산할 때가 되자 누군가 이렇게 제안했다. "일일이 계산하려면 시간도 오래 걸리고, 그냥 똑같이 나누죠?" 다들 그 말에 동의했다. 밥은 속으로는 죽을 지경이었지만 아무 말도 하지 못했다. 그의 태도도 '화평하게 하는 것'이 아니다.

욜란다는 얼마 전 약혼을 했다. 사실 그녀는 결혼에 대해 다시 생각할 시간을 가졌으면 했지만 약혼자와 그 가족들이 기분 상할까 봐 말도 꺼내지 못하고 결혼식을 올렸다.

엘렌은 부모님을 사랑한다. 그녀의 부모님은 엘렌의 양육 방식에 대해 아주 비판적이다. 그래서 휴일이 되면 그들 사이에는 엄청난 긴장감이 흐른다. 하지만 엘렌은 부모님의 감정을 상하게 하고 싶지 않아서 아무 말도 하지 않는다. 이 또한 화평이 아니다.

샤론은 남자친구가 무책임하다고 생각하면서도 그런 그가 무척이나 안쓰럽다. '그 사람은 여태껏 너무 많은 아픔을 겪었잖아. 그런데 어떻게 나까지 그럴 수 있겠어?'라는 생각 때문에 진실을 말하지 못하고 뒷걸음질만 치고 있다. 남자친구의 행동 방식 때문에 관계는 조금씩 파국을 향해 달려가고 있다.

이 모든 사례에서 보듯이, 잘못된 것을 괜찮은 것처럼 꾸미면 절대로 평화를 이룰 수 없다. 정말로 '화평케 하는 자'는 하나님과 다른 사람들, 그리고 자기 자신을 사랑해서 거짓된 평화를 모색하지 않는다.

갈등을 받아들이다 - 참 평화에 이르는 길

갈등의 문제는 예수님 사역의 중심부에 있던 것이었다. 예수님은 당신 주변의 모든 거짓 평화들을 무너뜨리셨다. 제자들과 군중들, 종교 지도자들과 로마인들, 성전에서 사고팔던 장사꾼들의 삶 속에 있던 모든 거짓 평화들을 와해시키셨다. 예수님은 심지어 가족들 안에 있는 거짓 평화까지 건드리시며 진짜 평화가 무엇인지를 가르치셨다. "내가 세상에 화평을 주러 온 줄로 생각하지 말라. 화평이 아니요 검을 주러 왔노라. 내가 온 것은 사람이 그 아버지와, 딸이 어머니와, 며느리가 시어머니와 불화하게 하려 함이니 사람의 원수가 자기 집안 식구리라"(마 10:34-36).

그리스도가 다스리는 나라에서는 거짓과 가식을 버리지 않고서는 참된 평화를 가질 수 없다. 거짓과 가식은 반드시 빛 가운데 드러나야 하며 진실이 그 자리를 메워야 한다. 이것이 성숙함이며 제대로 된 사랑이다.

예수님은 팔복을 통해 화평케 하는 자가 되는 데 필요한 자질들을 설명해 주셨다. 곧 가난한 심령과 온유함, 청결한 마음, 긍휼 등이다(마 5:3-11 참조). 또한 우리가 당신의 본을 좇아 참된 평화자의 길을 걸을 때 핍박이 따를 것임도 말씀해 주셨다.

그럼에도 불구하고 해결되지 않은 갈등들이 오늘날 그리스도인들에게 엄청난 스트레스를 주고 있다. 우리는 갈등 자체를 싫어하고 어떻게 해결해야 할지도 알지 못한다. 그래서 관계가 깨지는 위험을 무릅쓰기보다 힘든 문제들은 외면하고, 어떻게든 갈등이 사라질 거라는 소망으로 '거짓 평화'에 안주하고 만다. 하지만 그럴 일은 없다. 게다가 머지않아 그리스도의 왕국이 거짓과 가식 위에 세워질 수 없다는 사실을 깨닫는다. 그 나라는 오직 진리 위에서만 설 수 있다.

진정 화평케 하는 자가 되려면

사랑을 '느낌'으로 이해하고 사랑하는 법은 저절로 배우는 것이라고 믿는 사람들이 많다. 우리는 나쁜 습관들이 얼마나 깊이 뿌리 내리고 있는지 과소평가할뿐더러, 우리의 관계를 오랫동안 유지시키고 주님을 닮아 가는 데 필요한 것들을 제대로 알지 못한다.

제리와 나는, 약 11년 전부터 우리를 비롯한 다른 사람들이 '나와 너 관계'를 배우고 실천하도록 다양한 자료를 모으고 공부하기 시작했다. 우리는 예수님을 믿는 사람들이 그분의 계명대로 잘 사랑하며 살기를 바랐다. 우리는 방어적인 사람들과 두려움 때문에 솔직한 마음과 약점, 동정심 등을 드러내지 못하는 사람들이 변화하도록 돕고 싶었다. 그들이 편안하거나 안전하다고 느끼기 위해서는 하나님 나라의 방법을 경험할 필요가 있었다. 앞으로 소개할 새로운 방법을 실천하는 것이 처음에는 조금 불편하게 느껴질 수 있다. 이해하기는 쉽지만 실제로 적용하기는 어렵다. 하지만 계속해서 연습하다 보면 오랫동안 고질적으로 우리를 잡고 있던 정서적인 미숙함에서 벗어나 성숙하고 거룩한 행동들을 몸으로 익힐 수 있다.[12] 그렇게 되면 다른 사람들까지 변화시킬 수 있는 믿음의 어머니와 아버지로 성장할 것이다.

우리는 수많은 훈련 방법들과 도구들을 수집했다. 앞으로 소개하는 몇 가지 방법들은 그중 일부에 지나지 않지만 결혼생활과 자녀 양육, 교회 내 사역 등 모든 인간관계에서 활용할 수 있을 것이다. 각각의 방법을 잘 활용하면 '나와 그것 관계'를 '나와 너 관계'로 바꾸고 더 나아가 우리가 그리스도를 따라 진정으로 '화평케 하는 자'가 되어, 더 많이 사랑하는 사람들이 될 수 있을 것이다.

말하기와 듣기

말하기와 듣기는 다른 사람들과 '나와 너 관계'를 가지는 데 본질적인 요소이다. 모두가 알고 있듯이 모든 관계의 핵심은 서로 간의 의사소통이다. 소통을 잘하기 위해 사람들은 고교 과정을 이수하고, 대학이나 그 이상의 배움을 이어 간다. 그러나 소통을 잘하는 사람은 그리 많지 않다. 특히 갈등이나 스트레스 상황일 때는 더욱 그렇다.

의외로 존재감 없는 유년 시절을 보낸 사람들이 많다. 따라서 자신의 바람이나 소망을 표현하고 말하는 것만으로도 답답함이 해소되는 놀라운 경험을 할 수 있다. 게다가 의사소통은 두 사람의 관계를 새롭게 할 뿐 아니라 둘 모두에게 마음의 여유를 가져다준다.

다음의 방법들을 통해 사람들과 대화하고, 또한 일종의 영적 훈련으로 삼아 하나님과도 교통하는 기회를 삼기 바란다. 지금 이 순간을 경건하게 여기도록 하나님께 도움을 구하라. 지금 함께 있는 사람이 마치 예수님인 양 대접하게 도와 달라고 구하라. 예수님은 이 사람을 통해 어떤 모습으로 우리에게 오실까? 우리 마음에서 일어나는 소란함을 가라앉히고 고요한 마음으로 상대방의 세계에 들어갈 수 있게 도움을 요청하라.

말할 때
- 나의 생각과 내가 느끼는 감정에 대해서 말하라(주어를 '나'로 하라).
- 간단히 말하라. 짧은 문장과 문구를 사용하라.
- 상대방이 뭔가를 놓쳤다고 확신하면 정정해 주라.
- 자신이 상대방에게 충분히 이해되었다고 느낄 때까지 말을 이어 가라.
- 더 이상 할 말이 없을 때는 "지금으로서는 이게 다입니다"라고 말하라.

들을 때
- 하고 싶은 말은 잠시 보류해 두라. 하나님 앞에서처럼 차분하고 조용히 있으라.
- 상대방이 자신의 생각을 다 이야기할 때까지 끼어들지 말라.
- 상대방의 말을 정확하게 되짚어 생각해 보라. 두 가지 방법이 있다. 상대방의 말을 다른 말로 바꾸어 묻거나 상대방이 썼던 표현을 그대로 사용하는 것이다.
- 할 말을 마쳤다고 생각되면 "더 하실 말 있으세요?"라고 물어보라.

상대방이 했던 말을 되풀이하는 목적은 그들의 말을 정확하게 들었는지 확인하기 위해서다. 그러려면 자신의 생각과 반응은 잠시 보류할 수 있어야 한다. 내 쪽에서 상대방의 관점과 의도를 정말로 이해했다는 것을 충분히 알려 주라. 물론 그들이 자신과 다른 사람들임을 알지만 "말이 되네요"라든지 "알 것 같습니다", "충분히 이해할 수 있습니다"와 같은 표현들을 사용하여 공감할 수 있을 것이다.

권리장전[13]

존중은 느낌이 아니다. 다른 사람들을 어떻게 대하느냐의 문제다. 우리가 그들에 대해 어떤 감정을 가지고 있는지와 상관없이 그들은 하나님의 형상으로 만들어진, 존귀하고 가치 있는 존재들이다. 다음에 나오는 권리장전은 우리 가족이 냉장고에 붙여 놓고 항상 삶의 지표로 삼아 실천하려고 노력하는 것들이다. 이 권리들은 모두 우리 가족이 삶에서 실제로 경험했던 것들이다.

권리장전

존중한다는 것은 다른 사람과 나에게 이런 권리가 있음을 인정하는 것이다.

- 사적인 공간과 사생활을 보호받을 권리(방에 들어가기 전 노크하기, 다른 사람의 우편물 개봉하지 않기, 조용히 혼자 있을 공간과 시간 방해하지 않기)
- 남과 다를 수 있는 권리(음식, 영화, 음악, 시간을 보내는 방법 등 개인의 기호를 인정해 주기)
- 다르게 생각할 권리(사람마다 다른 의견과 다른 시각을 가질 수 있도록 여유를 가진다.)

- 말할 권리(서로의 욕구와 의견, 생각, 감정들을 들어 준다.)
- 진지하게 받아들여질 권리(서로의 이야기를 들어 주고 함께 있어 준다.)
- 물어보거나 확인할 수 있는 권리(오해가 생길 때 서로 판단하기보다 의도를 묻고 확인한다.)
- 진실을 말하고 들을 권리("지난 번 떨어진 시험, 공부를 하기는 한 거지?"에서 "왜 이렇게 늦게 들어왔어요?"까지 궁금한 것을 물어볼 때 상대방이 진실을 말해 줄 것이라고 믿는다.)
- 조언을 주고받을 권리(자신의 결정이 다른 사람들에게 미칠 영향을 점검하고 의논한다.)
- 불완전하거나 실수할 권리(물건을 망가뜨리거나, 할 일을 잊어버리거나, 의도치 않게 서로를 실망시키거나, 공부했지만 시험을 망칠 수도 있다.)
- 공손하고 예의 바르게 대우받을 권리(서로에게 상처 줄 수 있는 말을 삼가고, 물건을 사용하기 전에 써도 되는지 묻고, 자문을 구할 때는 상대방이 편한 시간을 정하고, 서로를 '나-너 관계'로 대한다.)
- 존중받을 권리(서로의 감정을 고려한다.)

자신의 추측이 맞는지 점검한다[14]

십계명 중에서 제9계명은 "네 이웃에 대하여 거짓 증거 하지 말라"(출 20:16)이다. 서로의 진정한 의도를 확인하는 일은 매우 간단하지만 갈등이 생겼을 때 수없는 의혹을 제거할 수 있는 매우 강력한 도구이다. 이를 통해 상대방에게 가지고 있는 나의 생각이나 감정이 사실인지 아닌지 점검할 수 있다. 또한 더 이상의 억측을 하지 않도록 미연에 방지할 수 있다.

누군가로부터 상처를 받았거나 실망했을 때 나는 항상 아무런 확인도 없이 내 나름의 가정을 세운 뒤 그 사람에 대한, 사실이 아닌 이야기를 믿어 버린다. 이런 가정들은 사실을 와전시킨다. 확인하지 않았기 때문에 사실이 아닌 것을 믿어 버릴 가능성이 높다. 또한 잘못된 추정을 주변 사람들에게 옮길 가능성도 크다.

머릿속으로 지어내는 일들(잠재적인 추정)이 실제 사실에서 벗어날 때 우리는 하나의 가짜 세상을 만드는 셈이다. 우리 삶에서 하나님을 배제하는 것과 마찬가지다. 하나님은 진리와 실제 안에서만 존재하시기 때문이다. 그런 태도는 끊임없는 갈등과 혼란을 야기해서 결국 관계를 깨고 만다. 앞에서 이야기했던 제시카의 경우도 부사장이 고객들을 만날 스케줄을 잡아 주지 않자 혼자서 온갖 종류의 추측들을 했다. 성경은 절대로 다른 사람들을 판단해서는 안 된다고 수없이 강조하고 있다(마 7:1-5 참조).

다음은 혼자서 추측하지 않고 서로의 의도를 확인할 수 있는 몇 가지 중요한 단계들이다.

- 상대방이 자신의 생각과 감정을 표현하지는 않았지만 내 쪽에서 의심되는 부분이 있다면 먼저 곰곰이 생각해 본다.
- 물어본다. "제가 추측하는 게 맞는지 여쭤 봐도 될까요?"(그렇게 하라고 하면 나의 생각을 말한다.)
- 말한다. "혹시 …라는 생각을 하는 것 아닌가요?"라든지 "제가 보기에는 …한 생각을 하시는 것 같은데…"라고 말한다. 그리고 "제 생각이 맞나요?"라고 물어보라.
- 상대방이 이에 대해 대답할 기회를 주라.

자녀들과 부모님은 물론이고 배우자나 친구들, 룸메이트, 직장 동료, 고용인, 고용주 등 모든 관계에서 사용할 수 있는 방법이다.

기대[15]

서로가 기대하던 바가 충족되지 않거나 분명하지 않은 경우, 고용 관계나 우정 관계 및 연인 관계, 결혼생활, 스포츠 팀, 가족과 교실, 교회 내에서 큰 혼란이 야기된다. 몇 가지 예를 들면 다음과 같다.

- 너는 당연히 가족 행사에 참석할 거라고 믿어. 너한테 우리가 얼마나 소중한 존재들인데, 그렇지 않니?
- 이 직업이 이런 일을 하는 거라곤 생각도 못했습니다. 저한테 말씀해 주신 적이 없잖아요.
- 장성한 아들이 부모 집에 들르면 당연히 집안을 손봐 주어야 한다고 생각해요. 굳이 해 달라고 부탁할 필요가 있나요?
- 결혼에 대한 환상이 다 깨졌어요. 결혼하면 당연히 행복할 것이라고 기대했거든요.
- 나이 드신 부모님을 돌보는 것은 오로지 제몫이랍니다. 형제들은 제가 모든 일을 다 해 주기만을 기대하고 있죠.
- 그녀가 나를 진심으로 걱정한다면 당연히 전화해 줄 거예요.
- 좋은 교회라면 누군가가 상처를 받았을 때 모두가 친절하게 그 사람을 도와주어야 해요.

우리는 다른 사람들이 우리가 말하지 않아도 원하는 것을 해 주기를 기대한다. 특히 그 관계에 많은 공을 들였다면 더욱 그러하다. 하지만 대부분의 기대가 다음과 같은 특징을 가지고 있어서 말해 주기 전에는 알아차리기 어렵다.

- 무의식적이다 : 기대했던 사람에게 실망하기 전까지는 자신이 무엇을 기대했는지조차 모를 때가 많다.
- 비현실적이다 : 사람들에 대해 환상을 품고 있기 쉽다. 예를 들어 배우자나 친구, 목회자는 언제나 우리의 필요들을 채워 줄 거라고 여긴다.
- 말로 표현된 적이 없다 : 자신이 기대하는 바를 배우자나 친구, 직원들에게 표현한 적이 없음에도 그들이 기대와 어긋나게 행동하면 화를 낸다.
- 상대방이 동의하지 않았다 : 본인은 기대하는 바에 대한 나름의 생각들을 가지고 있지만 상대방이 그렇게 해 주겠다고 동의한 바는 없다.

기대는 두 사람이 서로 동의했을 때만 유효하다. 우리가 동의하지 않은 일에 대해 다른 사람들이 내심 기대하고 있을 때 느끼는 유쾌하지 않은 기분을 떠올려 보라.
기대가 성립되려면 다음과 같은 특징을 가지고 있어야 한다.

- 의식적이다 : 자신이 다른 사람에게 무엇을 기대하고 있는지 분명히 인지해야 한다.

- 현실적이다 : 상대방을 향한 나의 기대가 과연 현실적인 것인지 자문해야 한다.
- 말로 표현된 것이다 : 내가 상대방에게 기대하는 바를 분명하고도 직접적으로, 공손하게 말해야 한다.
- 상대방이 동의한 것이다 : 나의 기대가 유효하려면 상대방이 알고 동의한 것이어야 한다. 그렇지 않으면 한낱 희망사항에 불과하다.

자신의 배우자나 친구, 룸메이트, 사장, 가족, 직장 동료에게 기대하는 바들이 무엇인지 생각해 보라. 그리고 다음의 질문들을 던져 보라. '내 기대가 무엇인지 잘 알고 있는가? 현실적인 것인가? 상대방에게 말로 표현했는가? 서로 동의가 되었는가?' 우선 대화를 통해 서로 기대하는 바가 무엇인지 말하고 상호간의 동의를 이끌어 내라. 무의식적이고, 비현실적이며, 말로 표현되지 않고 우리가 동의한 적이 없는 기대를 가지고 있는 사람들과 나란히 앉아서 이 문제에 대해 이야기를 나눠 보라. 그리고 서로 동의하는 선에서 기대의 수준을 결정하라.

알레르기와 방아쇠

우리는 특정 음식이나 꽃가루로 인한 신체적인 알레르기에 대해서는 잘 알고 있지만 감정의 알레르기에 대해서는 아는 바가 거의 없다. 감정의 알레르기란 의식적으로든 무의식적으로든 과거의 나쁜 기억을 떠올리는 일이 생길 때 강렬한 반응을 보이는 것을 말한다.

내가 결혼 초 아내에게 보였던 반응이 한 예가 될 수 있겠다. 나는 제리가 주말에 친구들과 함께 놀러 가고 싶어 할 때마다 격한 반응을 보였다. 어릴 적 부모님으로부터 충족되지 못한 정서적 욕구들이 다시 떠올랐기 때문이다. 상황은 너무 달랐지만 느끼는 감정은 꼭 같았다.

또 다른 예로 테레사는 아이들과 놀아 주지 않고 텔레비전을 보고 있는 남편을 보면 화가 치밀어 오른다. 남편의 행동이 본인도 모르는 사이 무정한 아버지를 떠올리게 하기 때문이다. 그녀의 아버지는 테레사가 일곱 살 때 경제력도 없는 아내와 딸을 버려두고 집을 나가 버렸다.

이렇듯, 감정의 알레르기 반응에서 가장 빈번히 벌어지는 일은 현재 관계를 맺고 있는 사람을 과거에 알고 있는 사람인 양 대한다는 것이다. 우리는 현재의 사람들을 과거의 '그것'처럼 취급한다.

'PAIRS'라는 단체에서는 '기억의 치유'라는, 아주 유익한 훈련을 개발했다. 누군가와 함께, 또는 혼자서 활용하면 많은 도움이 될 것이다.[16]

- 나는 당신이 …할 때 감정적으로 격해진다.
- 이런 알레르기 반응이 생길 때 드는 생각은 …이다.
- 이런 알레르기 반응이 생길 때 드는 느낌은 …이다.
- 이런 감정에 휩싸일 때 나 자신에 대해 느끼는 감정과 생각은 …이다.
- 이런 일이 내 안에 일어날 때 당신은 나의 …한 모습을 보게 될 것이다.
- 이런 알레르기 반응은 나의 …한 과거의 상황과 관련이 있다.
- 이럴 때 당신을 보면 …가 떠오른다.
- 우리의 관계에서 이것 때문에 지불해야 할 대가는 …이다.
- 과거에 내가 듣고 싶었던 말과 지금 내가 듣고 싶은 말은 …이다.

이런 훈련을 하면서 사람들은 자신이 얼마나 과거에 매여 있으며 그것이 현재의 관계에 얼마나 많은 영향을 주고 있는지를 새삼 깨닫는다. 일단 이들의 연관 관계를 보기 시작하면 비슷한 일이 벌어졌을 때, 보다 성숙하고 넓은 마음으로 이전과는 다른 선택을 할 수 있다.

교회, 새로운 문화를 창조하다

우리가 세상에 줄 수 있는 가장 큰 선물 가운데 하나는 서로를 깊이 사랑하는, 정서적으로 건강한 사람들이 모여 있는 공동체가 되는 것이다. 하나님의 능력을 받아 가족의 유전으로부터 내려오는 건강하지 못한 습관들과 문화를 깨뜨릴 뿐 아니라 더 나아가 교회 안에 있는 문화까지도 변혁시키는 건강한 공동체로 성장해야 한다.

예수님은 팔레스타인의 낙후된 지방 갈릴리에서 제자들을 모아 작은 공동체를 만드셨다. 그들은 영적으로나 정서적으로 미성숙했다. 수제자 베드로는 성격이 급하고 말실수도 잦았던 모순투성이였다. 그의 형제 안드레는 수줍음이 많고 조용한 사람이었다. 야고보와 요한은 '우레의 아들'이라 불릴 만큼 공격적이고, 성급하고, 참을성이 없었으며 야망까지 컸다. 빌립은 의심이 많고 부정적인 사람이었다. 또한 비전도 작았다. 5천 명을 먹여야 할 상황에 부딪혔을 때 그는 '불가능한 일'이라고 말했다. 나다니엘 바돌로매는 편협하고 독선적이었다. 마태는 가버나움에서 가장 미움받던 세리 출신으로 무고한 사람들을 괴롭혔다. 도마는 약간의 우울증을 가진, 암울한 비관주의자였다. 알패오의 아들 야고보와 야고보의 아들 유다는 별 존재감이 없었다. 성경에는 그들에 대한 기록이 남아 있지 않다. 열심당 시몬은 오늘날로 치면 일종의 테러리스트이자 독립투사였다. 회계를 맡았던 유다는 도둑이자 외톨이였다. 그는 예수님께 충성을 맹세한 척하다가 결국에는 그분을 배신하고 말았다.

하지만 그들은 한 가지 훌륭한 자질을 가지고 있었는데 바로 자발적이라는 점이다. 하나님이 우리에게 요구하시는 것이기도 하다.

다음 장에서는 지금까지의 내용을 종합하여 우리 '삶의 규칙'을 만들어 보도록 하자.

PRAYER

주 예수 그리스도, 하나님의 아들이여, 저를 불쌍히 여겨 주십시오. 주님, 사람들을 그리스도의 눈과 마음으로 바라보지 않고 물건이나 수단으로 대했던 적이 너무나 많습니다. 주님 제 안 깊은 곳에 건전하지 못한 방법으로 맺은 관계들이 묻혀 있습니다. 저를 변화시켜 주십시오. 저를 성숙하고 안정되고 믿을 만한 사랑을 전하는 도구로 만드셔서 저와 접촉하는 사람들이 주님의 다정함과 친절함을 경험하기 원합니다. 두려움 때문에 거짓 평화를 만들어 내지 않도록 하시고, 주님처럼 제대로 사랑할 수 있게 도와주십시오. 성령의 능력으로 성숙한 감정을 지닌 사람으로 자랄 수 있게 도와주십시오. 예수님의 이름으로 기도합니다. 아멘.

Chapter 10

7단계:
자신만의 '삶의 규칙'을 계발하라

- 무엇보다 주님을 사랑하라

월터 웽거린(Walter Wangerin)은 《던 카우의 서》(The Book of the Dun Cow)에서 닭장 주변에서 함께 살아가는 동물들의 환상의 세계를 그리고 있다. 수탉 챈티클리어는 다른 동물들을 이끄는 리더이다. 평화롭던 동물 공동체는 용의 모양을 한 악의 화신이 이들을 위협하기 위해 '검은 독뱀'을 풀어 놓으면서 깨지기 시작한다.

동물들은 챈티클리어가 홰를 치며 울 때마다 함께 뭉쳤다. 챈티클리어의 울음소리는 그가 받은 재능이면서, 동시에 자신의 과거를 기억하고 계속 훈련한 노력의 결과물이었다. 그는 결국 용을 물리치기 위해 무력을 사용한다. 하지만 닭장에 모인 닭들이 악에 대항해서 싸울 수 있었던 것은 강한 신념과 그간 닦아 온 정신 훈련 덕분이었다. 그런 훈련은 사실 어마어마한 악에 맞서기에는 시간 낭비처럼 보이던 것들이었다.

이처럼 우리도 '삶의 규칙'이라는 영적 훈련을 바탕으로 우리 삶을 정리해야 한다. 우리 삶의 모든 영역이 그 무엇보다 그리스도의 사랑을 중심으로 재정비되어야 한다. 이는 우리를 둘러싼 세상 사람들에게는 완전히 낯선 모습일 것이다.

하지만 우리가 그렇게 살아간다면, 챈티클리어처럼 우리의 가족들과 친구들, 직장 동료들과 공동체를 변화시킬 것이다.

선조들이 남긴 보물 : 삶의 규칙

'규칙'이라는 말에 위축될 필요는 없다. 이 말은 헬라어 '트렐리스 (trellis)'에서 온 것으로, 포도덩굴이 땅바닥으로 늘어지지 않고 위로 뻗어 가도록 잡아 주는 일종의 격자 구조물이다. 트렐리스를 설치하면 더 풍성하고 많은 열매를 맺을 수 있다. 이와 마찬가지로 '삶의 규칙'은 우리가 그리스도 안에서 영적으로 더 많은 결실을 맺도록 도와주는 도구이다.[1]

'삶의 규칙'은 간단히 말하자면, 하나님을 모든 활동의 중심에 두는, 의도적이고 의식적인 계획이다. 이는 우리에게 하나님이 모든 삶의 근원이라는 것을 항상 상기할 수 있는 지침을 제공한다. 또한 모든 일에서 하나님을 떠올리고 그분께 주의를 기울이도록 생각의 방향과 틀도 제공한다. 어떤 규칙이든 첫 시작점이자 기초는 하나님을 사랑하며 그분과 동행하려는 간절한 마음이다.

보다 영적인 삶을 살기 위해 의식적으로 계획을 세우는 사람은 매우 드물다. 대부분의 그리스도인들은 자동차의 자동 조종장치처럼 상황에 맞춰서 행동하지, 의도적으로 행동하지 않는다. 우리는 빡빡한 일정이나 쌓여 있는 업무, 직장과 가정에서 처리해야 할 일들, 소란스러운 환경, 홍수처럼 밀려드는 정보, 걱정 앞에서 삶의 속도를 늦추기보다 점점 더 다급해진다. 이 외에도 일상적으로 처리해야 할 일들이 얼마나 많은가. 예를 들어 매일 아침마다 일어나서 강아지 밥을 챙겨 주고 커피를 내리고 운동을 하고 씻고 옷을 입고 아침을 먹어야 한다.

물론 그런 현실 속에서도 사실은 모든 사람들이, 의식하지 못한 채 자신의 영적 삶을 발전시키기 위해 나름의 규칙을 가지고 있다. 또한 자신만의 가치와 행동 방식을 가지고 있다. 가령 매주일 교회에 나가거나, 소그룹 모임에 참석하거나, 선교 사역을 돕거나, 잠자리에 들기 전 10분간 기도를 하거나, 성경을 읽는 것과 같은 행동들이다.

하지만 우리의 영적 훈련은 21세기의 바빌론이자 짐승의 바다인 현재 삶을 지켜 주기에는 충분하지 않다. 이 거대한 물살에 맞서 싸우려면 삶의 규칙이라는 닻 없이는 거의 불가능하다. 규칙이 없다면 결국 물살에 휩쓸려 방향을 잃은 채 헤매고 말 것이다.

놀랍게도 아직도 많은 사람들이 하나님과 개인적이고 직접적인 교제의 시간을 가지기보다 다른 사람들의 영성에 기대어 살고 있다. 대부분의 그리스도인들은 기도에 대해서만 말할 뿐 정말 기도하지는 않는다. 또한 성경이 하나님의 말씀이라는 것은 믿지만 그 내용이 무엇인지에 대해서는 아는 것이 별로 없다. 자녀들을 향한 기대 역시 하나님을 알지 못하는 이방인들과 별반 다르지 않다. 세상 사람들처럼 사람들을 대할 때 그들의 교육 수준이나 경제력, 외모, 인기 등을 근거로 등급을 매긴다.

오늘날 문화에서 우리의 신앙이 깊이를 가진 영성으로 자라나려면 영적 삶에 대해 사려 깊고, 신중하고, 의도적인 계획이 필요하다. 그 계획을 잘 세우기 위해서 다니엘과 초기 교회사로 돌아가 그 속에 숨겨진 보화의 근원을 찾아보도록 하자.

다니엘의 '삶의 규칙'

느부갓네살 왕과 바빌론 군대는 자신들이 섬기던 신을 앞세워 예루살렘을 정복한 후 그곳에 살고 있던 대부분의 거주자들을 노예로 붙잡아 갔다. 그중에는 다니엘이라 불리는 10대 소년도 있었다. 그는 자신의 가족과 선생님, 친구들과 헤어지고, 자기 민족의 음식과 문화, 언어와 단절된 채 바빌론 왕궁에 잡혀 가서 그 나라의 가장 좋은 학교로 보내졌다. 그곳에서 전혀 낯설고 생소한 이교도의 세계관을 배웠다. 역사와 수학, 의학, 종교, 문학은 물론이고 이스라엘에서는 금지된 신화와 점성술, 요술, 마술까지 모두 배웠다. 바빌론의 사제들과 고문들은 다니엘에게 자신들의 종교와 지식을 가르쳤다. 자신들에게 동화시키기 위해 심지어 이름까지도 바꾸었다.

바빌론의 목표는 간단했다. 하나님을 경외하는 다니엘을 자신들의 문화와 가치에 동화시키고 흡수시키는 것이었다.

그렇다면 다니엘은 어떻게 이 막강한 권세와 영향력에 저항할 수 있었을까? 그는 골방에 은거하는 수도사가 아니었다. 날마다 주어진 명령과 버거울 만큼 많은 일들을 책임감을 가지고 이행했다. 아마도 최소한의 지원을 받으면서 매일 엄청난 양의 업무들을 처리해야 했을 것이다.

이를 위해 다니엘은 삶의 규칙을 먼저 세웠다. 그는 내면의 성장을 운에 맡기지 않았다. '주일마다 교회에 나가고 매일 15분씩 경건의 시간을 갖는 것'만으로는 절대로 충분치 않다는 것을 알았다. 또한 자신이 대항해야 할 실체에 대해 잘 알고 있었다. 세세한 부분까지 모두 알 수는 없지만 분명, 그의 모든 삶은 하나님 사랑을 중심으로 돌아갔고 그 사랑에서 비롯되었다. 그는 포기할 것과 집중할 것을 명확히 구분했다. 가령 왕의 식탁에 올랐던 부정한 음식은 절대로 입에 대지 않았고(단 1장 참조), 매일 시간을 정해 기도에 힘썼다(단 6장 참조). 다니엘은 어떤 면에서 자신에게 영적인 양식을 공급했고 그 결과 자신에게 호의적이지 않은 환경에서도 특별한 하나님의 사람으로 두드러질 수 있었다. 그는 바빌론의 세력을 이겨 내고 성장하려면 하나님께 관심을 집중시킬 계획이 필요하다는 것을 깊이 깨닫고 있었다.

교회사에 드러난 '규칙'의 역사

3세기 말에서 5세기까지, 사람들은 살던 곳을 떠나 이집트나 시리아, 팔레스타인, 아라비아의 사막으로 들어가 하나님을 추구하는 삶을 살았다. 그들은 그 어떤 방해도 받지 않고 하나님을 만나기 원했다. 이들 수도사들은 이후에 공동체를 만들어 매일의 삶을 노동과 기도, 성경 공부로 나눈 계획표를 만드는 데 합의했다. 그리고 '삶의 규칙서'라고 불렀다.

최초의 '삶의 규칙서'는 파코미우스(A.D. 290-345)가 자신의 이집트 수도원 공동체를 대상으로 작성한 것이다. 그 후 좀 더 길어지거나 짧아진 다른 규칙서들이 등장했다. 서구 교회에서 온 영적 탐구자들은 사막 교부들에게서 이것들을 배운 뒤 고향에 돌아가 자신들만의 '삶의 규칙서'를 개발시켰다. 그중 대표적인 인물이 존 카시안(John Cassian)이다. 이는 베네딕트(A.D. 480-547)에 의해 절정에 달했는데 그는 우리에게 잘 알려진 '베네딕트 규칙서'를 만들었다. 베네딕트 규칙서는 과거 1500년 동안 서구 수도원 운동을 이끈 힘일 뿐 아니라 오늘날 다양한 교파의 수많은 사람들에게 좋은 길잡이 역할을 하고 있다.

'삶의 규칙서'에 숨겨진 가장 위대한 선물은 다른 무엇보다 그리스도의 사랑을 중심으로 우리 삶을 통제한다는 데 있다고 하겠다.

'삶의 규칙' 개요

하나님은 우리 각 사람을 모두 독특하고 다르게 만드셨다. 하지만 우리의 목표는 하나다. 그리스도와 연합하여 하나님의 형상으로 변화되며 그리스도의 법을 따라 살아가는 것이다. 이 목표에 이르는 방법은 여러 가지인데, 각 개인의 인격과 은사들, 기질, 지리적 위치, 소명에 따라 다를 수 있다. 게다가 각자가 처한 인생의 계절과 상황에 따라 하나님이 사용하시는 방법들도 다를 수 있다.

예를 들어 아시시의 성 프란체스코는 은거지에서 여러 주를 보낸 후 사람들에게 예수님의 복음을 전하기 위해 다시 수개월을 여행했다.

캐서린 도허티(Catherine Doherty)는 '마돈나 하우스'를 만들고, 거기 속한 사람들에게 주중 3일은 푸스티니아(poustinia, 러시아어로 사막이라는 뜻의 작은 독방)에서 홀로 하나님과의 시간을 가지고, 4일 동안은 밖에 나가 사람들을 섬기도록 했다.[2]

'삶의 규칙'은 무한히 변형할 수 있지만 우선 큰 그림을 보자면 열두 가지 요소로 요약할 수 있다. 이를 통해 자신만의 삶의 규칙을 계발할 수 있을 것이다.

- 기도
1. 성경

2. 침묵과 홀로 있음

3. 매일 기도(성무일과)

4. 공부

- 쉼

5. 안식일

6. 단순한 삶

7. 놀이와 여가

- 노동(활동)

8. 봉사와 선교

9. 몸 관리

- 관계

10. 정서적 건강

11. 가족

12. 공동체(신앙 여정을 함께하는 동반자)

 이외에도 손님 접대와 같은 항목을 더하거나 뺄 수도 있다. 나는 열두 가지 요소를 크게 기도, 쉼, 노동, 관계라는 네 가지 범주로 나누었다. 공부를 쉼이나 노동의 범주에 둘 수도 있다. 몸 관리를 쉼의 범주로 묶어도 상관없다. 선택은 각자의 몫이다.

 마음먹고 삶의 규칙을 계발하려고 하면 여러 가지 시행착오를 겪을 것이다. 앞에서 언급한 각각의 요소를 잘 알아야 하는 것은 물론 자기 식으로 적용하려면 자신을 잘 이해하고 알아 갈 필요가 있다. 예를 들어 자신을 하나님께 가깝게 인도해 주는 영적 훈련은 어떤 것들인가? 반대로 하나님으로부터 멀어지게 하는 것들은 무엇인가? 자신에게 적합한 올바른 조합들을 어떻게 분별할 수 있겠는가?

개인적으로 내 삶의 규칙들은 끊임없이 바뀌고 있다. 그 규칙들은 항상 진행 중인, 생동감 넘치는 일이다. 나의 경우, 매우 직관적이고 예민한 기질 때문에 목표나 약속 같은 것을 적지 않는 편이다. 그렇게 정해 버리면 그리스도의 사랑 때문에 '하고 싶어서' 하기보다 '해야 하기 때문에' 행동할 가능성이 높기 때문이다.

시간을 충분히 가지면서 무엇이 자신에게 가장 효과적인지 천천히 생각해 보라. 자신의 삶을 가만히 살펴보면 필요한 부분들을 알아챌 것이다. 처음 몇 달 동안 한두 가지 요소들을 시험해 보라. 거기서 어느 정도 성공을 경험하면 그 다음에는 다른 항목들까지 덧붙이고 싶어질 것이다. 아니면 같은 항목들을 더 오랜 기간을 두고 지키는 것도 상관없다. 다음의 기도들을 시도해 보는 것도 좋은 예가 될 수 있다.

- 매일 규칙적으로 시간을 정해서 예수 기도를 한다(주 예수 그리스도, 하나님의 아들이시여, 이 죄인을 불쌍히 여기소서).
- 일주일에 세 번씩 점심시간마다 15분씩 침묵의 시간을 가진다.
- 일주일에 세 번씩 잠자리에 들기 전 이그나티우스의 '성찰의 기도'를 한다.
- 사순절 기간에 매주 수요일 한 끼를 금식한다.

가능하다면 이 여정을 위한 동반자를 찾는 것이 좋다. 영적 리더도 좋고 멘토나 신뢰할 만한 친구, 성숙한 그리스도인, 또는 소그룹 모임의 사람들도 좋다. 규칙들을 꾸준히 지켜 나가는 데 도움이 될 것이다.

너무 무리해서는 안 된다. 성 베네딕트는 자신의 규칙서 서두에서 다음과 같이 말하고 있다.

> 우리는 주님을 섬기는 학교(수도원)를 만들고자 합니다. … 두려움 때문에 이내 위축되지도 말고 구원의 길에서 달아나지도 마십시오. 처음에는 그 길이 좁게 느껴질 것입니다. 하지만 믿음의 이 길을 따라가다 보면 하나님이 명령하신 길을 순탄하게 걷고 있는 자신을 발견할 것입니다. 그리고 우리 마음에 말로 표현할 수 없는 사랑의 기쁨이 흘러넘치는 것을 알게 될 것입니다.[3]

'삶의 규칙'을 구성하는 열두 가지 요소들

성경

하나님은 성경을 통해 성경 안에서 우리에게 말씀하신다. 우리는 일 년에 한 번 성경을 통독하거나 '공동 기도서'에 나오는 성경 구절들을 읽겠다는 계획을 세울 수 있다. 최근 몇 년 동안 나는 성경을 작은 단위로 나누어 묵상하는 쪽으로 읽는 방법을 바꾸었다. 믿음의 선배들이 실천했던 관상 독서법인 렉시오 디바나(말씀 묵상)는 매주 행하는 나의 규칙 가운데 하나이다. 짧은 성경 본문을 읽은 후 조용히 묵상하는 식이다. 마치 수

면에 잔잔한 물결이 일 듯, 빵 반죽에 누룩이 퍼지듯 말씀이 내 안에서 일하시도록 자신을 내드리는 것이다. 천천히 단어들을 곱씹으면서 그 말씀들이 나를 변화시키는 양식이 되도록 해야 한다. 이렇게 하면서 자연스럽게 성경 구절을 암기하게 되기도 한다.

침묵과 홀로 있음

사막 교부 가운데 하나인 아봇 아가톤(Abbot Agathon)은 침묵하는 법을 익히기까지 3년 동안 입 안에 자갈을 물고 다녔다고 한다. 침묵은 오늘날 그리스도인 사이에서 가장 어려운 영적 훈련이자 거의 하지 않는 훈련 가운데 하나다. 우리는 항상 자기 힘으로 상황을 해결하려 하고 자신의 삶을 통제하려 한다. 달라스 윌라드의 말처럼 "침묵은 우리를 발가벗겨 아무것도 할 수 없는 적나라한 현실 속으로 내던져 버리는, 아주 무서운 것이다. 또한 침묵은 우리에게 죽음을 상기시켜 준다. 이 세상과 단절된 채 오직 하나님과 우리 자신만 남게 되기 때문이다."4

나는 매일 기도를 할 때마다 종종 침묵의 시간을 가진다. 일주일에 몇 차례, 5-15분 정도 침묵의 시간을 가지려고 노력한다. "여호와 앞에 잠잠하고 참고 기다리라"(시 37:7)는 말씀을 실천하기 위해서다. 침묵은 그리스도 안에서 자라남에 있어서 불필요한 부분을 제거하고 가장 소중한 핵심에 집중하게 해 준다.

매일 기도(성무일과)

앞 장에서 설명했듯이 이 훈련은 성경과 교회사를 통해 아주 유익한 열매들을 맺어 왔다. 나는 매일 기도를 할 때마다 그 구조와 자발성, 그리고 다양한 방법을 추구한다. 예를 들어 필리스 티클의 《거룩한 시간》을 교재로 삼아 아침, 점심, 저녁, 마침 기도라는 골격 구조를 만든다. 그리고 《공동 기도서》의 일정에 따라 매일 시편 말씀을 읽는다. 시편으로 기도하는 것이 내가 좋아하는 매일 기도의 주된 요소 가운데 하나이다. 매일 아침 시간에는 기도서를 이용해 기도하는 시간을 가진다. 어떤 사람들은 자연에서 기도하는 시간을 가지는데, 잎사귀나 꽃봉오리, 나무나 들판, 하늘을 조용히 관찰하며 침묵하는 시간을 내기도 하고, 창조 세계에 드러난 하나님의 영광을 찬양하기도 한다.[5]

공부

대부분은 책을 읽고 공부하는 데 시간을 할애하는 것을 영적 훈련이라고 생각하지 않는다. 하지만 이런 것들도 하나님을 새로운 방식으로 만나는 중요한 방법 가운데 하나다. 베네딕트 규칙서의 가장 두드러진 특징은 하루 중 3시간을 읽고 성찰하는 데만 할애했다는 것이다. 그는 수도원에서 사람들이 자기 일을 잘해 내고 있는지 감독할 필요에 대해서는 언급한 적이 없지만 수도사들이 제대로 읽고 공부하고 있는지에 대해서는 살펴볼 사람이 필요하다고 생각했다. 이때는 550년이었고, 많은 수도사들은 우선 읽는 법부터 배워야 했던 시기였다! 베네딕트는 이미 그 당시에 성숙하고 발전하는 그리스도인들은 항상 탐구하고 배우고 책을 읽는다는 주요한 원리를 이해하고 있었다. 공부라고 함은 귀납적 성경 공부나 다른 유용한 방법들, 또는 책 읽기, 워크숍, 강좌, 세미나 등을 통해 성경을 깊이 연구하는 것도 포함된다. 물론 영적으로 앞서 간 사람들의 가르침을 듣는 것도 포함된다. 공부를 할 때는 단지 정보를 얻기 위해서가 아니라 그리스도 안에서 변화하는 것을 목표로 해야 한다. 배운 것을 생각하며 하나님께 기도하라. 나는 책 읽기를 좋아하기 때문에 공부를 휴식의 범주에 포함시켰다. 하지만 어떤 친구들은 공부를 즉각 노동의 범주에 넣기도 했다.

안식일

매주 하루씩, 24시간을 떼어 놓는 삶의 리듬이 필요하다. 우리는 대부분 주 5일 동안 근무하는데, 생활에 필요한 일들을 처리하기 위해 하루가 더 필요하다. 예를 들면 각종 청구서를 지불하거나, 차를 점검하거나, 집안일을 하거나, 학생이라면 숙제를 하기 위한 시간 등이 필요하다. 짬을 내어 성경적 안식의 네 가지 특징들(멈춤, 쉼, 기쁨, 관상)을 다시 한 번 생각해 보자. 안식일을 위해 또 하루를 사용해야 한다는 생각보다 멈추고 쉰다는 것이 자신에게 어떤 의미를 가져다주는지 곰곰이 생각해 보라. 나의 경우 안식일의 주안점은, 뉴 라이프 펠로십 교회나 사무실 생각은 모두 잊고 심지어 이메일이나 전화조차 멀리하는 것이다. 안식일에는 시계도 보지 말고 그저 편안하고 느긋하게 시간을 보내라.

주일에 일을 하는 나 같은 사람들은 주중의 다른 날을 골라 지켜야 한다. 나의 경우 토요일을 선택했다. 아이들이 학교에 가지 않는 날이기도 하고, 그날만큼은 아이들에게도 좋은 아빠로서의 역할을 다할 수 있기 때문이다. 우리는 대개 안식일마다 뉴욕 시내를 빠져나와 자연의 아름다움을 즐긴다.

우리가 없어도 이 우주를 운행하고 계시는 하나님을 믿어 보라. 한 주 동안 안식일을 준비한다는 마음으로 시작해 보라. 스스로에게 '무엇을 하면 내가 즐겁고 기쁠까? 내가 활력을 얻고 재충전되려면 무엇을 해야 할까?'라고 물어보라. 낮잠을 자도 좋고 하나님을 기뻐해도 좋다. 자신의 일과 완전히 다른 뭔가를 해보라. 올해 휴가를 계획할 때도 안식일의 원리를 적용해 보라. 휴가를 안식일의 연장선으로 보고 미리 계획해 보라. 어떻게 하면 휴가 동안 성경적 안식의 네 가지 요소의 균형을 적절히 맞출 수 있을까?

단순한 삶

단순한 삶의 선결 과제는 산만함을 없애고 모든 집착으로부터 자유로워지는 데 있다. "할 수 있는 한 복잡한 일에서 벗어나 살아가기를 바랍니다. 모든 복잡함을 벗어버리고 오직 주님을 기쁘시게 하는 데 마음을 쓰며 자유롭게 살아가라"(고전 7:32 메시지성경).

이런 이유로 우리 아이들은 바이올린을 배우면서 한 번에 세 가지 운동을 배우는 일은 없다. 또한 시간을 절약해 준다는 전자제품이나 첨단 기기들을 사는 데도 신중하다. 신용카드도 대여섯 개씩 만들지 않고 한 장만 쓴다. 식사도 간단하게 요리할 수 있는 것으로 한다. 집도 먼지 하나 없이 깔끔하게 치우기보다 그냥 있는 대로 내버려 두는 편이다. 요즘에는 주를 위한다는 이유로 한 번에 15개의 사역을 하지도 않는다. 이처럼 적게 일하는 대신 마음은 이전보다 더 많이 쏟을 수 있게 되었다. 수년 동안 시청했던 케이블 방송을 끊고 그 대용품으로 DVD 플레이어도 달았다.

십일조(수입의 10분의 1일 현금하는 것)의 원리도 단순한 삶을 사는 데 중요한 요소이다. 이는 우리로 불필요한 것들을 포기하고 우리 삶의 안전과 원천이신 하나님께 의지하게 해 준다. 예수님은 "네 보물 있는 그곳에는 네 마음도 있느니라"(마 6:21)고 말씀하셨다. 십일조는 구약의 율법으로서가 아니라 돈의 권세로부터 벗어나게 하는 막강한 원리로서 우리 삶에 도움을 준다. 십일조를 통해 우리는 돈을 보다 더 신중하게 다루게 된다. 우리가 정한 삶의 규칙에는 매년 헌금의 비중을 높이자는 것도 있었는데 이를 통해 우리는 하나님이 기적에 기적을 더해 공급하시는 것을 목격할 수 있었다. 빚 때문에 힘들어하고 있다면 재정 관련 세미나 등에 참석하여 우선 빚부터 청산해야 할 것이다.

놀이와 여가

우리 삶에 신선한 공기를 불어넣어 주는 순수하고 건전한 활동의 열쇠가 여기에 있다. 사람들 가운데 특히나 그리스도인들은 재미가 없기로 유명하다. 아마도 놀이와 여가를 삶의 한 부분으로 생각하는 가정 환경에서 자란 사람이 많지 않아서일 것이다. 놀이 역시 계획과 준비가 필요하다. 많은 사람들이 뭔가 새로운 것을 계획하기보다 대충 영화나 보면서 휴식을 가진다. 하지만 영화가 끝나고 나면 뭔가 충전되었다는 느낌보다 영적으로 더 흐릿해진 것 같다.

실수하지 않기를 바란다. 건강한 즐거움을 누리려면 획기적인 것이 필요하다. 내 생각에 놀이와 여가는 우리가 하나님과 인생, 자연을 어떻게 바라보는지 설명해 주는 심오한 신학적 주제이다. 이 때문에 우리는 매년 새해 전날 교회에서 모든 교인들을 아우르는 행사를 열고 있는데 무척 재미있고 신나는 축제이다. 이날 가장 즐겁게 노는 사람 가운데 한 명이 아내인데, 확신컨대 아내는 기쁨의 은사를 받은 게 분명하다. 제리는 자신의 인생 미션을 이렇게 요약한다. "인생은 힘들 수 있다. 그러니 하나님께 영광을 돌릴 수 있을 때마다 마음껏 즐거워하자." 전도서 3장 4절 말씀처럼 "울 때가 있고 웃을 때가 있으며 슬퍼할 때가 있고 춤출 때가 있"다.

봉사와 선교

어떤 방식으로 하나님을 섬겨야 할까? 각 사람들이 가진 시간과 재능, 자원, 은사를 어떻게 활용하여 사람들을 섬길 수 있을지 자문해 봐야 한다. 하나님이 우리 가운데 두신 열정이나 소망은 무엇인가? 어느 교회나 공동체든 섬기고 봉사할 기회는 많다. 노숙자나 굶주리는 사람들에게 음식을 제공할 수도 있고 사회적으로 소외된 사람들을 찾아 연결고리를 이어 주거나 젊은 청년들이나 새신자의 멘토가 되어 줄 수도 있다. 가난하고 소외된 사람들을 돌보는 일, 인종적·문화적·경제적 장벽을 해소하는 일, 사회 정의와 환경을 위한 운동, 세계 선교 등 이 범주에 속하는 일은 다양하다. 어떤 사람들에게는 안락한 삶의 안전지대에서 나와 이런 일을 하는 것이 새로운 도전일 수도 있다. 나 같은 사람들의 경우 이런 봉사들을 하는 데 한계가 있기도 하다. 그렇지만 우리의 역량을 벗어나지 않는 한계 안에서 하나님의 요구에 부응할 방법들을 모색해야 한다.

몸 관리

대다수의 사람들이 하나님이 주신 자신의 몸을 잘 돌보지 않고 살아간다. 하지만 몸을 관리하는 것도 예배나 기도 못지않게 영적인 일이다. 자신의 삶의 규칙에 어떤 운동을 포함시키기를 원하는가? 그렇다면 무슨 운동을 일주일에 몇 번 정도 해야 할까? 일을 할 때 어떤 버릇이 있는가? 영양분을 고루 갖춘, 건강하고 균형 잡힌 식사를 하고 있는가? 내 몸에 잘 맞는 특정한 음식이 있는가? 적당한 휴식과 수면을 취하고 있는가? 성경은 잠이 하나님의 선물이라고 말한다(시 127:2). 건강 검진을 위해 마지막으로 병원을 찾았던 적은 언제인가?

삶의 규칙에 포함시킬 수 있는 몸 관리를 위한 항목에는 어떤 것이 있을까? 우선 자신의 몸에 대해 하나님이 뭐라고 말씀하시는지 들어 보라. 예를 들어 두통이나 위경련, 수면 장애, 만성 피로 등의 문제가 있다면 삶의 속도를 늦추고 삶의 방향을 바꾸라는 하나님의 신호일 수도 있다. 우리 몸에 귀를 기울이는 것은 하나님의 음성을 듣는 중요한 방법 가운데 하나이다. 우리 몸을 돌보는 것은 삶의 모든 측면이 거룩하다는 것을 인정하는 것이며, 또한 우리 안에 계시는 하나님을 존귀하게 여기는 것이다.

정서적 건강

나는 지난 11년 동안 정서적인 건강을 내 삶의 규칙에 포함시켜 왔다. 처음 한두 해는 일주일에 서너 번, 일기에 감정을 기록하는 단순한 작업이었다. 그 후에는 하나님이 나의 감정을 통해 어떤 말씀을 하시는지 구하고 있다.

누구나 지난날의 상실에서 비롯한 해결되지 않은 슬픔들이 마음속에 있을 것이다. 그렇다면 다음 한 해 동안 이 문제를 해결할 계획을 세워 볼 수도 있다. 책을 읽거나, 일기를 쓰거나, 믿을 만한 친구 또는 상담자를 만나 보거나, 개인적인 수련회를 가져 보는 것도 좋은 방법이다. 이 책을 교재로 삼는 소그룹 모임에 참석하는 것도 괜찮다. 갈등을 푸는 방법이나 건강한 의사소통에 필요한 실질적인 관계 기술에 초점을 맞춘 그룹에 참여하는 것도 좋다.

결혼을 했든, 하지 않았든 자신의 성적 욕구를 이해하는 것도 정서적 건강과 밀접한 관련이 있다. 제리와 나도 이 부분에서 지속적으로 성숙해 가는 중이다. 우리는 더욱더 성장하기 위해 폭넓은 독서를 하고, 다양한 훈련 과정과 프로그램에 참여하고 있다. 하지만 정서적 건강도 다른 부분과 마찬가지로 의도적인 노력이 필요하다.

가족

가족이라는 요소는 기혼자나 독신자 모두에게 적용된다. 결혼생활과 자녀양육, 원 가족과의 관계는 모두 아주 중요한 영적 훈련의 주제들이다. 예를 들어, 나는 올해 10대인 우리 아이들을 어떻게 양육해야 할까? 딸들이 성인으로 진입하는 이 시점에 내가 가르쳐야 하는 것은 무엇일까? 예전처럼 하면 된다는 수동적인 태도를 취하면 더없이 편하고 쉬울 테지만 그럴 수는 없다.

또한 결혼생활에 있어서도 올 한 해 동안 어떤 것에 더 신경을 써야 할지 생각해 봐야 한다. 제리는 하이킹이나 캠핑 등 자연과 함께하는 야외 활동을 즐기는 편이다. 반면 나는 도서관이나 서점이면 만족한다. 따라서 둘이 함께 야외 활동을 즐기려면 사전 계획이 필요하다.

아내와 나는 가장 가까운 친구 사이다. 결혼생활도 매우 만족스럽다. 하지만 우리는 항상 혼자서든 함께든, 둘의 관계를 더욱 공고히 해 줄 기회들을 모색한다. 독신자의 경우라면 부모님(또는 양부모님)이나 형제자매들과 관련된 계획을 세워 보는 것도 좋겠다. 그들과 어떤 관계를 만들어 나가기 원하는가? 그 단계까지 가려면 어떤 단계를 밟아야 하겠는가?

공동체 (신앙 여정을 함께할 동반자)

신앙 여정의 다음 단계로 나가기 위해 동반자가 필요하다면 공동체를 삶의 규칙에 포함시킬 수 있다. 예를 들어 교회에 출석하지 않고 있다면 기도하며 자신이 나아갈 방향을 구하라. 그리고 자신의 믿음과 삶을 주고받을 수 있는 곳이 있는지 면밀히 알아보라. 지역 교회 안이나 또는 바깥에 자신이 필요로 하는 다른 네트워크들이 있는가? 부디 우리 교회처럼 모든 교인들이 소그룹으로 연결되어 관계를 맺는 공동체를 찾기 바란다. 제리와 나는 집에서 소그룹 모임을 가지는데 여기서는 내가 목사라는 것을 잊고 교제할 수 있어서 정말 좋다. 또 다른 예를 들자면 나는 영적 삶에 관한 자문을 받기 위해 교회의 장로들과 정기적으로 모임을 갖는다. 또한 장기적인 멘토도 있는데, 하나님 안에서 나보다 지혜로운 어른이다. 비록 다른 주에 살고 있긴 하지만 가끔씩 통화를 주고받거나 방문을 한다. 한두 달에 한 번씩 만나는 영적 리더도 있다. 그와의 만남을 통해 나는 유익하고 은혜로운 교제의 시간을 가질 뿐 아니라 하나님이 어떻게 내 삶을 인도하시는지 보게 된다. 거듭 말하지만 하나님은 우리 신앙 여정을 인도하실 때, 마음을 활짝 열고 보다 창의적으로 반응하기를 바란다.

한 번 삶의 규칙을 정했더라도 정기적으로 다시 읽고 재검토할 것을 권한다. 성 어거스틴은 일주일에 한 번씩 자신의 규칙서를 점검했다. 최소한 일 년에 한 번은 다시 읽으며 재검토해야 한다.

재차 말하지만 우선 한두 개부터 시작해 보라. 실패하더라도 다시 시도하다 보면 새로운 것들을 배울 수 있다. 강림절이나 사순절 같이 4주

동안 실천할 삶의 규칙을 구상해 보는 것도 하나의 방법이다.

1500년 전 베네딕트가 했던 말을 기억하기 바란다. "여러분의 행동양식은 세상 사람들의 것과는 달라야 합니다. 그 무엇보다 그리스도를 사랑하는 마음이 가장 먼저여야 합니다." 항상 이 말을 기억한다면 곁길로 빠지지는 않을 것이다.

보다 폭넓게 적용하기

이번 장은 우리가 내적으로나 개인적으로 하나님 안에서 성장하기 위해 삶의 규칙을 계발하고 적용하는 데 초점을 두었다. 나에게 있어서 삶의 규칙은 교회사를 통해 전해지는 놀라운 보화나 다름없었다. 이는 오늘날의 우리에게도 적용할 수 있는 매우 확실한 방법 가운데 하나다. 또한 21세기를 살아가는 오늘날, 다음의 세 분야에서도 적용 가능한 도구이다.

지역 교회

모든 교회는 저마다의 가치와 관행, 관습들을 가지고 있다. 모두 독특한 색깔을 띨 뿐 아니라 나름의 행동양식을 지닌다. 누군가 교회에 출석하면 어느새 교회의 한 구성원으로 자리 잡는다. 어떤 면에서 모든 교회는 나름의 규칙서를 가지고 있다 해도 틀린 말은 아니다. 대개는 무의식적으로 지켜지고 있다는 게 문제다. 그 규칙이 무엇인지 분명히 드러내고 입증하여 다시금 정의할 필요가 있다. 그렇게 되면 교회 공동체의 한계도 알게 되고, 안정감과 함께 명확한 정체성을 얻을 수 있다. 그러면 이

구체적인 규칙 안에서 그리스도를 따르는 삶을 살도록 사람들을 초청할 수도 있다. 교회에 적용할 수 있는 범주는 다음과 같다.

- 교회 역사와 지역 교회의 특별한 은사(사명 선언문)
- 예배
- 좋은 설비를 갖춘 교회
- 소그룹과 공동체
- 권위
- 성만찬과 세례
- 구제
- 새신자 중심
- 가난한 사람들과 소외된 계층
- 지역사회를 위한 봉사
- 정서적 건강
- 세계 선교

우리는 공동체의 큰 규칙 안에서 각 개인이 자신의 규칙들을 지켜 나가도록 초대할 수 있다.

소그룹이나 사역 팀

소그룹의 경우 일정 기간 동안 다 함께 특정 제자 훈련이나 영적 훈련에 전념할 수 있다. 예배부나 선교부 같은 사역 팀의 경우도 서로의 동의하에 어떤 삶의 규칙을 지키기로 합의할 수 있다.

가족

어떤 사람들은 가족들을 위한 규칙서를 만들어 적용하기도 한다. 우리 가족은 아직 없지만, 가족 규칙서를 만들어 실천하는 사람들이 서로에게 집중하며 엄청난 에너지를 발산하는 모습은 지켜보았다. 정말 훌륭한 아이디어인 것 같다.

하나님이 주신 삶을 신실하게 살아가라

하나님은 우리 각자를 위한 서로 다른 계획을 가지고 계시다. 나는 항상 기도를 마칠 때 우리 모두가 자신의 삶에 충실하게 해 달라고 간구한다. 다른 누군가의 삶을 사는 것은 정말이지 끔찍한 비극이 아닐 수 없다. 수년 동안 그렇게 살아 봤기에 그게 어떤 삶인지 너무나 잘 알고 있다.

끝으로 카를로 카레토(Carlo Caretto)의 이야기를 전하며 이 책을 마무리하고 싶다. 그는 '예수의 작은 형제회' 소속 신부로서 북아프리카에서 무슬림 신자들과 함께 10여 년을 함께 생활했다. 어느 날 낙타를 타고 사하라 사막을 여행하던 그는 뜨거운 태양 빛 아래서 도로 보수 공사를 하고 있는 약 50여 명의 사람들과 마주친다. 카를로가 그들에게 물을 건네주었을 때, 놀랍게도 그는 무리 가운데서 형제회 소속인 친구 폴을 발견한다.

폴은 한때 프랑스 파리에서 원자 폭탄을 만들던 공학자였다. 하나님은 그를 불러 이 모든 것을 버리고 북 아프리카의 '작은 형제회'에 들어

가라는 소명을 주셨다. 한때 폴의 어머니는 카를로를 찾아와 아들의 삶을 이해하게 해 달라고 도움을 청하기도 했다. "나는 그 녀석을 공학자로 키웠어. 왜 교회의 지식인으로서 섬기려 하지 않는 건지, 그게 더 유익하지 않을까?"

하지만 폴은 기도하는 삶에 만족하며 그리스도를 위해 사하라 사막으로 사라졌던 것이다.

그 후 카를로는 스스로에게 이런 질문을 던졌다. "위대한 복음 사역 안에서 내가 있어야 할 곳은 어디일까?" 그리고 이런 답을 남겼다.

> 내가 있어야 할 곳은 거기, 가난한 사람들이 있는 곳이다. 다른 사람들은 건물을 짓거나, 사람들을 먹이거나, 설교하는 곳이 그들의 자리일 것이다. … 주님은 내게 가난한 사람들 가운데서 가난한 사람이 되라 하셨고, 노동자들 사이에서 노동자가 되라고 하셨다. 다른 사람들을 제대로 판단하는 것은 어려운 일이다. … 하지만 우리가 필사적으로 붙잡아야 하는 유일한 진리는 사랑이다.
> 우리의 행동이 옳은 것인지 판명해 주는 것도 사랑이다. 사랑은 우리가 행하는 모든 일의 시발점이 되어야 한다.
> 폴이 사랑 때문에 사막에서 죽기로 작정했다면 그는 옳은 일을 한 것이다. 어떤 이들이 사랑 때문에 … 학교를 세우고 병원을 짓는다면 그들도 옳다. 학자들이 우러나는 사랑 때문에 … 책 속에 파묻혀 평생을 보낸다면 그 또한 정당한 것이다. 주님은 내게 가난한 자들 가운데서 가난해지고 노동자들 사이에서 노동자가 되라 하셨다. …
> 내가 말할 수 있는 건 이것뿐이다. "사랑으로 살아가십시오. 사랑에

완전히 정복당하십시오. 그러면 당신이 무엇을 해야 할지 분명하게 알게 될 것입니다."⁶

하나님이 용기를 주셔서 우리 모두 그리스도 안에서 독특한 자기만의 삶을 충실히 살아갈 수 있기를 간구한다. 사랑에 완전히 정복되라. 그러면 무엇을 해야 할지 명확하게 깨달을 것이다.

⋮ PRAYER

주님, 마지막 장을 읽은 후 주님과만 오랫동안 함께 있는 시간이 필요하다는 생각이 듭니다. 제가 너무나 성급했고 주님과의 시간을 지키지 못했습니다. 하지만 제 안에 변화가 필요하다는 것을 이제는 압니다. 이 시간이 달라질 수 있도록 해 주십시오. 주님을 중심으로 제 삶을 재정비할 수 있도록 실천 방안을 보여 주십시오. 주님의 음성에 귀 기울이겠습니다. 비록 작은 변화이지만 성령의 바람이 덧입혀지면 제 삶의 모든 영역들이 놀랍게 바뀔 것을 믿고 순종하겠습니다. 감사합니다. 예수님의 이름으로 기도합니다. 아멘.

: 부록1

마음을 살피는 기도

로욜라의 이그나티우스가 사용했던
'성찰의 기도'를 개작한 내용이다.

고전적인 영성 훈련은 로욜라의 이그나티우스(1491-1556)가 개발한 '성찰의 기도'를 통해 이뤄져 왔다. 시간을 정해 놓고 예수님 앞에서 자신의 삶을 반추하는 신앙 훈련이다. 목표는 간단하다. 반복되는 일상에서 점점 더 하나님의 임재를 의식하고 주의를 기울이는 것이다.

보통은 하루를 마무리할 때 하지만 어느 때나 해도 크게 상관은 없다.

우선 편안한 자세로 마음을 차분하게 가라앉힌다. 하나님 앞에 앉아 있는 자신을 떠올리며 성령께서 인도해 주시기를 구하라. 어제(아침일 경우) 또는 오늘 하루 동안 있었던 일들을 하나씩 반추해 보라. 예수님과 함께 하루 일과가 담긴 DVD를 빠르게 돌려 본다고 상상하면 도움이 될 것이다. 그러는 동안 주께서 깊은 성찰을 요하신다고 생각되는 지점에서 잠시 멈추어 반성하는 시간을 가진다.

하루 동안 하나님의 임재를 알아챘던 시간들과 하나님께 다가간다고 느꼈던 때를 반추해 보라. 하나님의 인도하심에 마음을 열고 반응했을 때 기분이 어땠는가? 그 시간들에 대해 하나님께 감사하라. 하나님의 임재를 알아채지 못했던 시간들과 하나님으로부터 멀어진다고 느꼈던 때를 돌아보라. 하나님을 의식하지 못하게 했던 요인들은 무엇인가? 그 시간들에 대해 하나님께 용서와 치유를 구하라.

하나님의 임재를 더욱더 잘 알아차릴 수 있도록 은혜를 구하라. 이 시간에 대해 감사하는 기도로 마무리하라.

부록2

매일 기도

뉴 라이프 펠로십 교회 교인들이 아침, 점심, 저녁 기도에 활용하기를 바라며 작성한 '매일 기도'이다.

*매일 기도를 위한 지침

- 이 시간은 잠시 하던 일을 멈추고 마음을 가라앉힌 후 생각을 모아 예수님과 함께 있다는 것을 알아차리는 시간이다. 우리의 목표는 일상의 삶에서 하나님의 임재를 보다 가깝게, 지속적으로 경험하는 것이다.
- 규칙적으로 아침, 점심, 저녁 기도를 다 하려고 애쓰기보다 우선 한 가지씩 시작해 보라. 그렇지 않으면 낙심해서 '매일 기도' 자체를 포기할 위험성이 있다. 천천히 시작하라.
- 각각의 기도는 침묵으로 시작해서 침묵으로 마무리한다. 성경 읽기와 기도 사이에도 30-40초 침묵하는 시간을 가져라. 침묵할 때는 바른 자세로 가만히 앉은 채, 천천히 자연스럽게 깊이 호흡하라. 눈을 감고 현재에 머물며 열린 마음으로 깨어 있으라. 서두르지 말라. 하나님이 영감을 주시는

구절이나 단어가 있다면 멈추고 그 말씀을 깊이 새기라. 욕심을 버리면 더 많은 것을 얻게 된다.
- 다른 사람들과 함께라면 리더의 진행 속도에 따르라. 참석자들이 돌아가며 성경을 읽거나 기도해도 된다. 여럿이든 혼자이든 성경 읽기와 기도는 소리를 내어, 천천히, 기도하는 마음으로, 생각을 하며 하라.

아침 기도

*침묵과 집중(2-5분)
- 여호와 앞에 잠잠하고 참고 기다리라(시 37:7).

*시작 기도
- 군대가 나를 대적하여 진 칠지라도 내 마음이 두렵지 아니하며 전쟁이 일어나 나를 치려 할지라도 나는 여전히 태연하리로다. 내가 여호와께 바라는 한 가지 일 그것을 구하리니 곧 내가 내 평생에 여호와의 집에 살면서 여호와의 아름다움을 바라보며 그의 성전에서 사모하는 그것이라. 여호와께서 환난 날에 나를 그의 초막 속에 비밀히 지키시고 그의 장막 은밀한 곳에 나를 숨기시며 높은 바위 위에 두시리로다(시 27:3-5).
- 주님, 오늘 제 마음과 목숨과 뜻을 다하여 주님을 사랑하게 도와주십시오. 이것이 가장 크고 첫째 되는 계명입니다. 그리고 두 번째, 이웃을 제 몸과 같이 사랑하게 도와주십시오(마 22:37-39 참조).

*신약 성경 읽기와 기도
하늘에 계신 아버지, 지혜와 계시의 성령으로 당신을 더 알게 되기를 원합니다. 제 마음의 눈을 밝혀 주셔서 부르심의 소망이 무엇인지 알게 하시고,

또한 거룩한 성령으로 성도 안에서 그 영광스러운 기업의 풍성함과 믿는 우리에게 베푸신 주님의 강력한 능력을 깨닫게 해 주십시오. 오늘 그리스도를 죽은 자 가운데서 다시 살리시고 하늘에서 하나님 오른편에 앉게 하신 그 능력을 경험하기 바랍니다(엡 1:17-20 참조).

*구약 성경 읽기(십계명, 출 20:1-17)

1. 너는 나 외에는 다른 신들을 네게 두지 말라.

   주님, 궁극적인 사랑의 완성이신 주님 외에 바깥의 모든 것으로부터 나 자신을 구별하는 삶을 살겠습니다.

2. 너를 위하여 새긴 우상을 만들지 말라.

   나의 두려움이나 생각으로 주님의 모습을 만들지 않고 아브라함처럼 오직 주님을 따르고 신뢰하며 미지의 세계로 나가겠습니다.

3. 네 하나님 여호와의 이름을 망령되게 부르지 말라.

   모든 대화와 행동에서 거룩하신 주님의 모습을 드러내겠습니다.

4. 안식일을 기억하여 거룩하게 지키라.

   매일 하루 일과를 마친 후 휴식의 시간을 가지며 일주일에 하루를 온전히 떼어서 세상 걱정을 잊고 주님 안에서 기뻐하겠습니다.

5. 네 부모를 공경하라.

   알맞은 방법으로 부모를 공경하게 하시고, 그분들을 섬기는 대로 나도 똑같이 대접받을 것을 기억합니다.

6. 살인하지 말라.

오늘 사람들과 만날 때마다 생명의 말, 세워 주는 말을 하기 원합니다.

7. 간음하지 말라.

나 자신과 다른 사람들을 존중해 주며 순수한 마음과 옳고 정직한 마음으로 살겠습니다.

8. 도둑질하지 말라.

욕심을 거두고 다른 사람들과 기쁘게 나누겠습니다.

9. 네 이웃에 대하여 거짓 증거하지 말라.

항상 진리 안에서 행하고 나 자신이나 다른 사람들을 향해 상황을 잘못 판단하거나 그릇된 생각이나 말을 하지 않도록 하겠습니다.

10. 네 이웃의 집을 탐내지 말라.

주의 인자가 생명보다 낫다고 하셨으니 다른 무엇보다 주님을 더 사랑합니다.

*다른 사람들과 자신을 위한 기도

*기도문 읽기(선택 사항)

*침묵으로 마무리(2-3분)

점심 기도

* **침묵과 집중**(2-5분)
  - 너희는 가만히 있어 내가 하나님 됨을 알지어다(시 46:10).

* **시작 기도**
  - 주의 목전에는 천년이 지나간 어제 같으며 밤의 한순간 같을 뿐임이니이다. … 우리에게 우리 날 계수함을 가르치사 지혜로운 마음을 얻게 하소서. … 주 우리 하나님의 은총을 우리에게 내리게 하사 우리의 손이 행한 일을 우리에게 견고하게 하소서. 우리의 손이 행한 일을 견고하게 하소서(시 90:4, 12, 17).
  - 우리 영혼이 여호와를 바람이여 그는 우리의 도움과 방패시로다. 우리 마음이 그를 즐거워함이여 우리가 그의 성호를 의지하였기 때문이로다. 여호와여 우리가 주께 바라는 대로 주의 인자하심을 우리에게 베푸소서 (시 33:20-22).
  - 하늘에 계신 우리 아버지여 이름이 거룩히 여김을 받으시오며 나라가 임하시오며 뜻이 하늘에서 이루어진 것 같이 땅에서도 이루어지이다. 오늘 우리에게 일용할 양식을 주시옵고 우리가 우리에게 죄 지은 자를 사하여 준 것 같이 우리 죄를 사하여 주시옵고 우리를 시험에 들게 하지 마시옵고 다만 악에서 구하시옵소서 (나라와 권세와 영광이 아버지께 영원히 있사옵나이다 아멘)(마 6:9-13).

* **마무리 기도**

  주님은 저희에게 "너희가 돌이켜 조용히 있어야 구원을 얻을 것이요 잠잠하고 신뢰하여야 힘을 얻을 것"(사 30:15)이라고 하셨습니다. 오늘 남은 시간도 주님을 신뢰하고 주님 안에서 쉬는 법을 가르쳐 주십시오. "주의 도를 내게 가르치소서. 내가 주의 진리에 행하오리니 일심으로 주의 이름을 경외하게 하소서. … 이는 내게 향하신 주의 인자하심이 크"시기 때문입니다(시 86:11, 13).

＊침묵으로 마무리(2-3분)

저녁 기도

＊ 침묵과 집중(2-5분)
- 자리에 누워 심중에 말하고 잠잠할지어다(시 4:4).

＊시작 기도
- 나의 기도가 주의 앞에 분향함과 같이 되며 나의 손 드는 것이 저녁 제사 같이 되게 하소서(시 141:2).
- 지존자여 십현금과 비파와 수금으로 여호와께 감사하며 주의 이름을 찬양하고 아침마다 주의 인자하심을 알리며 밤마다 주의 성실하심을 베풂이 좋으니이다(시 92:1-3).
- 나 곧 내 영혼은 여호와를 기다리며 나는 주의 말씀을 바라는도다. 파수꾼이 아침을 기다림보다 내 영혼이 주를 더 기다리나니 참으로 파수꾼이 아침을 기다림보다 더하도다. 이스라엘아 여호와를 바랄지어다. 여호와께서는 인자하심과 풍성한 속량이 있음이라(시 130:5-7).

＊신약 성경 읽기(팔복)
- 심령이 가난한 자는 복이 있나니 천국이 그들의 것임이요(마 5:3).

하나님 저에게 자비를 베풀어 주십시오. 공허하고 부서진 모습이지만 저를 용납하게 하시고 당신께 필요한 사람이라는 확신을 주십시오.

- 애통하는 자는 복이 있나니 그들이 위로를 받을 것임이요(마 5:4).

주님, 모든 가식을 버리고 제 자신의 약점과 한계, 인간성을 보듬을 수 있게 도와주십시오.

- 온유한 자는 복이 있나니 그들이 땅을 기업으로 받을 것임이요(마 5:5).

주님, 당신을 신뢰할 수 있는 은혜를 주시고, 모든 방어적인 태도를 내려놓으며, 다가오기 편한 사람, 친절하고 이해심 넘치며 알맞을 만큼 확신에 찬 사람이 되게 해 주십시오.

- 의에 주리고 목마른 자는 복이 있나니 그들이 배부를 것임이요(마 5:6).

다른 무엇보다 주님을 사랑하는 제가 되기 원합니다. 제 영혼의 애착들과 습관들, 거역하는 마음을 깨끗이 정화시켜 주십시오.

- 긍휼히 여기는 자는 복이 있나니 그들이 긍휼히 여김을 받을 것임이요 (마 5:7).

저의 모든 죄를 용서하신 주님처럼 관대하고 일관성 있게 용서를 베풀게 해 주십시오.

- 마음이 청결한 자는 복이 있나니 그들이 하나님을 볼 것임이요(마 5:8).

주님, 맑고 순수하고 고요한 마음을 구합니다. 아무런 막힌 것 없이 주님의 얼굴을 보기 원합니다.

- 화평하게 하는 자는 복이 있나니 그들이 하나님의 아들이라 일컬음을 받을 것임이요(마 5:9).

주님, 필요할 때 제 주변을 둘러싼 거짓 평화를 깨뜨릴 수 있는 용기를 주십시오. 지혜와 신중함을 주셔서 참된 평화를 전하는 자가 되게 하옵소서.

- 의를 위하여 박해를 받은 자는 복이 있나니 천국이 그들의 것임이라(마 5:10).

주님, 때로 불편하고 인기 없는 일이지만 항상 진리를 말하고 진리에 따라 살 수 있는 용기로 충만하게 해 주십시오.

***구약 성경 읽기**

하나님이여 주의 인자를 따라 내게 은혜를 베푸시며 주의 많은 긍휼을 따라 내 죄악을 지워 주소서. … 하나님이여 내 속에 정한 마음을 창조하시고 내 안에 정직한 영을 새롭게 하소서. … 주의 구원의 즐거움을 내게 회복시켜 주시고 자원하는 심령을 주사 나를 붙드소서(시 51:1, 10,12).

*마무리 기도(공동 기도서)

전능하신 하나님 아버지, 내 생각과 말에서, 그리고 저지른 행동과 하지 않은 행동에서 드러난 허물과 죄를 고백합니다. 당신의 아들 주 예수 그리스도를 위해 이 모든 것을 용서해 주시고 내 삶을 새롭게 하셔서 당신의 이름과 그 영광을 위해 살게 해 주십시오. 아멘

*다른 사람과 자신을 위한 기도

*기도문 읽기(선택 사항)

*마침 기도(공동 기도서)

전능하신 하나님 내게, 그리고 내가 사랑하는 모든 이들에게 평화로운 밤과 온전한 휴식을 주시니 감사합니다.

*침묵으로 마무리(2-3분)

주

Prologue

1. Go to www.emotionallyhealthy.org to download information on how to implement *The EHS Course* in your church, small group, or group.
2. This process of succession is explained fully in the book *The Emotionally Healthy Leader* that will be released in March 2015, in the chapter "Endings and New Beginnings."
3. Saint John of the Cross, quoted in Kieran Kavanaugh, ed., *John of the Cross: Selected Writings, Classics of Western Spirituality* (Mahwah, NJ: Paulist Press, 1987), 292.

CHAPTER 1

1. 앨랜 자미에슨, *A Churchless Faith: Faith Journeys Beyond the Churches* (Great Britain: Society for Promoting Christian Knowledge, 2002).
2. 자세한 이야기는 1장과 3장에 나와 있다. Pete Scazzero, *The Emotionally Healthy Church* (Grand Rapids: Zondervan, 2003).

CHAPTER 2

1. 빌 브라이트, "The Four Spiritual Laws"(New Life Publications, 1995), 12.
2. 토마스 머튼, *Thoughts in Solitude* (Boston: Shambhala Publications, 1956), 13.
3. 론 사이더, *The Scandal of the Evangelical Conscience: Why Are Christians Living Just Like the Rest of the World?* (Grand Rapids: Baker Books, 2005), 13.
4. 상동, 17-27.
5. 상동, 28-29.
6. 파커 팔머, *Let Your Life Speak: Listening for the Voice of Vocation* (San Francisco: Jossey-Bass, 2000), 30-31.
7. 로완 윌리암스, *Where God Happens: Discovering Christ in One Another* (Boston:Shambhala Publications, 2005), 14.

CHAPTER 3

1. 리차드 바크만, *The Theology of the Book of Revelation* (Cambridge: Cambridge University Press, 1993). 2022년부터 2003년까지 '뉴라이프 교회'에서 요한계시록을 강해하면서 교회와 교회의 소명 및 미국에 영향력을 행사하는 사탄적인 문화를 새롭게 이해할 수 있었다. 웹사이트를 참조하라. www.emotionallyhealthychurch.com.

2. 오스 기니스, 《소명》 (*The Call: Finding and Fulfilling the Central Purpose of Your Life*) (Nashville:Word Publishing, 1998), 57-58.

3. 마르틴 루터, *Commentary on Galatians* (Grand Rapids: Revell, 1994).

4. 성숙한 감정을 구성하는 요소에 대한 의견은 여러 가지다. 따라서 건강한 감정(또는 지성)에 대한 정의나 측정 기준 또한 매우 광범위하다. 이 내용은 나의 판단과 여러 문헌들을 토대로 몇 가지 특징을 정리한 것이다. 참고한 문헌들은 다음과 같다.

    -Lori Gordon, *PAIRS Semester Course*, PAIRS International, curriculum guide for trainers, 437.

    -Joseph Ciarrochi, Joseph P. Forgas, John Mayer, eds., *Emotional Intelligence in Everyday Life: A Scientific Inquiry* (New York: Psychology Press, 2001).

    -Cary Cherniss and Daniel Goleman, eds., *The Emotionally Intelligent Workplace: How to Select for, Measure, and Improve Emotional Intelligence in Individuals, Groups and Organizations* (San Francisco: Jossey-Bass, 2001).

    아울러 다음은 비교적 쉽게 접근할 수 있는 자료 가운데 하나다.

    -Cary Cherniss and Mitchel Adler, *Promoting Emotional Intelligence in Organizations: Make Training in Emotional Intelligence Effective* (Alexandria,VA:The American Society for Training and Development, 2000).

5. 교회사에 나타난 관상 기도의 전통에 대해 간략하지만 매우 유익한 정보를 제공하는 책이다.

    -리처드 포스터, *Streams of Living Water: Celebrating the Great Traditions of Christian Faith*, (San Francisco: HarperSanFrancisco, 1998), 23-58.

    몇 권을 더 소개하면 다음과 같다.

    -토니 존스, *The Sacred Way: Spiritual Practices for Everyday Life* (Grand Rapids: Zondevan, 2005).

    -조안 치티스터, *Wisdom Distilled from the Daily: Living the Rule of St. Benedict Today* (San Francisco:HarperSanFrancisco, 1990).

    -다니엘 울퍼트, *Creating a Life with God:The Call of Ancient Prayer Practices* (Nashville: Upper Room Books, 2003).

    -로버트 웨버, *Ancient-Future Time: Forming Spirituality Through the Christian Year* (Grand Rapids: Baker Books, 2004).

6. 이 그림은 제이 펠트가 처음 창안했는데 나중에 지금의 형태로 발전했다.
7. David W. Bebbington, *The Dominance of Evangelicalism: The Age of Spurgeon and Moody*, (Downers Grove, IL: InterVarsity Press, 2005), 35-40.
8. Thomas Merton, *New Seeds of Contemplation* (New York: New Directions, 1987), 14.
9. 《정서적으로 건강한 교회》 8장을 참조하라.
10. 우리의 무의식 속에는 자신에 부정적 또는 긍정적 신념이 형성된다. 내가 이 개념을 처음 접하게 된 것은 버지니아 새티어의 책을 통해서다. 더 자세한 것은 다음을 참조하라.

    -Sharon Loeschen, *The Satir Process: Practical Skills for Therapists* (Fountain Valley, California, 2002), 105-107.

    -Virginia Satir, *Your Many Faces: The First Step to Being Loved* (Berkeley, California: Celestial Arts, 1978), 25-26.

    이밖에 내게 깨달음을 준 책들은 다음과 같다.

    -Lori Gordon, *PAIRS Semester Handbook: The Practical Application of Intimate Relationship Skills*, (Weston, FL: The PAIRS Foundation, 2003), 2-310.

11. Mark E. Thibodeaux, *Armchair Mystic: Easing Into Contemplative Prayer* (Cincinnati, OH: St. Anthony Messenger Press, 2001), chapter 2.
12. Brennan Manning, *Lion and Lamb: The Relentless Tenderness of Jesus* (Grand Rapids: Chosen Books, 1986), 24.
13. Thomas Merton, *The Wisdom of the Desert* (Boston: Shambhala Publications, 2004), 1-2, 25-26.

CHAPTER 4

1. http://www.soul-guidance.com/houseofthesun/eckhart.htm.
2. John Calvin, *Institutes of the Christian Religion, Volume* 1 (Grand Rapids: Eerdmans Publishing Company, 1957), 37.
3. Daniel Goleman, *Emotional Intelligence: Why It Can Matter More than IQ* (New York: Bantam Books, 1995), 199-200.
4. 분별과 감정에 관한 이그나티우스의 가르침을 가장 잘 소개한 자료들이다. Thomas H. Green, *Weeds Among the Wheat: Discernment: Where Prayer and Action Meet* (Notre Dame: Ave Maria Press, 1984). 이밖에 하나님의 뜻 발견하기("Discovering the Will of God")라는 제목의 시리즈 설교에서도 유익한 정보를 얻을 수 있다. 다음의 웹사이트를 참조하라. www.emotionallyhealthychurch.com.
5. Dan Allender and Tremper Longman III, *The Cry of the Soul* (Dallas: Word, 1994), 24-25.

6. James Finley, *Merton's Palace of Nowhere: A Search for God Through Awareness of the True Self* (Notre Dame:Ave Maria Press, 1978), 54.

7. M. Scott Peck, *A World Waiting to Be Born: Civility Rediscovered* (New York: Bantam Books, 1993), 112-113.

8. Richard Ben Cramer, *Joe DiMaggio: The Hero's Life* (New York: Simon and Schuster, 2000), 519.

9. *Leadership* (Summer 2002), 52-53.

10. M. Robert Mulholland Jr., *The Deeper Journey: The Spirituality of Discovering Your True Self* (Downers Grove, IL: InterVarsity Press, 2006). 2장과 3장에서 이 같은 결과를 상세히 분석한 내용을 찾아볼 수 있다.

11. 여기서 사용된 '참자아'의 개념은 로버트 멀홀랜드 주니어가 설명한 것과 비슷하다. 그는 《더 깊은 여정 : 참자아를 찾기 위한 영성》 2장에서 이렇게 말한다. "여기서 말하는 자아는 현대 심리학에서 지칭하는 자아와는 다르다. 현대 심리학의 경우 자아를 매우 좁은 의미로 국한시킨다. 하지만 여기서 말하는 자아는 성경에 근거한, 좀 더 폭넓은 의미의 자아다. 곧 창조된 세계와 공동체 안에서 하나님과 관계를 맺고 다른 사람들과 교통하며 살아가는 동안 형성되는 인격적 특성을 의미한다."

12. Michael Kerr and Murray Bowen, *Family Evaluation: The Role of the Family as an Emotional Unit That Governs Individual Behavior and Development* (New York: Norton Press, 1988), 97-109.

13. Merton, *New Seeds of Contemplation*, 35.

14. Parker Palmer, *A Hidden Wholeness: The Journey Toward an Undivided Life* (San Francisco: Jossey-Bass, 2004), 80-84.

15. 상동, 114-115.

16. Benedicta Ward, trans., *The Sayings of the Desert Fathers* (Kalamazoo, MI: Cistercian Study Series, 1975), 139.

17. Dietrich Bonhoeffer, *Life Together* (New York: HarperCollins, 1954), 78.

18. Palmer, *A Hidden Wholeness*, 57.

19. John Cassian, *The Conferences*, trans. Boniface Ramsey (Mahwah, NJ: Paulist Press, 1997), 87-89.

20. Coleman Barks, trans. *The Illuminated Rumi* (New York: Doubleday, 1997), 80.

21. 보웬의 말은 다음 책에 잘 요약되어 있다. Harriet Lerner, *The Dance of Anger: A Woman's Guide to Changing the Pattern of Intimate Relationships* (New York: Harper and Row, 1985), 34.

22. Chuck Yeager and Leo Janos, *Yeager: An Autobiography* (New York: Bantam Books, 1985), 154.

23. 상동, 165.

24. Thomas Merton, *The Ascent to Truth* (New York: Harcourt Brace and Co., 1951), 238.

CHAPTER 5

1. See Judith Rich Harris, *The Nurture Assumption: Why Children Turn Out the Way They Do* (New York: Touchstone, 1998). '후천적 환경'이 주는 영향을 지지하는 학자들은 어린 시절 경험한 인간관계나 삶의 규범이 평생의 습관으로 발전된다고 주장한다. 이와 달리 '유전인자'를 지지하는 학자들은 유전적이고 생물학적 요인을 비중 있게 본다. 반면 주디스 해리스는 양자의 주장을 모두 배격하고 어린 시절과 사춘기 때 어울렸던 또래 집단이 삶에 대한 태도와 행동을 결정짓는다고 주장한다.

2. Rodney Clapp, *Families at the Crossroads: Beyond Traditional and Modern Options* (Downers Grove, IL: InterVarsity Press, 1993) and Ray Anderson and Dennis Guernsey, *On Being Family: A Social Theology of the Family* (Grand Rapids: Eerdmans, 1985), 158.

3. 가족을 5단계로 분류한 비버 시스템에 관해 더 자세한 설명과 정보를 원한다면 다음의 책을 참조하라. Maggie Scarf, *Intimate Worlds: Life Inside the Family* (New York: Random House, 1995).

CHAPTER 6

1. Janet O. Hagberg and Robert A. Guelich, *The Critical Journey: Stages in the Life of Faith* (Salem, WI: Sheffield Publishing Company, 2005).

2. 상동, 9.

3. Merton, *The Ascent to Truth*, 188-189.

4. 다음은 하나님이 원하시는 신앙 여정의 목적지를 간결하고 명확하게 설명하고 있다. David G. Benner, *Sacred Companions: The Gift of Spiritual Friendship and Direction* (Downers Grove, IL: InterVarsity Press, 2002). "장벽을 뛰어넘는 여정"이라는 주제로 내가 설교한 것을 보려면 다음 웹사이트를 참조하라. www.emotionallyhealthychurch.com.

5. St. John of the Cross, *Dark Night of the Soul*, trans. E. Allison Peers (New York: Image, Doubleday Publishing), 1959.

6. 상동, 36-90.

7. Gerald G. May. *The Dark Night of the Soul: A Psychiatrist Explores the Connection Between Darkness and Spiritual Growth* (New York: HarperCollins, 2004), 90.

8. St. John of the Cross, *The Dark Night of the Soul*, 106, 115.

9. 이것은 야고보서 1장 3-4절의 핵심 주제이다. 야고보는 시련 속에서 기뻐하라고 강조하며 "이는 너희 믿음의 시련이 인내를 만들어 내는 줄 너희가 앎이라. 인내를 온전히 이루라. 이는 너희로 온전하고 구비하여 조금도 부족함이 없게 하려 함이라"라고 말했다. 조금도 부족함이 없게 한다는 헬라어 원뜻은 혹독한 어려움과 시련을 거치는 동안 하나님의 거룩한 성품을 본받게 하신다는 의미를 가지고 있다.

10. St. John of the Cross, *The Dark Night of the Soul*, 113, 117.

11. Karl Barth, Church Dogmatics, vol. 3, *The Doctrine of Reconciliation: Part One* (Edinburgh: T. & T. Clark, 1956), 231-234.

12. G. K. Chesterton, *St. Francis of Assisi* (New York: Image Books, Doubleday, 1957), 67.

13. Helen Bacovcin, trans., *The Way of a Pilgrim and The Pilgrim Continues His Way* (New York: Doubleday, 1978).

14. Merton, *The Ascent of Truth*.

15. Adapted from Robert Barron, *And Now I See: A Theology of Transformation* (New York: Crossroad Publishing, 1998), 148.

16. Wayne Muller, *Sabbath: Finding Rest, Renewal, and Delight in Our Busy Lives* (New York: Bantam, 1999), 187-188.

17. Everett Ferguson and Abraham J. Malherbe, trans., introduction and notes, *Gregory of Nyssa: The Life of Moses* (New York: Paulist Press, 1978), 94-97.

18. G. K. Chesterton, *Saint Thomas Aquinas:"The Dumb Ox"* (New York: Image Books, Doubleday, 1956), 116, http://en.wikipedia.org/wiki/Thomas_Aquinas

19. Basil Pennington, *Thomas Merton, Brother Monk: The Quest for True Freedom* (New York: Continuum Publishing, 1997), 15-16.

20. Richard Rohr, *Adam's Return: The Five Promises of Male Initiation* (New York: Crossroad Publishing, 2004).

21. 상동, 152-166.

22. Merton, *New Seeds*, 203.

CHAPTER 7

1. John E. Hartley, *The Book of Job: The New International Commentary on the Old Testament* (Grand Rapids: Eerdmans, 1988), 82-83.

2. Froma Walsh and Monica McGoldrick, eds., *Living Beyond Loss: Death in the Family* (New York: W. W. Norton & Company, 1991), 105-106.

3. Gerald L. Sittser, *A Grace Disguised: How the Soul Grows Through Loss* (Grand Rapids: Zondervan, 1995), 33-34.

4. For a partial list, see James E. Loder, *The Logic of the Spirit: Human Development in Theological Perspective* (San Francisco: Jossey-Bass Publishers, 1998), 183-184.

5. Sheila Carney, "God Damn God: A Reflection on Expressing Anger in Prayer," *Biblical Theology*

Bulletin, 13, no. 4 (October 1983), 116.

6. See Lori Gordon with Jon Frandsen, *Passage to Intimacy* (self-published, revised version, 2000), 40. I am grateful to PAIRS for this insight.

7. Robert Moore and Douglas Gillette, *King, Warrior, Magician, Lover: Rediscovering the Archetypes of the Mature Masculine* (San Francisco: HarperCollins, 1990), 23-47.

8. See Timothy Fry, ed., *RB 1980: The Rule of St. Benedict in English* (Collegeville, MN, 1981), 32-38.

9. For a fuller explanation of the distinction between a prayer life characterized by "Gimme, gimme, gimme" and a prayer life that is relational, see Larry Crabb, *The Papa Prayer: The Prayer You've Never Prayed* (Nashville: Integrity, 2006), 34-35.

CHAPTER 8

1. For an example, see http://www.lambtononline.com/winter_storms.

2. See the excellent book by Richard Swenson, *Margin: How to Create the Emotional, Physical, Financial, and Time Reserves You Need* (Colorado Springs: NavPress, 1992).

3. Countless good resources are available on spiritual disciplines. See Adele Ahlberg Calhoun, *Spiritual Disciplines Handbook: Practices That Transform Us* (Downers Grove, IL: InterVarsity Press, 2005); Tony Jones, *The Sacred Way: Spiritual Practices for Everyday Life* (Grand Rapids: Zondervan, 2005); and of course the classic by Richard Foster, *Celebration of Discipline* (New York: Harper and Row, 1986).

4. Robert Barron, *And Now I See*, 37. I am thankful to Barron for the insight that the core sin of the garden is the sin that leads us to take things into our own hands.

5. 상동, 38.

6. James Loder, *The Logic of the Spirit: Human Development in Theological Perspective* (San Francisco: Jossey-Bass Publishers, 1998).

7. Phyllis Tickle, *The Divine Hours: Prayers for Autumn and Wintertime* (New York: Doubleday, 2000), xii.

8. Timothy Fry, *RB 1980*, 65.

9. A very readable and accessible three-volume series for the Daily Office is Phyllis Tickle, *The Divine Hours: Prayers for Autumn and Wintertime* ; *A Manual for Prayer* (New York: Doubleday, 2001), *The Divine Hours: Prayers for Springtime: A Manual for Prayer* (New York: Doubleday, 2001), *The Divine Hours: Prayers for Summertime: A Manual for Prayer* (New York: Doubleday, 2000). I know many people who also use Norman Shawchuck and Rueben P. Job, *A Guide to Prayer for All Who Seek God* (Nashville: Upper Room Publishing, 2003) and The Northumbria Community,

Celtic Daily Prayer (San Francisco: HarperCollins, 2002). I also like to follow along the readings of the psalms as laid out in the lectionary from the Book of Common Prayer.

10. James Finley, *Christian Meditation: Experiencing the Presence of God* (Great Britain: Society for Promoting Christian Knowledge, 2004), chapters 8-12.

11. Henri Nouwen, *Making All Things New* (San Francisco: Harper and Row, 1981), 69.

12. For a great introduction to other approaches you can integrate into your Daily Office, see Tony Jones, *The Sacred Way: Spiritual Practices for Everyday Life* (Grand Rapids: Zondervan, 2005).

13. This Daily Office is based on sermon series on both the Ten Commandments and the Beatitudes that I preached at New Life Fellowship Church. They are available at www.emotionallyhealthychurch.com.

14. For an excellent study on the word holy, see R. C. Sproul, *The Holiness of God* (Wheaton, IL: Tyndale House Publishers, 1985), 53-65.

15. This comes from Catholic theologian Leonard Doohan. It is quoted in an excellent book on Sabbath: Lynne M. Baab, *Sabbath Keeping: Finding Freedom in the Rhythms of Rest* (Downers Grove, IL: InterVarsity Press, 2005), 20.

16. Eugene Peterson, *Christ Plays in Ten Thousand Places: A Conversation in Spiritual Theology* (Grand Rapids: Eerdmans, 2005), 116-118.

17. Eugene Peterson, *Working the Angles: The Shape of Pastoral Integrity* (Grand Rapids: Eerdmans, 1987), 46.

18. Marva Dawn. *Keeping the Sabbath Wholly: Ceasing, Resting, Embracing, Feasting* (Grand Rapids: Eerdmans, 1989), 65-66.

19. Quoted in Wendell Berry, *Life Is a Miracle: An Essay Against Modern Superstition* (Washington, D.C.: Counterpoint, 2000), 115.

20. Tilden Edwards, *Sabbath Time* (Nashville: Upper Room Books, 1992), 66.

21. Dr. Siang-Yang Tan, *Rest: Experiencing God's Peace in a Restless World* (Ann Arbor, MI: Servant Publications, 2000), 101-104.

22. I preached a four-part series on each of these components of biblical Sabbaths. They are available at www.emotionallyhealthychurch.com.

23. Every fifty years they were to take two years of Sabbath, adding to the one year a second called the Year of Jubilee (see Leviticus 25:8-55). Again, God knew the people would be afraid to take such a step of faith. So he promised he would provide enough harvest in the forty-ninth year so they could eat for three full years! Can you imagine?

24. Thomas Merton, *Conjectures of a Guilty Bystander* (New York: Doubleday, 1968), 86.

CHAPTER 9

1. Sojourners (July 2004), http:www.sojo.net/index.cfmactionmagazine.article&issue=sojo4070&article=040723.
2. See Robert Coleman, *The Master Plan of Evangelism* (Grand Rapids: Revell,1963).
3. Merton, *Conjectures of a Guilty Bystander*, 156-158.
4. For a full description of emotional babies, children, adolescents, and adults, see Scazzero, *The Emotionally Healthy Church*, 66.
5. I first came across the phrase "practicing the presence of people" in Mike Mason, *Practicing the Presence of People: How We Learn to Love* (Colorado Springs:WaterBrook Press, 1999).
6. Jean Vanier, *Becoming Human* (Mahwah, NJ: Paulist Press, 1998), 22.
7. M. Scott Peck, *A World Waiting to Be Born: Civility Rediscovered* (New York: Bantam Books, 1993), 108, 112.
8. Martin Buber, *I and Thou*, trans. Walter Kaufmann (New York: Charles Scribner's Sons, 1970).
9. Dante Alighieri, *The Divine Comedy*, vol. 1, trans. Mark Musa (New York: Penguin Books, 1984), 381.
10. C. S. Lewis, *The Great Divorce* (New York: Macmillan Company, 1946), 16-25.
11. Kenneth Paul Kramer with Mechthild Gawlick, *Martin Buber's I and Thou: Practicing Living Dialogue* (Mahwah, NJ: Paulist Press, 2003), 24.
12. Research has been done on how, when focusing attention away from negative behaviors and toward positive ones, people have been able to make permanent changes in their neural pathways. For an interesting study, see Jeffrey M. Schwartz and Sharon Begley, *The Mind and the Brain: Neuroplasticity and the Power of Mental Force* (New York: Regan Books, HarperCollins, 2002).
13. Pat Ennis, *The Third Option: Ministry to Hurting Marriages*, Topic #1, "Respect," 1-17.
14. I learned this tool from Lori Gordon, *PAIRS: Semester Course Handbook* (Weston, FL: PAIRS Foundation, 2003).
15. Pat Ennis, *The Third Option: Ministry to Hurting Marriages*, Teachers Manual, Topic #3, "Expectations," 1-9.
16. Lori Gordon with Jon Frandsen, *Passage to Intimacy*, 245,246.

CHAPTER 10

1. Jane Tomaine, *St. Benedict's Toolbox: The Nuts and Bolts of Everyday Benedictine Living* (Harrisburg: Morehouse Publishing, 2005), 5.
2. Catherine Doherty, *Poustinia: Encountering God in Silence, Solitude and Prayer* (Ontario, Canada: Madonna House Publications, 1993), 70.
3. Fry, *Rule of St. Benedict*, prologue, 45, 48-49.
4. Dallas Willard, *The Spirit of the Disciplines: Understanding How God Changes Lives* (San Francisco: HarperCollins, 1988), 63.
5. See Daniel Wolpert, *Creating a Life with God: The Call of Ancient Prayer Practices* (Nashville: Upper Room Books, 2003), 138-147.
6. Carlo Caretto, *Letters from the Desert*, anniversary edition (Maryknoll, NY: Orbis Books, 1972, 2002), 108, 100, 23.